지속의 상 아래에서

지속의 상 아래에서
—베르그손 철학의 횡단

발행일 2025년 10월 27일 초판 1쇄

지은이 김진성
엮은이 류지석
펴낸이 김일수
펴낸곳 파이돈
출판등록 제406-2018-000042호
주소 03035 서울시 종로구 자하문로17길 12-10 2층
전자우편 phaidonbook@gmail.com
전화 070-8983-7652
팩스 0504-053-5433

ISBN 979-11-991047-5-4 (93100)

책값은 뒤표지에 있습니다.

지속의 상 아래에서
베르그손 철학의 횡단
sub specie durationis

김진성 지음 | 류지석 엮음

파이돈

일러두기

베르그손의 저서는 아래의 약자로 표시한다. 베르그손의 생전에 그의 모든 저서는 펠릭스 알캉(Félix Alcan) 서점에서 출판되었다. 그 후 프랑스대학출판사(PUF)가 이를 이어받았고, 이 책에서 인용하는 베르그손의 모든 저서는 이 출판사의 판본이다.

DI : *Essai sur les données immédiates de la conscience* (『의식에 직접 주어진 것들에 관한 시론』), [1889].
MM : *Matière et mémoire* (『물질과 기억』), [1896].
RI : *Le Rire* (『웃음』), [1900].
EC : *L'Evolution créatrice* (『창조적 진화』), [1907].
ES : *L'Energie spirituelle* (『정신적 에너지』), [1919].
DS : *Durée et simultanéité*(『지속과 동시성』), [1922].
MR : *Les Deux sources de la morale et de la religion* (『도덕과 종교의 두 원천』), [1932]
PM : *La Pensée et le mouvant* (『사유와 운동자』), [1934].

책을 엮으며

이 책은 1980년 3월 프랑스 몽펠리에의 폴 발레리 대학에서 베르그손 연구로 박사학위를 취득한 뒤 귀국하여 연구와 교육에 헌신하다가 불의의 심장마비로 37세에 생을 마감한 젊은 철학자 김진성 교수의 학문적 기록을 담은 유고집의 개정·증보판이다. 고인의 죽음을 안타깝게 여긴 친구, 김남두 교수가 중심이 되어 지인들은 그의 1주기를 기려 1985년 가을 문학과지성사에서 『베르그손 연구』[1]를 간행하였다. 이 책은 5쇄까지 출간되었으나 이후 절판되었다. 당시 초판의 편집자는 "방대한 학위논문의 일부라도 번역해 실어보자는 계획이 있었으나 여의치 못하여 다음 기회로 미루어졌다"라고 기록하였는데, 그 미뤄진 계획이 40년 만에 이번 책을 통

---

[1] 'Bergson'은 오랫동안 '베르그송'으로 표기되었다. 프랑스어 발음 규칙을 따른다면 이 발음이 맞겠지만, 프랑스에서도 인명을 포함한 고유명사의 경우는 규칙을 벗어나서 발음되는 경우가 많다. 고인도 프랑스의 발음과 우리나라의 표기법이 다름을 여러 번 이야기하였고 1982년부터는 논문과 번역서에서 '베르그송' 대신 현지의 발음에 좀 더 가까운 '베르그손'으로 표기하기 시작했다. 1985년 발간된 유고집에서는 대중에게 좀 더 익숙한 '베르그송'으로 통일해서 표기하였으나 이번 개정·증보판에서는 고인의 뜻을 따라 '베르그손'으로 표기한다.

해 실현되었다.

  오늘날 프랑스 철학은 현대 철학의 담론을 주도하는 큰 흐름을 형성하고 있으며, 우리나라에서도 이를 연구하는 학생과 연구자를 제법 쉽게 찾아볼 수 있다. 그러나 고인이 공부하고 연구하던 시절에는 프랑스 철학 전공자가 손에 꼽을 정도로 드물었고, 프랑스 유학 또한 매우 어려운 일이었다. 필자가 아는 한, 고인은 한국인 최초로 프랑스에서 베르그손 연구로 박사학위를 받은 유학생이었다. 학위 취득을 학자로서의 본격적인 활동의 출발이라 본다면 그의 활동 기간은 고작 4년 반을 넘는 수준에 불과하다. 대학에 임용된 시점으로 계산하면 불과 3년 반 정도였다. 그럼에도 불구하고 혜성처럼 등장해 불꽃처럼 치열하게 살다 떠난 김진성 교수는 교육자이자 학자로서 놀라운 발자취를 남겼다.

  고인은 1981년 3월 성균관대학교 철학과에 조교수로 부임하였다. 이 책의 엮은이는 당시 3학년 전공과목인 '원서 강독'의 첫 수업 시간, 준수한 외모의 초롱초롱한 눈빛을 지닌 젊은 교수가 강의실에 들어선 순간의 감동을 아직도 뚜렷이 기억하고 있다. 두 학기 동안 진행된 강독의 교재는 그 분량이 50쪽 남짓한 펠릭스 라베송의 『습관에 대하여』였는데, 이는 당시 한국 학계에 거의 알려지지 않았던 프랑스 철학자의 박사학위 논문이었다. 그런데 철학과의 수강생 대부분은 프랑스어를 배운 적이 없었다. 이에 담당 교수는 1학기 동안 기초 문법을 배우고, 2학기부터 원서 강독을 진행하자고 제안하였다.

이휘영 교수의 교재로 프랑스어 문법을 익히고 간단한 문학 텍스트를 몇 페이지 읽는 사이 학기 말이 다가왔다. 라베송 책의 강독은 고작 2주 정도 진행되었을 뿐이지만 학생들은 사전에서 한 단어, 한 단어 찾아가며 텍스트를 읽고 해석하는 훈련을 시작했다. 돌아가며 몇 문장씩 더듬거리며 읽고 해석을 해내면, 교수님은 기뻐하며 칭찬해 주시곤 했다. 결국 1학기에는 원서 네다섯 쪽 남짓을 읽는 데 그쳤지만, 필자는 불문학과 친구들의 도움을 받으며 공부를 이어가면서 서서히 프랑스어의 매력에 빠져들었다.

기말시험이 있던 날, 교수님은 수강생 전원을 학교 앞 음식점으로 데려가 한 학기 동안 고생했다며 반주가 곁들어진 저녁 식사를 대접했다. 학생들을 생각하는 선생님의 마음을 느낄 수 있는 소중한 시간은 한 학기의 마무리였지만 또 다른 시작이기도 했다. 프랑스 철학과의 만남은 필자에게 새로운 철학의 세계를 열어주었다. 라베송의 『습관에 대하여』를 통해 습관이라는 심리적 사실이 철학적 문제로 확장되는 과정을 배웠고, 더 나아가서 자발성과 타성, 자유와 결정론, 지속과 공간, 생명과 물질 등 철학적·과학적 개념이 교차하는 지점에서 '사실의 선'을 따라가며 구체성과 명료성을 좇았던 베르그손 사상의 몇 조각을 직접 체감할 수 있었다.

  겨울방학을 맞아 귀향하기 전, 필자는 연구실을 찾아 인사를 드렸고 그 자리에서 대학원 진학에 관한 이야기가 이어졌다. 교수님은 앞으로 프랑스 철학을 계속 공부해 보는 것이 어떻겠느냐는 조언을 건넸다. 당시 필자는 막연하게 독일 유학을 구상하고 있었지만, 그 만남은 인생의 중요한 '전환점'이 되었다. 이후 4학년이 된 필자는 교수님의 배려로 연구실 조교로 있으면서 가까이서 배움을 이어갈 수 있었다.

  수업이나 세미나 때뿐 아니라 개인적으로 연구실을 찾아오는 학생들에게도 교수님은 언제나 열린 마음으로 다양한 질문에 답해 주셨고, 함께 이야기하며 학문적 길잡이가 되어 주셨다. 강의실에서 명확한 답변을 주시기 어려울 때도 대충 넘어가지 않고 "나도 지금은 정확히 모르겠으니, 자료를 찾아보고 다음에 이야기해 주겠다"라고 솔직히 말씀하셨다. 강의 시간에는 학생들의 의견을 끝까지 경청하며 함께 사고를 전개해 나가려는 모습을 보이셨다. 필자가 개인적으로 프랑스어나 철학에 관해 질문을 드리면 매번 친절하고 세심하게 답해 주셨다. 어느 날은 프랑스어 베르그손 입문서 한 권을 소개해 주셨는데, 번역을 해보겠다는 필자의 무모한 도전에도 "공부가 많이 될 것"이라며 적극적으로 격려하셨다. 방학이 끝나고, 20여 쪽을 엉성하게 번역한 원고를 보여드렸는데 교수님은 일일이 문장을 교정해 주며 부족한 점을 자세히 설명해 주셨다. 결국 여러 사정으로 번역 작업은 중단되었으나, 그 과정을 통해 외국어 공부의 필요성과 번역에서 우리말 표현의 중요성을 깊이 깨달을 수 있었다.

프랑스어나 라틴어를 배우고자 하는 학생들이 있으면, 교수님은 방학 동안 연구실에서 문법 강의뿐 아니라 철학 텍스트를 함께 읽는 세미나를 꾸준히 이어가셨다. 강의 후의 뒤풀이는 대부분 교수님이 부담하셨다. 당시 우리나라 철학계에서 프랑스 철학은 독일 철학이나 영미 철학에 비해 큰 영향력을 갖지 못했고, 전공자도 드물어 학생들이 수업을 들을 기회조차 흔치 않았다. 이러한 상황을 누구보다 잘 알고 계셨던 교수님은 다른 대학에서 강의 요청이 오면 흔쾌히 응하셨다. 고려대학교 대학원에서는 베르그손을, 서울대학교 학부 과정에서는 데카르트를 강의하셨던 것으로 기억된다. 열정적인 강의와 제자를 향한 열린 태도 덕분에 프랑스 철학에 관심을 두는 학생들이 점차 늘어났고, 유학을 준비하거나 실제로 프랑스로 떠나는 제자들도 생겨났다. 그 결과 교수님 강의를 들으며 공부한 제자와 후배 중 국내외에서 프랑스 철학 전공으로 박사학위를 받은 이가 여러 명 된다. 필자가 아는 범위에서 성균관대 출신으로는 박종원, 김연숙, 류지석, 백춘현, 정순현이 그리고 서울대에서 공부한 류종렬, 차건희, 황수영이 있다. 불과 몇 년간 교수로 재직했음을 고려하면 이는 놀라운 결과라 하지 않을 수 없다. 이제는 제자의 제자들이 국내외에서 프랑스 철학으로 학위를 하고 대학에서 강의와 연구를 이어 나가고 있다. 만약 선생님이 일찍 세상을 떠나지 않으셨더라면, 오늘날 한국 프랑스 철학 연구의 지형은 달라졌을 것이고 그 성과는 훨씬 두드러졌을 것으로 생각된다.

 언젠가 교수님은 토요일 오후에 있는, 은사이신 박홍규 교수님의 베르그손 강독 세미나에 참석해 보라고 권유하셨다. 이 대학원 세미나에는 석·박사 과정 학생들뿐 아니라 현직 교수로 있는 제자들까지 참석하였는데, 당시에는 『창조적 진화』 제4장을 읽고 있었다. 아직 베르그손을 막 접하던 무렵이라 감히 참여할 자신이 없었는

데, 교수님은 학생 시절 사용하던 책을 건네주시며 "박홍규 선생님 강의는 몇 년은 들어야 제대로 이해할 수 있으니 부담 갖지 말라"며 용기를 주셨다. 그 인연으로 훗날 유학을 떠나기 전, 인사를 드리러 찾아뵌 자리에서 박 교수님은 베르그손을 온전히 이해하기 위해 읽어야 하는 프랑스 철학자들의 저서 목록을 건네시며, 먼저 세상을 떠난 제자에 대한 애틋한 그리움과 안타까움을 토로하셨다.

  김진성 교수님의 인품을 보여주는 기억 속 한 장면이 있다. 어느 날 아침 연구실에 도착했더니 탁자 위에 껌이 열 통 넘게 놓여 있었다. 의아해하며 그 이유를 묻자, 출근길에 학교 앞 육교를 지나다 허름한 차림의 할머니가 껌을 팔고 있기에 차마 그냥 지나치지 못하고 전부 사 오셨다는 것이다. 또 형편이 어려운 학생이 도움을 청했을 때 등록금을 조용히 지원하신 일도 있었다. 유학 시절에 유사한 경제적 어려움을 겪으셨던 교수님은 남의 사정을 누구보다 잘 헤아리셨던 것 같다. 유학비 지원을 약속했던 누님이 병으로 세상을 떠나자 최소한의 생활비만 들고 프랑스로 떠나야 했고, 생계 해결이 우선이었다. 여름 방학 몽펠리에의 한 대형 호텔을 찾아가 어렵사리 대표를 만나 사정을 이야기한 끝에 호텔 도어맨 자리를 얻었다. 이후에는 낮에는 도서관에서 공부하고 저녁에는 식당에서 접시를 닦는 '플롱줴르plongeur'(원래 잠수부란 뜻이지만 설거지도 계속 물에 손을 담가야 해서 이런 명칭이 생겼다)로 일하며 학업과 아르바이트를 병행했다. 그럼에도 늘 유학 시절을 즐겁고 긍정적으로 추억하셨고, 프랑스 유학에 대한 두려움을 토로하는 학생에게는 "나도 해냈으니, 너도 잘할 수 있다"라며 따뜻하게 격려해 주시곤 했다.

언제나 열린 마음으로 격의 없이 학생들을 대하시고, 때로는 스승으로, 때로는 형님처럼 가까이 지내셨기에 교수님을 따르고 존경하는 제자들이 많았다. 갑작스러운 별세는 제자들뿐 아니라 주변의 지인들에게도 큰 충격이었다. 필자도 진행 중이던 석사 논문은 물론 유학 준비에도 큰 혼란이 있었지만, 무엇보다도 스승이자 멘토로, 늘 부족한 제자를 격려하고 아껴주던 분을 잃었다는 깊은 상실감이 제일 힘겨웠다.

* * *

『베르그송 연구』는 고인이 생전에 집필한 글들을 한데 모아 유고집의 형태로 정리하는 것을 주된 목적으로 삼았다. 이에 따라 학술지에 게재된 논문은 물론이고, 주간지나 월간지에 발표했던 대중적 성격의 글까지 모두 수록하였다. 이번 개정·증보판은 박사학위 논문의 일부를 번역하여 수록했다는 점에서 중요한 의미를 갖지만, 단순한 증보판을 넘어 전체적인 편집 방향을 새롭게 설정하였다는 점에 특징이 있다.

우선 책의 제목과 구성을 새롭게 조정하였다. 책 제목으로는 베르그손 사상을 이야기할 때 자주 인용되는 "지속의 상 아래에서^{sub} $_{specie\ durationis}$"를 빌려왔다. 수록된 글은 세 부분으로 나누어 실었으며 일부 논문과 글의 제목 및 중제목도 변경하였다. 이는 저자가 생전에 자신의 논문들을 단행본으로 엮었다면, 학술지에 실린 원래 제목을 그대로 두기보다는 독자에게 쉽게 다가갈 수 있는 제목을 선택했으리라는 판단에 따른 것이다. 지나치게 학술적인 표현보다는 일반 독자에게 친근한 표현을 택하고자 했다. 또한 전체적인 체계를 고려하여 서로 다르게 쓰인 용어들을 통일하고, 오자와 탈자를 바로잡았다. 주석의 참고문헌 표기 역시 하나의 방식으로 정리했으며, 일부 부정확하거나 부족했던 서지 정보도 보완하였다. 원어 병기는 반복적이거나 불필요하다고 여겨지는 경우 삭제하였다. 문맥에 따라 긴 단락은 적절히 분리하고 일부 문장의 표현을 다듬었으나, 저자의 문체와 호흡을 해치지 않도록 수정의 범위는 최소화하였다.

이번 증보판에서는 『베르그송 연구』에 실렸던 글 가운데 세 편을 제외하였다. 먼저 포퍼의 저서에 대한 서평인 「전체주의 비판」은 짧고, 프랑스 철학과 직접 관련이 없어 수록하지 않았다. 「베르그손의 창조적 진화」는 한 월간지가 별책부록으로 기획한 『서양철학을 움직인 100권의 책』에 실린 글로, 분량이 적고 대중적 소개 성격이 강해 제외하였다. 「미셸 푸코, 현대 프랑스 지성의 별」은 1984년 6월 푸코의 갑작스러운 서거 후, 한 월간지의 청탁을 받아 집필한 글이다. 당시에는 정보와 자료가 부족해 외교부에 근무하던 지인의 도움을 받아 푸코 특집 기사가 실린 《르 몽드》를 구해드렸던 기억이 있다. 짧은 시간이지만 고심 끝에 쓴 글임을 알기에 제외를 결정하기까지 고민이 컸다. 그러나 지금은 푸코에 대한 정보와 연구가 풍부해져 이 책에 다시 실을 필요성은 줄었다고 판단하였다. 책의 뒷부분에는 저자의 모든 저술 서지 정보를 정리하여 독자들이 참고할 수 있도록 하였다.

제1부 "지속과 변화의 사유"에 실린 「진정한 자유의 의미는 무엇

인가」는 은사인 박홍규 교수의 회갑을 기념하여 출간된 『문제를 찾아서』에 처음 실렸던 글을 전체적으로 개고하여 철학연구회 발표를 거쳐 학술지에 게재한 논문이다. 제목이 암시하듯, 이 글은 베르그손의 박사학위 논문이자 첫 저서인 『의식에 직접 주어진 것들에 관한 시론』의 중심 주제인 자유의 문제를 다룬다. 저자는 전통적 해석에 따라 전개되어 온 결정론과 비결정론의 한계를 지적하고, 독창적인 시각에서 자유의 문제를 심리적·형이상학적으로 분석하며 새로운 통찰을 제시한다. 더욱이 『시론』은 베르그손 철학의 출발점에 해당할 뿐 아니라 그의 사유 전체를 관통하는 핵심 개념인 '지속'이 처음으로 체계적으로 드러난 저작이다. 따라서 베르그손이 말하는 진정한 시간으로서의 '지속'과 외적 표상 형식으로서의 '공간'의 대립이 자유의 문제 속에서 어떻게 나타나는지를 고찰하는 과정은 학문적으로도 큰 의미를 지닌다.

「비합리주의와 새로운 실재론」은 베르그손 사상에 자주 제기되었던 '비합리주의' 혹은 '반지성주의'라는 비판을 교정하려는 시도이다. 잘 알려져 있듯이 생명 철학에 기반을 둔 베르그손의 인식론은 지성의 유용성과 동시에 그 한계를 명확히 보여주며, 시간·변화·창조를 제대로 이해하기 위한 새로운 인식 방식으로 '직관'을 제시한다. 이 글은 특히 『창조적 진화』를 중심으로 베르그손 철학이 단순한 관념적 해석이나 피상적 인식에 머무르는 것이 아니라, '사실' 그 자체로 다가가려는 끊임없는 시도라는 의미에서 오히려 참된 '실재론'에 해당함을 설득력 있게 보여주고 있다.

「닫힌 사회와 열린 사회」는 '지성과 도덕적 실천의 문제를 중심으로'라는 부제가 드러내듯, 베르그손이 지성주의 윤리학의 한계를 지적하고 생명 이론에 근거해 도덕과 종교의 문제를 탐구하는 『두 원천』을 분석하는 연구이다. 『창조적 진화』가 출판되어 그의 형이상학과 인식론이 본격적으로 제시되었을 때, 많은 이들은 베르그손 철학이 완결된 것으로 보았다. 그러나 인식이 끝나는 곳에 실천의 문제가 새롭게 제기될 수밖에 없다. 변화와 창조를 강조하며 정해진 법칙이나 일정한 방향성을 인정하지 않는 철학 속에서 과연 윤리학이나 사회철학을 전개할 수 있을지 의문이 제기되었고, 회의적·비판적 시각도 적지 않았다. 이 글은 바로 그 지점에서 베르그손이 어떻게 새로운 차원의 사유를 열어가며 이러한 난제를 풀어내는지를 잘 보여준다.

제2부는 학위논문인 「베르그손 철학에서 무관심과 삶에 대한 주

의」의 제2장을 필자가 번역한 글로, 『물질과 기억』을 중심으로 논의를 전개한다. 베르그손 철학의 주요한 특징 가운데 하나는 지속과 공간, 의식과 물질, 생명과 물질, 직관과 지성, 동적 종교와 정적 종교처럼 이원론적 성격을 지닌 개념들의 대립 구도이다. 이러한 개념들은 이미 잘 알려져 있을 뿐만 아니라 많은 연구가 축적되었다. 그러나 저자는 베르그손 철학을 분석하면서 잘 알려진 기존의 이원적 개념이 아니라, 상대적으로 간과되어 온 '무관심'과 '삶에 대한 주의'라는 두 개념의 역할을 부각했다. 바로 이 점에서 해당 논문의 독창성과 철학적 깊이가 드러난다. 나아가 3부의 글에서 확인할 수 있듯, 저자는 유학 이전부터 이 두 개념의 중요성을 인지하고 이를 학술지 논문에서 이미 발표한 바 있다.

『물질과 기억』의 서문에서 베르그손은 이 책의 목적을 "정신의 실재성과 물질의 실재성을 밝히고, 기억이라는 명증한 사례를 통해 양자 간의 관계를 규명하는 것"이라고 밝히고 있다. 인간 존재의 내적 구성은 기억의 층과 행동의 층, 곧 정신의 기층을 이루는 순수 기억과 신체적 존재 양식을 드러내는 감각-운동 체계로 이루어진다. 우리의 지각적 세계는 가능한 행동의 소묘로서 기능하며, 몸은 외부 자극을 분석하여 반사적 반응을 보일 것인지, 혹은 자발적 행동을 준비할 것인지를 결정하는 '비결정성의 중심'으로 자리한다. 이러한 선택은 과거가 기억 속에 보존되어 있다는 전제를 떠나서는 성립할 수 없다. 정신은 몸을 매개로 세계와 관계하며 지각을 형성하는데, 베르그손에 따르면 감각-운동 체계는 물리적 운동의 흐름을 절단하는 반면, 정신은 과거의 표상적 기억을 투사함으로써 지각의 범위를 확장한다. 이렇게 확장된 지각은 다시 의식 속에 보존되며, 그 기억은 삶의 필요에 따라 세계를 더욱 명료하게 조명하기 위해 감각-운동 체계에 재삽입되어 외부 세계로 반영된다. 지각과 기억, 신체와 정신은 이처럼 상호 침투하고 교환하는 역동적 관계 속에 놓여 있다.

생명체는 근본적으로 생존을 위한 행위의 중심이며, 이에 따라 의식은 행위와 삶을 준비하고 이끌어가는 기능에 집중한다. 베르그손은 이와 같은 삶에 대한 근원적 지향성을 '삶에 대한 주의'라 명명한다. 이러한 주의는 지각-행위-현재-표층 자아-지성과 같은 영역과 밀접히 연결되지만, 이에 반해 자기 보존적 삶을 넘어서는 '무관심'은 순수 기억-꿈-과거-심층 자아-직관과 맞닿아 있다. 이러한 두 개념이 구체적으로 형상화되는 저작이 바로 『물질과 기억』이다. 이 책은 『시론』에서 의식의 차원에 한정해 탐색되던 지속과 공간 표상의 이원적 틀을 넘어, 정신과 신체의 관계를 본격적으로 조명함으로써 지속 개념을 보다 보편적 차원으로 확장하고, 나아가 『창조적 진화』에서 드러나는 지속의 형이상학적·우주론적 전개로 향하는 길을 열어 놓는다. 이런 점에서 『물질과 기억』은 베르그손 철학의 전개에서 매우 중요한 위치를 차지하며, 따라서 2부의 글은 이 저작의 핵심적 의의를 이해하는 데 중요한 안내자의 역할을 할 것이다.

제3부는 베르그손과 프랑스 철학에 관한 글들을 모은 것이다. 유학 전에 쓰인 베르그손에 관한 두 편의 논문과 습관의 문제에 관한 논문 그리고 대중을 위하여 쓰인 글 한 편이다.

「베르그손의 무관심과 삶에 대한 주의」는 박사학위 논문의 주제이기도 한데 2부의 글을 이해하기 위하여 베르그손 철학 전반에서 이 두 개념이 가지는 의미를 파악하는 도움이 될 것이다. 위에서 두 개념에 관해 설명하였으므로 여기서 다시 언급하지는 않는다.

「베르그손 철학으로 읽는 『잃어버린 시간을 찾아서』」는 베르그손 철학과 마르셀 프루스트의 작품 사이에 어떤 연관성과 영향이 있는지를 소설의 1권을 중심으로 작품을 분석하며 밝히고 있다. 프루스트의 어머니와 베르그손의 부인은 이종사촌 관계이며, 베르그손의 결혼식 때 어린 프루스트가 '들러리'를 섰다는 사실은 잘 알려져 있다. 이 글은 서로 잘 알고 있었던 사이인 두 사람의 철학과 문학의 관계는 어떠한지를 베르그손의 지속과 기억 개념을 중심으로 프루스트의 텍스트를 직접 분석하고 있는 흥미로운 글이다.

「프랑스 유심론과 습관의 문제」는 우리나라에서 서양철학, 특히 프랑스 철학 연구사에서 중요한 의미를 가진다. 우선 이 논문은 우리나라에서 습관이라는 심리적 현상이 철학적 주제로서 중요한 의미를 지닌다는 것을 처음으로 밝힌 연구이기 때문이다. 그리고 몇몇 철학자에 한정되어 있던 프랑스 철학 연구의 지평을 프랑스 유심론(정신주의)에까지 확장하면서 베르그손 사상의 근원을 찾는 시도라는 점에서 의미가 있다. 저자는 이 논문에서 주제를 좀 더 심층적으로 다루지 못한 점을 아쉬워했는데 만일 후속 작업이 이어질 수 있었다면 프랑스 유심론 철학에 관한 본격적인 연구가 더 풍성한 결실을 보았을 것이다.

「낙관론, 비관론, 그리고 신」은 대중들에게 프랑스 철학을 소개하기 위하여, 한 월간지의 청탁을 받아서 쓴 글이다. 베르그손, 사르트르와 테야르 드 샤르댕이라는 다른 성격의 세 철학자를 통하여 프랑스 철학의 흐름과 그들의 철학적 세계관을 소개하는데 그 수렴점은 바로 '인간 존재'의 문제였다. 특히 신학계에는 잘 알려졌지만, 아직도 일반 독자들에게는 생소한 프랑스의 지질학자, 고생물학자이며 가톨릭의 신부였던 테야르 드 샤르댕의 사상을 소개한 것은 의미가 깊다. 필자의 문학적 필치가 잘 드러나는 글이기도 하다.

* * *

엮은이는 오랫동안 절판되었던 교수님의 번역서『웃음』을 수정·보완하여, 기억 속에서 잊힐 뻔한 책을 2022년에 다시 세상에 내놓을 수 있었다. 더구나 독자들이 좋은 번역이라고 평해 주었을 때 큰 보람을 느낄 수 있었다. 그리고 3년 반이 지난 시점에 절판된 유고집을 보완하여 증보판을 출간하게 되었다. 애초에는 선생님의 서거 40주기가 되는 2024년에 맞추어 출판할 계획이었으나, 여러 사정으로 작업이 지체되어 이제야 출간의 결실을 보게 되었다. 그럼에도『베르그송 연구』초판이 나온 지 꼭 40년이 되는 해에 수정·증보판을 간행하게 된 것은 그 자체로 깊은 의미가 있다고 생각한다. 이 책이 베르그송과 프랑스 철학에 관심을 가진 독자들에게 든든한 길잡이가 되기를 바라며, 더 나아가 저자의 철학적 통찰과 명료한 논리를 통해 한층 깊이 있는 철학적 사고에 다가가기를 기대한다.

오래전 『베르그송 연구』 출판을 위해 힘써주신 김남두 교수님께 진심으로 감사드린다. 또한 이 책의 재출간을 허락해 주신 문학과지성사에도 고마움을 표하며, 무엇보다 어려운 출판 여건 속에서도 선뜻 출간을 결정하고 신속하고 세심하게 작업을 진행해 준 파이돈의 김일수 대표께도 각별한 감사를 드린다.

김진성 선생님은 생전에 "언젠가 책을 쓰게 된다면, 좋은 형이상학 교재를 한 권 남기고 싶다"라는 뜻을 여러 차례 말씀하셨다. 그리고 돌아가시기 전, 마지막 '형이상학' 강의에서 프랑스의 낭만주의 시인 라마르틴Lamartine의 시 「호수Le Lac」를 소개하시며, '시간'을 주제로 강의하셨다고 한다. 이 시에는 사랑하는 이를 향한 기억과 인간의 힘으로 붙잡을 수 없는 시간의 덧없음이 잘 담겨 있다. 선생님께서 남기신 그 시간의 울림을 떠올리며, 끝으로 이 시의 구절을 인용하며 글을 맺는다.

Ne pourrons-nous jamais sur l'océan des âges
Jeter l'ancre un seul jour?
우리 단 하루만이라도 이 세월의 대양에
닻을 내릴 수는 없을까?
(…)
L'homme n'a point de port, le temps n'a point de rive;
Il coule, et nous passons!
사람에겐 항구가 없고, 시간에는 기슭이 없나니,
시간은 흐르고, 우리는 사라지네!

2025년 가을
엮은이 류지석

차례

책을 엮으며 … 5

1부
지속과 변화의 사유
― 『시론』에서 『두 원천』까지

1. 진정한 자유의 의미는 무엇인가 … 29
2. 비합리주의와 새로운 실재론 … 60
3. 닫힌 사회와 열린 사회
   ―지성과 도덕적 실천의 문제를 중심으로 … 95

2부
무관심과 삶에 대한 주의
―기억을 찾아가는 아리아드네의 실

1. 들어가는 말 … 147
2. 지속, 기억과 의식 … 148
3. 뇌, 삶에 대한 주의의 기관 … 157
4. 베르그손의 원뿔에 대하여 … 174
5. 의식의 여러 평면들 … 186
6. 꿈, 잘못된 식별 그리고 죽어가는 사람의 파노라마적
   비전 … 196

3부
베르그손과 프랑스 철학

1. 베르그손의 무관심과 삶에 대한 주의 … 225
2. 베르그손 철학으로 읽는 『잃어버린 시간을 찾아서』 … 251
3. 프랑스 유심론과 습관의 문제 … 288
4. 낙관론, 비관론, 그리고 신 … 311

수록된 글의 문헌 정보 … 331
초판 서문 … 332

Répétition
du numéro
et de la devise.

1부

지속과 변화의 사유
— 『시론』에서 『두 원천』까지

1
진정한 자유의 의미는 무엇인가

 현대의 일부 철학자는 자유의 문제는 이미 결정론의 판정승으로 해결된 문제라고 주장한다. 그들은 자유를 둘러싼 전통적인 결정론과 비결정론의 대립은, 자유의 모순 개념을 필연으로 여긴 데 기인한다고 말하고, 그러나 자유의 모순 개념은 구속이며, 필연의 모순 개념은 우연이라고 한다. 자유를 특히 책임의 문제와 연관해서 고찰하는 이들의 주장에 어느 정도의 진실이 있는 것은 사실이다. 그러나 자유에 대한 이제까지의 숱한 논쟁이 자유의 모순 개념에 대한 단순한 오해에 기인한 것이라고 보기는 힘들 듯하며, 이러한 지적만으로 우리가 자유의 문제로부터 홀가분하게 해방될 수도 없을 듯하다. 우리의 행위가 필연적으로 결정된다고 할 때 필연의 정확한 의미가 무엇인가? 행위가 어떤 동기에 의해 결정된다는 것을 알면서도 우리가 내적으로 느끼는 자유의 확고한 느낌은 어디서 유래하는 것인가? 이러한 느낌이 단순한 착각이 아니라면 자유의 진정한 의미는 무엇인가? 무엇이 무엇으로부터 어떻게 자유스럽다는 말인가?
 베르그손의 자유론은 이러한 여러 문제를 전통적인 결정론과 비결정론의 어느 편에도 가담하지 않는 제3의 관점에서 조명한다. 이 논문은 그가 자유의 문제를 중심 과제로 삼은 첫 저서 『의식에 직접 주어진 것들에 관한 시론』을 중심으로 베르그손의 자유론을 살펴본다.

I. 자유에 관한 형이상학적 논의

1. 베르그손이 자유의 문제를 집중적으로 분석하는 『시론』의 3부는 자유에 관한 형이상학적 분석을 출발점으로 하고 있다. 그에 의하면, 자유의 측면에서 자연에 대한 상반되는 두 형이상학적 체계로서 기계론mécanisme과 역동론dynamisme이 있다.[1] 기계론에 의하면, 세계는 불변적인 기본 요소로 구성되어 있으며, 현상의 모든 운동과 변화는 이 기본 요소의 집합과 이산의 결과이다. 그리고 요소들의 집합으로 성립하는 사실fait은 집합을 결정하는 일정한 법칙에 의해 지배된다. 따라서 사실은 그것이 외견상 아무리 복잡하고 우연적으로 보인다 할지라도 불변의 법칙에 의해 필연적으로 생기하는 것이며, 인간의 의지 활동도 자연의 일부인 한, 이 법칙의 지배에서 벗어날 수 없다. 필연적 법칙이 지배하는 세계에서는 자율과 자발성, 그리고 그것을 수행하는 주체로서의 행위자agent의 이념이 배제

---

1   *DI*, p. 105.

된다. 결국 우리가 느끼는 자유는 환상이며, 인간은 자율성이 박탈된 의식적 자동 장치automate conscient로 변한다.

1.1. 그러나 역동론과 함께 인간 행위에 대한 설명은 달라진다. 역동론은 법칙에 의해 지배되는 물질과는 달리, 생명과 의식 존재의 자발성을 확신한다. 불변하는 단위들과 그것들 사이의 일정한 법칙에 의해 사물을 설명하는 기계론에 있어서 사물의 존재 근거와 가지可知 근거는 충족 이유율이다. 그러나 충족 이유율로는 생명 현상을 설명할 수 없다. 충족 이유율은 한 사물의 존재 근거는 그 사물 밖에서 주어진다는 것을 의미한다. 이러한 충족 이유율은 타자l'autre와의 관계 맺음에 있어 수동적이며, 운동과 변화의 요인을 항상 자신 밖에 가지고 있는 물질에만 적용된다.

그러나 생명은 타자와의 적극적인 관계맺음을 통해 자기 동일성을 확보하는 기능이다. 생명은 이러한 기능을 통해 관계맺음에 있어 타자화되지 않고 일자화하며devenir l'un, 무규정성indétermination에로 하강하지 않고 규정성détermination에로 상승한다. 이러한 생명의 운동의 원인은 밖에서 주어질 수 없으며 생명체 내부에 있어야 한다. 자기 동일성을 확보하는 운동과 그 운동을 지속시키는 자율autonomie과 능동성의 근거를 자발성spontanéité이라고 한다. 자유의 문제는 부트루Boutroux의 말대로 행위action가 과연 가능한가 하는 문제에 불과하다.[2]

---

2 E. Boutroux, *De l'idee de loi naturelle*, nouv. éd. Vrin, 1925, p. 11.

우리는 물질의 운동을 보고 행위했다고 말하지 않는다. 물질은 자기 밖에서 주어진 운동이나 에너지의 단순한 매체에 불과하기 때문이다. 행위는 타자에로 무한히$^{\text{ad infinitum}}$ 소급되지 않는 인과 관계, 즉 절대적 시초$^{\text{commencement absolu}}$를 가정하는데 이것은 생명의 자발성에서 발견된다. 그리고 천태만상으로 변하는 사태에 대응하는 자발성의 활동성은 정적인 것이 아니라 동적인 것이기 때문에, 어떠한 불변적 법칙에 수렴될 수 없다.

1.2. 베르그손에 의하면 자유에 대한 기계론과 역동론의 대결은, 전자가 법칙^{loi}을, 후자가 사실을 보다 근원적 실재$^{\text{réalité fondamentale}}$로 놓는 데 있으며, 이것은 다시 단순성^{simplicité}에 대한 상이한 관점에서 비롯한다.[3] 기계론은 단순성을 논리적인 질서 속에서 구하는 데 반해, 역동론은 사실이 우리에게 주어지는 구체적 직접성에서 찾는 것이다. 결국 전자의 단순성은 추상적인 단순성으로서, 사고 속에서는 최초의 것이나, 사실에 있어서는 최후의 것이며, 후자의 단순성은 즉자적인 사실에 있어서 최초의 것이나, 우리의 표상 속에서는 최후의 것이다. 논리적 차원에서 단순성을 찾는 기계론자에 있어서는, 부분이 전체보다, 타성^{inertie}이 활동성^{activité}보다 단순한 것이 되므로 필연성의 자유에 대한 우위$^{\text{la primauté de la nécessité sur la liberté}}$가 성립한다.

---

3   *DI*, p. 106.

그러나 의식의 구체적 사실 속에서 단순성을 찾는 역동론자에게는 활동성이 타성보다, 자유가 필연보다 의심의 여지없이 단순한 것이 된다. 우리는 내적으로 자발성을 직접적 소여로서 확신하며, 타성과 필연의 관념을 얻기 위해서는 원초적으로 주어진 이 사실에서부터 모든 운동성과 내용을 사상해야 하기 때문이다. 나아가서 타성은 그 자체로서 자족적인$^{se\ suffit}$ 이념이 아니다. 물질이 타성적이란 말은 그 스스로 움직일 수도 정지할 수도 없음을 뜻한다. 한마디로 타성의 원상태는 운동도 정지도 아닌 비공간적, 비시간적 상태이며, 타성의 이념은 필연적으로 자기 밖의 힘, 활동성의 이념에 근거해서만이 설명될 수 있기 때문이다.[4]

1.2.1. 사실과 법칙의 대립은, 지속에서의 사유$^{penser\ en\ durée}$와 공간에서의 사유$^{penser\ dans\ l'espace,}$ 직관과 분석, 주관적 확실성과 객관적 논리성의 대립이다. 직관은 정신의 단순한 행위$^{acte\ simple\ de\ l'esprit}$를 통해 분석을 매개로 하지 않고 구체적 사실 자체에 위치한다. 그리고 개념상 오류 가능성^{faillibilité}을 배제하는 직접성으로서의 자유는 확실하고 자명한 것이 된다. 그러나 분석은 직관과 달리, 단순한 사실을 다$^{多,\ le\ multiple}$의 요소로 분해하여 그 다 사이의 외면적 연관, 즉 법칙을

---

[4] *DI*, p. 106. 베르그손은 활동성의 타성에 대한 우위를 습관의 예로서 설명한다: "습관은 이처럼 기계론(le mécanisme)이 그 자체로 충분한 것이 아니라는 이러한 진리의 생생한 논증을 우리에게 제시한다. 기계론은, 말하자면, 한 정신적인 활동성의 화석화된 잔재에 불과할 것이다." *PM*, p. 267.

세움으로써 사실을 설명한다. 따라서 분석의 입장에서는 자발성은 타성의, 자유는 필연의 모습을 띠게 된다.

1.3. 베르그손에 있어서 자발성과 타성의 대립은 결국 사물을 위에서 바라보는 관점과 아래에서 바라보는 관점으로 요약된다. 베르그손 철학은 그의 여러 분야에서 사물을 위에서 바라보는 관점을 견지하며,[5] 사물을 아래에서 보는 이론들, 원자론, 관념연합론, 스펜서 spencer의 진화론, 과학주의를 비판한다. 사물을 위에서 바라보는 것은 존재론적으로 보다 고차적인 질서에서 하강의 길을 통해 저차원의 사실을 설명하는 관점이다. 이에 반해 사물을 아래에서 보는 관점은 저급의 요소에서 출발하여 복잡화 complication와 강화 intensification의 길을 거쳐 고차적인 사실을 설명하는 입장이다. 그러나 파스칼이 지적했듯이 고차적인 질서에서 저차적인 질서에로의 하강의 길은 연속적이나 그 역의 방향은 비연속적이다. 운동에서 부동성에로, 연속성에서 불연속성에로, 선에서 점에로의 이행은 가능하나, 그 역은 불가능하다. 마찬가지로 자발성의 이념에서 그 내용을 사상함으로써 타성의 이념은 획득되나, 타성의 이념으로부터 자발성의 이념은 결코 도출될 수 없다. 기계론이 애초에 출발한 필연의

---

5   "그의 시선을 보다 높이 들어올림에 있어서", *DI*, p. 105; "우리를 우선 가능한 한 높이 위치시킴으로써", *EC*, p. 208; "우리를 높은 곳으로 이전시키자", *MR*, p. 281; "높은 곳에서 바라보는 신에 있어서는", *MR*, p. 220.

굴레에서 빠져나오지 못하고 자발성을 부인하는 이유가 바로 이것이다.

II. 지속과 자유

2. 베르그손에 있어서 자유의 문제는 지속^{durée}과 밀접한 관계를 갖고 있다. 사실 자유에 대한 그의 독창적 이론은 지속의 분석을 통해 이차적으로 도출된 것이라고 할 수 있다. 베르그손 철학의 핵심인 지속은 여러 차원에서 분석될 수 있다. 그러나 『시론』에서 베르그손이 지속의 개념을 통해 드러내고자 한 일차적 사실은, 물질과는 판이하게 구분되는 생명 내지 의식의 존재론적 구조이다. 베르그손의 물질과 의식, 공간과 시간, 양과 질의 철저한 이원론은 양적 복수성$^{multiplicité\ quantitative}$과 질적 복수성$^{multiplicité\ qualitative}$의 대립에로 수렴한다.[6] 양적 복수성은 물질이 취하는 형태로서 공간과 수의 개념이 내포하는 기본 요소들, 즉 동질성, 병렬성. 가분성, 상호 외재성의 법칙에 지배된다. 이와는 달리 의식 상태가 취하는 질적 복수성은 공간의 규정성에 역행하는 내용, 즉 상호 침투성, 불가분성, 매 순간의 이질성의 계기이다.[7]

---

6   "회프딩Höffding에 보낸 편지". *Mélanges*, PUF, 1972, p. 1148.

7   *DI*, p. 65.

2.1. 양적 복수성과 질적 복수성의 근본적 차이는, 전자를 구성하는 요소들은 서로서로 병렬되어$^{\text{se juxtaposer l'un à côté de l'autre}}$ 있는 데 반해, 후자의 요소들은 상호 용해되어$^{\text{se fondre l'un dans l'autre}}$ 있다는 사실로 요약된다. 병렬 관계는 두 사물 사이에 가능적이든 실재적이든 '공허$^{\text{le vide}}$'8가 개재되어 있음을 뜻한다. '공허'는 상호 외재성의 원리로서 분할의 요인이며, 두 사물 사이의 상호 독립과 완전한 소외를 야기시킨다.

이처럼 완전한 분리의 원인인 '공허'에 의해 서로 단절되어 있는 물질은 서로 외적이고 기계적인 관계를 맺을 수 있을 뿐, 내적이고 능동적인 관계맺음을 통해 어떤 새로운 단위를 구현할 수 없다. 따라서 전체는 부분의 단순한 집합에 불과하며, 부분이 계산 가능하면 전체도 계산 가능하므로 부분과 전체 사이엔 필연적인 관계가 수립된다. 요소들 사이의 이러한 상호 외재성의 원리는 시간의 차원에서는 과거와 현재의 단절로 나타난다. 물질은 라이프니츠의 정의대로 '순간적인 정신$^{\text{mens momentanea}}$'이다. 물질에 있어서 시간은 끊임없이 소멸한다. 과거를 현재에 보존하지 못하는 물질은 따라서 영원한 현재, 동시적 공존과 반복의 세계이다. 한마디로 물질계에는 주어진 것은 주어진 것이며, 주어지지 않은 것은 주어지지 않았다는 동일률이 완전히 적용된다. 물질은 이러한 의미에서 생성^{devenir}의 세계와 철저히 단절되어 있다.

---

8   *DI*, p. 65.

2.2. 이와는 달리, 의식 요소들의 상호 침투 관계는 그들 사이에 '공허'가 개재되어 있지 않음을 뜻한다. 생명과 의식의 세계에서 부분들 사이의 분할과 소외의 원인인 공허는 죽음과 비존재를 의미하기 때문이다. 우리의 의식 상태는 서로 침투하여 매 순간 유기적인 전체성$^{totalité\ organique}$을 구현하면서 존재에로 향한다. 공허가 없는 의식 세계는, 파르메니데스^{Parmenides}의 존재에서처럼 본질적으로 일자이며 충만되어 있다. 전체가 부분 속에, 한 부분이 다른 부분에 내재해 있는^{immanent} 의식 세계에서는 부분과 전체, 부분과 부분 사이의 구분이 원리상 불가능하다. 한마디로 의식 세계는 아리스토텔레스적 표현에 의하면, 가능적으로만 '다'를 포함할 뿐이다.[9]

의식 상태의 이러한 상호 침투 관계는 시간의 차원에서 기억으로 나타난다. 생명의 기억은 한마디로 시간의 비가역성을 가역화함으로써 물질적 흐름^{flux}을 극복하는 능력이다. 생명체에 있어서 과거는 흘러가지 않고 현재에 살아남으며, 현재와 하나의 새로운 단위를 이룸으로써 의식의 세계는 매 순간 새로운 질의 탄생이다. 이 새로운 질은 순간에서 보면 창조이며, 이 창조를 가능케 하는 것은 과거의 보존, 즉 지속이므로 이것을 합쳐 베르그손은 '창조적 진화$^{évolution\ créatrice}$'라고 한다. 지속하는 자아는 따라서 어떤 개념으로 표

---

[9] 드웰쇼베르Dwelshauvers는 이러한 의식 세계의 특징을 설명하기 위해 심리적 종합(synthèse psychique)은 요소로 구성되어 있지 않다고 말한다. Ch. Blondel, "L'activité automatique et l'activité synthétique", *Nouveau Traité de psychologie*, G. Dumas, T. IV. Alcan, 1960, p. 358.

상화될 수 없으며 이미 완전히 형성된$^{\text{toute faite}}$ 실재로서 객관화할 수 없다. 이러한 베르그손의 지속의 존재론은 궁극적으로 전통적 형이상학을 끈질기게 지배해 온 실체주의^{substantialisme}와 사물주의^{choisme}에 대한 비판이다.

2.3. 이러한 지속의 세계에는 본질적으로 인과율이 적용될 수 없다. 인과율은 공간이나 시간 또는 질에 있어서 상호 외재적이고 분간할 수 있는 두 요소나 계기를 가정할 때에만 가능하기 때문이다.[10] 과거가 현재에, 전체가 부분에 내재해서 항상 불가분의 일자를 형성하고 있는 지속의 세계에 인과율을 적용하는 것은, 결국 의식 상태가 서로 분리될 수 있는 요소의 집합으로 환원할 때에만 가능하다. 이러한 입장은, 베르그손이 지속 이론의 비판의 과녁으로 삼고 있는 관념연합론이다. 심리적 원자론인 관념연합론은 한마디로 의식 현상에 대한 불연속성의 이론이다. 관념연합론은 우리의 의식 상태를 불변의 원자적 요소의 집합으로 보고, 이 집합은 일정한 결합 법칙에 의해 이루어진다고 믿는다. 그러나 관념론자가 내세우는 심리적 요소는 추상적 사고에 의한 관념적 단위, 즉 사물의 실재적 구성 부분$^{\text{partie composante}}$이 아니라 부분적 표현$^{\text{expression partielle}}$ [11]이며, 베르그손의 표현에 의하여 질적 다수성을 양적 다수성으로,

---

10 O. Hamelin, *Essai sur les éléments principaux de la représentation*, PUF, 1952, p. 186.
11 *PM*, p. 192.

질을 양으로 부당히 환원해서 얻어진 것이다.

　베르그손은 이처럼 실재하는 자아를 부당히 공간화해서 얻어진 자아를 심층 자아$^{moi\ profond}$에 대비해 표층 자아$^{moi\ superficiel}$ 12라고 부른다. 따라서 이 표층 자아의 제 요소 사이에 인과 관계를 추정하는 것은 문제되는 요소의 부당한 실체화^{substantialisation}를 범하는 셈이 된다.

2.3.1. 인과율은 동일성^{identité}과 반복^{répétition}의 이념을 내포하고 있다. 인과율은 진정으로 새로운 것, 창조는 불가능하며, 우리가 새로운 형태하에서 지각하는 모든 것은 선재하는 계기 속에 이미 가능적으로 존재했던 것임을 주장한다. 이러한 인과성은 물질에만 적용될 뿐 새로운 질이 끊임없이 생성하는 의식에는 적용될 수 없다.

III. 결정론과 비결정론에 대한 비판

3. 베르그손의 자유론은 자유에 대한 모든 형태의 이론이 지니고 있는 근원적 허구성을 보여준다. 결정론자들은 결단은 다른 동기와 분명히 구분되는 어떤 동기에 의해 결정된다고 주장한다. 그러나 이들이 내세우는 동기는 심리 상태가 지니고 있는 고유한 질

12　*DI*, p. 195.

을 모두 사상한 추상물에 불과하다. 베르그손은 의식 상태의 고유한 유기성이나 착색^{coloration} 13을 제거하고, 표상화된 동기를 내세우는 관념연합론을 언어에 속은$^{dupe\ du\ langage}$ 14 조야한 심리학이라고 일축한다. 베르그손의 철학에 있어서 언어는 사실을 은폐시키는 대표적 요인이다. 언어는 운동을 부동성으로, 질을 양으로, 연속성을 불연속성으로 환원하는 반면, 사물의 비개성적인 면만을 드러내기 때문이다. 진정으로 개성적이며 일회적인 것은 개념화될 수 없으며 $^{Individuum\ est\ ineffabile}$, 개념적으로 파악한 동기는 내적 실재의 아주 불완전한 상징에 불과하다.

3.1. 결정론자는 결단에 이르는 과정에서 분명히 구분되는 네 개의 계기, 즉 동기의 개념화, 숙고, 결단 그리고 시행을 상정한다. 그리고 '논리적으로' 우리는 결단하기 전에 주저하고, 행위는 실재적^{réel}이기 전에 가능적이어야 한다. 그러나 의지의 내밀한 작용에 보다 민감한 직관론자나 정감주의자^{émotionaliste}들은 역설적으로, 동기나 숙고는 결단 후에 이루어짐을 주장한다. 이성의 진리에 대해 심정의 진리$^{vérité\ du\ coeur}$를 내세운 파스칼은 "어떤 것이 우리가 후에 발견하는 이유에 의해 마음을 움직인 것이 아니라, 그것이 마음을 움

---

13   *DI*, p. 121.
14   *DI*, p. 124.

직였기 때문에 우리는 그런 이유를 찾는다"[15]고 말한다. 많은 경우에서 의지는 '왜^{pourquoi}'에 대한 '왜냐하면$^{parce\ que}$'이라는 대답이 없이 결단한다. 그리고 사람들이 말하는 동기란 행위 후에 합리화의 필요성에 의해 생각해낸 관념적 구성물에 불과한 것으로 본질적으로 이데올로기적 성격을 띤다. 그리고 이러한 동기는 행위의 진실한 설명이 되지 못하는 경우가 많다. 우리는 왕왕 자기 합리화의 요구에 부응하기 위해 '그럴듯한 이유$^{bonne\ raison}$'를 댄다.

3.2. 지성은 생성과 운동을 표상화할 수 없으므로 언제나 주어진 것, 과거적인 것을 지향한다. 자유를 둘러싼 결정론과 비결정론의 논변도 실상은 설명하려는 행위에 현시적^{contemporain}이지 못하고 실상 사건 후의$^{après\ coup}$ 결과론적, 회고적 관점을 취한다.[16] 그것은 헤겔식의 표현에 의하면 사후 사고$^{Nach\text{-}denken}$이다. 그들의 논거는 두 가지 가능성 OX, OY가 있을 때 왜 OX를 택할 수도 있었는데 OY를 선택했는가에 대한 대답의 방식에 달려 있다. 다만 이들의 차이점은, 전자는 그가 아는 사실만을 들어 사후의$^{ex\ post\ facto}$ 설명을 하는 데 반해, 비결정론자는 그가 행위하기 전에는 사실상 몰랐던 것을 아는 체하는 논리적 기만을 쓰고 있는 것이다. 즉 OY가 더 좋았기 때문이라고 하면 결정론이 되며, OX가 더 바람직했지만 OY를 택했

---

15 *Pensées,* éd Brunschvicg, Garnier, 1958, fragment, 276, p. 146.
16 *DI*, p. 135.

다고 하면 선택의 의미에 모순되기 때문에, OX를 선택할 수도 있었다는 사실을 주장하기 위해 실제에 있어서는 OX가 더 바람직했다는 것을 몰랐으나 지금은 아는 체하는 것이다. 따라서 회고적 관점에서 보면 결정론이 타당하다. 비결정론자들이 주장하는, 다르게 할 수도 있었다는 가정은 허구에 불과하며 결정론에 반박하기 위해 내세우는 OX를 택하려고 마음만 먹었더라면 택할 수 있었다는 그들의 논변은, OY를 실제로 선택하는 데 원인이 있었으리라는 결정론의 입론을 부인하는 것과는 전혀 무관한 논변이다.

3.3. 결정론의 입장이 회고적 관점을 취하고 있다는 비판에 대해 예견 가능성의 이념을 내세워 결정론은 미래에 관계하는 이론이라는 주장이 있다. 그러나 결정론이 곧바로 예견 가능성을 의미하지는 않으며, 실제로 우리의 행위는 예견할 수 없는 것이다. 관념연합론자들은 여러 동기 중에서 가장 강한 동기가 행위를 결정한다고 주장하나 과연 어떤 동기가 가장 강한 동기였는가는 행위가 이루어진 다음에야 알 수 있다. 주저하고 숙고하는 동안에 우리는 문자 그대로 비결정성, 예측 불가능성 상태에 있다. 행위가 예견 가능하기 위해서는 인간이 로봇처럼 고정된 프로그램에 의해 움직여야 한다. 그러나 인간은 부단히 반성하고 의욕하면서 주어진 과거를 초월한다. 물론 습관적 행동 등과 같이 예견 가능한 것이 있기는 하나, 비타성적이고 숙고를 동반하는 행위는 엄밀한 예견이 불가능하다. 한마디로 미래는 행위와 함께 일어나 봐야 아는 것이다. 베르그

손이 심층적 심리 사실의 영역에 있어서는 예견^{prévision}과 보는 것^{voir}과 행위하는 것^{agir} 사이에 차이가 없다고 말하는 이유가 바로 이것이다.[17]

3.4. 결정론자는 의지 작용이 숙고와는 완전히 분리, 독립되는 어떤 것으로 가정하고 있으며 이 점에 있어서 의지 자유론자들과 의견이 같다. 다만 그들의 차이점은 후자가 의지를, 행위를 결단하는 완전히 능동적인 원리로 보는 데 반해, 전자에 있어서 의지는 수동적이라는 점이다. 의지 자유론자는 의지 작용의 무원인성을 주장한다. 따라서 의지는 절대적인 자율성을 가지고, 동기나 숙고의 결과와는 무관하게 일종의 쿠데타적 방식으로 결단을 한다. 한마디로 결단은 무로부터의 창조$^{création\ ex\ nihilo}$인 것이다. 이런 입장에서는 결단에 아무런 작용도 가하지 못하는 주저나 숙고의 과정은 존재 의미가 없는 부조리한 것이 되어 버린다. 그러나 이러한 오류는 결정론에도 내포되어 있다. 결정론자에 의하면, 의지는 여러 동기가 충돌해서 주저하고 숙고하는 동안에는 전혀 부동적^{immobile}이고 무관한 ^{indifférent} 힘이다.[18] 의지는 다만 가장 강한 동기가 최후로 다른 동기들을 완전히 제압했을 마지막 순간에만 개입하기 때문이다. 그리고

---

17 *DI*, p. 149.
18 Renouvier, *Traité de psychologie rationnelle d'après les principaux du criticisme,* Alcan, 1854, t. I, p. 315.

의지의 개입은 완전히 수동적인 것이다. 이러한 입장에서도 최후의 결단 이전의 주저와 숙고는 의지와 독립적인 것이며, 따라서 결단에 아무런 영향도 미치지 못하는 것이 되어 버린다. 그러나 사실에 있어서 동기화와 숙고의 전 과정은 이미 의욕된$^{déjà\ voulu}$ 계기들이며, 이 주저와 숙고의 실제적 효과$^{efficacité\ réelle}$에 의해 우리의 심리 상태는 유기적인 과정을 통해 결단에로 전진하는 것이다. 베르그손이 자유 행위를 잘 익은 열매가 저절로 떨어지는 과정에 비유하면서, 결단이 예컨대 OX, OY의 두 가능성 앞에서의 기계적인 왕복 운동에 의해 이루어지는 것이 아니라고 말하는 의미가 이것이다.[19]

3.5. 이미 말했듯이 회고적 관점에서 보면 결정론이 옳다. 일단 행위가 이루어진 후에는, 우리는 옳건 그르건, 어떤 동기를 댈 수 있으며, 행해진 행위는 유일하게 가능했고 따라서 필연적이었던 것처럼 보인다. 그러나 베르그손은 회고적 관점에서의 결정론은 의식의 역동적 인과성$^{causalité\ dynamique}$을 기계적 인과성$^{causalité\ mécanique}$으로 환원하는 오류를 범한다고 본다. 지속의 이론이 밝히고자 한 것은 의식 세계가 어떠한 종류의 인과성에서도 독립된 것이라는 사실이 아니라, 물질에 타당한 기계적 인과성이 정신에는 적용될 수 없다는 사실이다. 그는 "자유는 공허한 말이든가 심리적 인과성^{causalité}

---

19   *DI*, p. 132.

psychologique 자체"[20]라고 말한다. 심리적 인과성에 지배되는 의지 작용은, 기계적 인과율이 주장하듯이, 과거의 심리 상태에 의해 필연적으로 도출되지 않는다. 따라서 의식은 기계적 인과성에서 벗어나 있다는 의미에서 자유이며, 우리가 행위하면서 느끼는 확고한 육감도 여기에서 유래한다고 말한다.

3.6. 이루어진 행위를 대상화, 표상화하는 회고적 관점은 필연적으로 자유를 부인하게 된다. 따라서 심리적 인과성과 기계적 인과성, 자유와 필연의 대립은 행위자의 입장과 관찰자의 입장의 대립으로 요약될 수 있다. 행위자의 관점과 관찰자의 관점은 베르그손 인식론의 요체로서, 그의 여러 독창적 이론은 행위자의 관점에서 사물을 파악하는 데서 성립한다. 위에 든 두 관점의 대립은 베르그손이 지성적 인식의 허구성을 드러내기 위해 즐겨 예를 드는 제논의 역설에서 아주 예시적이다. 제논의 오류는 결국 아킬레스의 운동에 동화해서 사실을 보기를 거부하는 관찰자의 입장 속에 있다. 행위자인 아킬레스의 입장에서 거북이는 사실이 증명하듯이 얼마 후에 따라잡힌다. 그러나 이 사실의 부인할 수 없는 확실성이 관찰자에게는 논리의 이상한 전도를 통해 불가해한 것이 되어 버린다. 제논의 분석의 잘못은 아킬레스의 운동을 운동이 지나간 공간의 궤적으로, 하나의 연속적 운동을 여럿의 불연속적 운동으로 환원해서

---

20 *Mélanges*, p. 586.

파악하려는 태도에서 기인한다. 그런데 베르그손은 이러한 종류의 오류를, 의식의 단일한 역동적 과정을 상호 분리되는 심리 요소로 분해하고, 그들 사이의 연관을 추정하는 결정론자의 입장과 마찬가지로 본다.[21]

3.6.1. 결론지어 말하면, 베르그손에 있어서 자유는 인식이나 논증의 대상이 아니라 행위와 구체적 경험의 대상이다. 자유에 관한 모든 논리적 접근은 난센스인 바, 그 이유는 자유의 사실 자체를 변화시키기 때문이다.[22] 베르그손은 따라서 자유에 관한 논의 자체를 파기^{défaire}시켜 버린다. "행위하라, 그러면 자유를 알리라." 이것이 베르그손이 우리에게 할 수 있는 유일한 말이다.

IV. 자유 행위

4. 베르그손에 의하면 우리는 지속하는 한 본질적으로 자유이다. 존재론적 측면에서 자유는 결정론의 틀 속에서의 어떤 특권적 예외가 아니라 의식 존재의 항존적 실재성이다. 그러나 그의 자유론에는 자유의 등급^{degré de la liberté}의 또 다른 측면이 있다. 그에 있어서 문

---

21 Cf. *MM*, p. 207.
22 *DI*, p. 180.

제가 되는 자유는, 이미 보았듯이, 구체적 경험의 대상이다. 그런데 이처럼 사실에 근거하는 직접성의 철학자에게는 일상생활에서의 무차별적 자유는 역설적으로 존재할 수 없는 것이 된다. 우리는 경험을 통해 우리가 원하는 만큼 항상 자유스럽지 못하다는 것을 느끼기 때문이다. 사실 자유가 문제되는 근본적 이유는 우리가 많은 경우 자유스럽지 못하며, 자유는 노력을 통해 도달하는 가치이기 때문이다. 스피노자의 신처럼 언제나 필연적으로 자유일 수밖에 없는 존재에 있어서는 자유의 문제는 무의미하지 않겠는가? 자유의 등급의 이론에 있어서 자유는 더는 단순한 사실이 아니라, 도달해야 할 이상이며 목표가 된다. 그렇다면 이때의 자유는 무엇이며 자유의 등급을 측정하는 기준이 무엇인가?

4.1. 베르그손에 의하면 다른 선택이 가능하지 않았을까 하는 질문을 둘러싼 결정론과 비결정론자의 논의는 무의미한 것이다. 따라서 그는 자유 행위를 일어난 행위와 일어나지 않은 행위 또는 일어날 수 있었을지도 모르는 행위와의 관계[23]에서 찾아서는 안 되며 행위 자체가 지니고 있는 어떤 뉘앙스나 질, 즉 이루어진 행위와 행위자와의 관계에서 찾아야 한다고 말한다.

4.2. 베르그손은 여러 곳에서 자유 행위의 반대로서 자동주의

---

23   *DI*, p. 137.

automatisme를 내놓는다.[24] 자동주의는, 문자 그대로, 기계 운동의 반복처럼 의지나 주의의 개입이 없이 타성에 의해 이루어지는 행위이다. 타성에 의해 이루어지는 대표적 행위는 습관적 행위이다. 따라서 자유의 등급의 이론에서 무엇보다도 중대한 의미를 갖는 것은 습관의 의미이다. 우리의 일상생활은 대부분 습관적 행위를 무의식적으로 반복하는 데서 이루어진다. 습관은 물론 개인적이고 사회적인 필요성에 부응한 나의 자발성의 소산일 경우가 많다. 그러나 습관의 본성은 자발성에 역작용하는 힘이며 시간 속에서 형성되기는 하나, 시간의 본성, 즉 변화에 역행해서 이루어진다는 점이다. 과거적 심리 상태나 행동 양식을 독립 고정화하고 영속화하는 습관은 시간 속에서 끊임없이 새로운 단위를 구현하는 자아로부터 독립하는 타자화의 원리이다. 습관은 한마디로 자기 상실과 자기 소외의 인자이다. 자아로부터 독립되어 있는 습관의 타성은 자아의 지배를 받지 않으며, 나아가서 무의식적 필연성으로 자아를 구속함으로써 자아의 습관에 대한 관계는 예속과 수동성이다.[25] 습관적 행위 속에서 우리는 실상 우리 자신의 밖에서 살며vivre extérieurement à nous-même, 스스로 행위하기보다는 행위되어진다nous sommes agis.[26] 소외와 예속의 상태는 비단 습관적 행위에 한정되지 않는다. 소외는 자아의 단일성

---

24 *DI*, pp. 178, 180; *RI*, p. 100.

25 Nicolas Berdiaeff, *De l'esclavage et de la liberté de l'homme*, Aubier, 1963, p. 64.

26 *DI*, p. 174.

의 분할을 뜻하는바 우리의 전 인격에 융화되지 않은 일시적 충동, 무반성적 정열 등에 의해 행위할 때 우리는 스스로가 행위로부터 소외되어 있음을 느낀다.

4.2.1. 이처럼 자아의 진정한 전체성과 자발성에 의거해서 이루어지지 않은 모든 행위를 베르그손은 표층 자아에서 우러나온 행위라고 한다. 따라서 이때의 표층 자아의 의미는 지속론에서 실재적 자아의 부당한 공간적 표상을 뜻하는 것이 아니다. 문제되는 표층 자아는 우리의 전체적 자아에서 어느 정도 분할, 소외되어 있는 자아의 부분을 뜻하며 이런 의미에서 베르그손은 표층 자아를 기생적 자아$^{moi\ parasite}$ 27라고 부른다.

4.2.2. 자유 행위는 이처럼 부분 자아$^{moi\ partiel}$가 아닌 전체적 자아에서 우러나온 행위이다. 자유 행위는 결국 '영혼 전체에서$^{avec\ l'âme\ tout\ entière}$' 28 우러나온 행위이며, 이것은 의식의 모든 요소가 상호 침투하는 순수 지속$^{durée\ pure}$에 우리를 위치시키는 것이다. 이렇게 볼 때 자유를 측정하는 행위의 질이란 행위와 자아와의 일체감이며, 따라서 내가 자유인가 아닌가 하는 문제는 '내가 나인가 내가 아닌가' 하는 자기 동일성의 문제와 궁극적으로 일치된다.

---

27 *DI*, p. 125.
28 *DI*, p. 125.

4.3. '영혼 전체로' 행위한다는 것은 바꾸어 말하면 가장 고도의 내적 필연성으로 행위한다는 뜻도 될 수 있다. 이 점에서 자유와 필연의 양립 가능성이 제기되며, 이 관점에서 베르그손의 자유론이 고전적 자유론, 예컨대 스피노자의 자유론과 비교되기도 한다.

그러나 베르그손의 자유론은 그 추상적 내용에 있어서는 스피노자적 입장과 유사할지 모르나 스피노자의 범신론적 결정론의 존재론적 입장, 즉 모든 것이 영원의 차원에서 주어졌다는 입장을 철저히 거부한다. 베르그손의 시간 철학은 "모든 것이 주어졌다$^{tout\ est\ donné}$"는 것을 가정하는 모든 형태의 이론을 배격한다. "모든 것이 주어졌다"는 것을 가정하는 이론들은, 모든 것이 주어진 차원과 방식에 따라, 즉 원형이나 본질로 주어졌느냐, 법칙으로 주어졌느냐, 아니면 목적으로 주어졌느냐에 따라 여러 관점에서 고찰된다. 그러나 자유론에서 무엇보다도 문제되는 이론은 기계론과 목적론이다. 이들의 근본적인 차이점은, 전자에 있어서는 결과가 필연적으로 나오는 데 반해 후자에 있어서는 결과가 가능적으로 나온다는 점이다. 한편 이들의 공통점은 미래가 기계론에서는 원인 속에, 목적론에서는 이념 속에 이미 주어져 있으며 또한 알려져 있다는 사실이다. 그러나 시간성의 극한을 달리는 지속의 철학에 있어서 미래는 미래인 한 주어져 있지도, 알려져 있지도 않다. 현재에 결정되고 알려진 미래가 어떻게 미래일 수 있는가? 따라서 주어지지 않은 미래에 대해서는 엄밀한 의미에서 앎이 성립될 수 없으며, 미래는 무엇보다도 행위와 삶의 대상이다. 생명체는 언제나 미래가 문제가 되는 존재이다. 그런데 이런 생명체에 있어서 미래는 단순한 비재 absence나 비결정성이 아니라 또한 불안이며 위험이다. 현재에 의해 완전히 결정되어 있지 않았으므로 무한한 가능성으로 채워져 있으며, 알려져 있지 않았으므로 낯선 미래는 우리에게 긴장과 노력을 요구한다. 베르그손의 자유는 미래에 대한 최고의 능동성이며, 이 능동성을 가능케 하는 것은 전인적 기억이다.

4.4. 베르그손의 자유론은 무엇보다도 무니에Mounier에 의해 집대성된 인격주의personnalisme[29]의 관점에서 이해될 수 있다. 전체적 자아의 표현인 자유는 우리의 가장 깊고 개성적인 인격의 표현으로서 그 내용은 모든 객관화와 비교를 거부한다. 인격은 여하한 보편성에 함입될 수 없는 개체성을 확보하는 것이므로 어떤 전형이나 본질에의 지향은 인격에 제한성을 가하는 것이며, 객관적 행위의 규범은 인격의 자발성을 구속하는 것이 된다. 베르그손의 자유론은 따라서 칸트의 형식주의를 비판한다. 법칙주의에 있어서 자유의 의미는 주어진 법칙에 우리의 의지를 구속시키는 데 있다. 따라서 법칙이 주체의 내부에 주어졌건 밖에 주어졌건 법칙주의가 정하는 자유는 실상은 타율을 목적으로 하는 것이며, 우리는 법칙에 충실하면 할수록 타율이 되는 것이다. 칸트의 자율성autonomie은 사실상 율법성nomie에 불과하며, 그의 보편주의는 실천이성의 제국주의 아래

---

29 Mounier, *Le personnalisme*, PUF, 1955, pp. 51~82.

에서 인류를 기계화하는 이론이다. 베르그손은 여하한 불변의 법칙이나 목적을 인정치 않는다. 따라서 그의 자유는 필연적으로 구체적 상황 아래에서의 자유일 수밖에 없다. 이런 입장에서 본다면 행위의 규범으로 제시되는 보편성, 선善, 아름다움 등은 행위에 투입되는 전체적 인격의 내용에서 추상해낸 것이 된다.

4.4.1. 베르그손이 자유 행위의 근원이라고 보는 심층 자아를 프로이트적인 도식에서 비합리적이고 본능적인 무의식의 차원으로 이해함으로써 자유 행위를 이기적이고 반사회적, 비도덕적 행위로 오해하는 사람들이 있다. 사실 베르그손 저서의 여기저기에는 표층 자아와 사회적 자아$^{moi\ social}$를 일치 시킴으로서 이러한 오해를 가능케 하는 구절이 있다.[30] 그러나 인격주의의 관점에서 본다면 『시론』에서의 사회적 자아는 끊임없이 자기 소외되고, 익명적 대중에로 타자화되는 자아, 즉 하이데거식의 비본래적 자아를 뜻한다.

4.5. 전체적 인격의 표현인 자유 행위에는 어떤 분명한 동기를 내세울 수 없다. 구태여 말한다면 자유 행위의 원인은 나 자신이다. 이런 의미에서 "어떤 명백한 이유가 없는 것$^{l'absence\ de\ toute\ raison\ tangible}$"[31]은 우리가 보다 자유로울수록 현저해진다. 따라서 어떤 결

---

30   *DI*, p. 102.
31   *DI*, p. 128.

정적 동기나 이유를 댈 수 있는 행위는 표층 자아에서 우러나온 대수롭지 않은 행위들이다. 이 점에서 베르그손의 자유론은 자유 행위를 동기화되고 합리적인 행위$^{\text{action motivée et raisonnable}}$로 정의하는 전통적 합리주의에 대비된다.

V. 자유의 등급과 주의

5. 베르그손은 "많은 사람이 진정한 자유를 알지 못하고 죽는다"[32]고 말하면서 자유 행위가 얼마나 희귀하고 어려운 것인가를 역설한다. 그렇다면 이처럼 희귀한 자유 행위는 언제 어떻게 실현되는가? 이 문제에 대답하기 위해서는 『시론』의 여러 곳에 등장하는 "중대한 상황에서의 결단"[33]을 상기해야 한다. 즉 베르그손은 삶의 중대한 순간에 고도의 긴장을 통해 자유 행위는 실현된다고 본다. 따라서 그의 자유론의 마지막 의미는 긴장과 이완, 주의와 무관심^{désintéressement}의 대립 구조 속에서 해명될 수 있다.

5.1. 베르그손의 행동주의 심리학에서 생명체는 일차적으로 행위의 중심이다. 그리고 의식은 단순히 주관적, 순수 인식적 기능이

---

32 *DI*, p. 125.
33 *DI*, pp. 128, 139, 179.

아니라, 행위와 삶을 유도하고 예비하는 기능이다. 의식의 이러한 삶에 대한 원천적 지향성을 가리켜 그는 '삶에 대한 주의$^{\text{attention à la vie}}$'라고 한다. 의식의 삶에 대한 주의의 의미는 물론 생명체의 자기 보존에 있다. 그런데 삶의 보존은 타자, 환경과의 적극적이고 유효한 관계 맺음, 즉 행위를 통해 이루어지기 때문에 삶에 대한 주의는 행위와 행위의 결과에 대한 주의이다. 그러나 우리는 행위에 언제나 동일한 강도^{intensité}의 주의를 기울이지 않는다. 그것은 한편으로는 늘 고도의 긴장을 유지할 수 없다는 사실 때문에 불가능하며, 다른 한편으로는 일상생활이 대부분 습관적 행위의 연속이라는 점에서 불필요하다. 따라서 삶에 대한 주의나 그것에 대응하는 내적 긴장은 시간과 장소에 따라 변한다. 여기서 삶에 대한 주의의 등급에 의해 지속의 이론에서는 지속의 등급$^{\text{degré de la durée}}$의 이념이, 기억의 이론에서는 의식의 여러 차원$^{\text{divers plans de la conscience}}$ [34]의 이론이 성립한다.

5.1.1. 베르그손 철학은 무엇보다도 실재의 등급의 철학$^{\text{la philosophie des degrés de la réalité}}$이다. 그의 지속의 이론, 기억론은 물론 형이상학도 긴장과 이완, 상승과 하강의 수직적^{vertical} 구조로 되어 있다. 양적인 이론$^{\text{la théorie quantitative}}$의 최대의 오류는 의식과 정신을 수평 구조에서 고찰하는 데 있다. 그러나 정신의 본성은, 물질과 달리 수직적으로

---

34   *MM*, p. 7.

상이한 차원에 머물기 때문에 수평적 차원에서의 법칙 정립적 사고는 정신의 구체적 활동성을 해명할 수 없다. 관념연합론의 오류도 이 점에서 명백하다. 소위 연합 법칙은 관념 연합이 일어나는 경우의 추상적 분류 이상의 의미를 지니고 있지 않다. 예컨대 유사성 ressemblance의 경우에 있어서 A라는 책은 그 형태, 무게, 색깔, 내용 등의 상이한 관점에서 무한한 양의 유사성을 가질 수 있다. 그 무한한 유사성 속에서 나는 왜 하필 이러저러한 유사성을 떠올렸는가? 연상이 이루어진 후에, 우리는 추후적으로 문제되는 유사성을 설명할 수는 있으나 그 설명이 다른 가능한 무수한 양의 유사성과의 결합이 왜 이루어지지 않았나 하는 것은 지시해 주지 않는다.[35] 행위에 대한 인과적 설명도 마찬가지다.

5.2. 지속의 등급을 결정하는 주의란 무엇인가? 리보Ribot는 주의를 지적인 단일 관념성monoïdéisme[36]으로 정의한다. 그에 의하면 의식의 보통 상태는 복수 관념성polyidéisme인데 반하여, 주의의 순간은 하나의 특권적 의식 상태가 지배하는 계기이다. 그러나 주의는 단순한 단일 관념성을 뜻하지 않는다. 주의는 문제되는 의식의 한 요소를 마치 바다에 떠 있는 섬처럼 독립, 고정해서 표출하는 것이 아니라 의식의 제 요소를 주의의 대상이나 지배적 관념에 유기화해서

---

35   *MM*, pp. 188~89.
36   *Psychologie de l'attention*, Alcan, 1916, p. 6.

집중시키는 것이다. 주의는 방심한 순간에 다소 분산되어 있는 의식의 제 요소를 유기화하여 일자의 지배 밑에 종합함으로써 자아의 통일성을 확보한다. 한마디로 주의에 의해 우리의 의식 상태는 다(多)로 분산되지 않고 하나로 집중되며, 망각화되지 않고 기억화되며, 무의식화되지 않고 의식화된다. 결국 주의는 의식 상태의 상호 침투성, 즉 지속의 원리이며, 이와 반대로 무관심은 상호 외재성, 즉 공간의 원리이다.[37] 따라서 결단에 자아의 여러 요소가 얼마나 유기적으로 투입되었느냐에 따라 결정되는 자유의 등급은 행위에 대한 주의력에 결정된다.

5.3. 주의의 본질은 자기 보존이므로 주의에서 성립하는 자유의 존재론적 의미는, 우리는 자유 행위에 의해 자신의 존재를 확보한다는 사실에 있다. 따라서 자유에의 요청은 존재에의 요청이며, 자유 행위는 우리의 자아 보존을 위해 꼭 해야 할 행위이며, 그래서 의미 있는 행위이다. 구속이 자유의 모순 개념인 이유는, 구속이 무엇보다도 한 사물의 자기 보존을 방해하는 힘이기 때문이다.

5.3.1. 베르그손에 있어서 행위는 인식이 성립하는 가장 확실한 장소이다. 물론 주체는 행위의 단순한 집합 이상의 것이나 우리는

37　*EC*, 202~203.

주체를 그가 행하는 활동에 의해서만 확실히 알 수 있다.[38] 이런 의미에서 행위와 인식의 전통적 대립은 성립되지 않는다. 자유의 인식론적 의미는, 자유는 만유의 진상이 드러나는 계기라는 것이다. 자유의 본질은 하이데거가 극명하게 밝혔듯이 존재의 비은폐성[39]에 있다. 따라서 진리와 동의어가 되는 자유는 허위와 기만의 반대 개념이며, 일상적 행위는 자아의 진상을 표출하고 있지 않다는 점에서 거짓된 행위이다. 진리와 허위의 대립은 자유 행위와 자유스럽지 못한 행위의 대립이 결국 비랑^Maine de Biran이 얘기했듯이 행위에 대한 능동성과 수동성의 대립임을 다시 한번 보여준다. 수동성은 사물의 진상을 은폐시키는 데 반해 능동성은 사물의 진상을 드러낸다. 이런 의미에서 수동성과 타성에 지배되는 물질은 어떤 의미에서 영원한 은폐의 세계이다. 생명체는 자발성을 통해 자기의 진상을 밖으로 드러내는^ex-ister 존재이며, 이 진상은 우리가 행위에 능동적이면 능동적일수록 순수해진다.

5.4. 주의의 부족, 이것이야말로 우리를 표층 자아에 위치시키며, 습관과 일시적 충동, 외부에서 주어지는 우연성에 의해, 기억과 미래에 대한 투시가 없이 행위하게 하는 근본 요인이다. 이 점에서

---

38 *MR*, "그들이 말하는 바를 듣지 말고, 그들이 행하는 바를 보라." pp. 26, 149, 172, 193.

39 "De l'essence de la vérité", *Question I*. Gallimard, 1968, p. 177.

베르그손 자유론의 진수를 파악하고 있었던 거의 유일한 사람이었던 리쾨르^Ricoeur는 표층 자아를 결여된 주의l'attention ommise로, 심층 자아를 가장 중대하고 희귀한 가치에 대한 우리의 주의력이라고 규정한다.40

5.4.1. 베르그손은 자유론에서 윤리적 색채를 철저히 배제하고 있다. 그는 전통적인 자유론에 모두 반대하고 있으나 만일 선택이 불가피하다면 도덕적 자유liberté morale보다는 자유의지libre arbitre를 택하겠다고 말한 적도 있다. 그러나 주의의 이론과 표층 자아, 심층 자아의 구별은 그의 자유론에 짙은 도덕적 의미를 부여한다. 주의력의 결여, 즉 행위에의 성실성의 부족은 모든 형태의 부도덕과 타락의 동기인 것이다. 파스칼의 '기분풀이divertissment', 니체의 '데카당스', 키르케고르의 '미적 실존의 단계', 하이데거의 '일상인das Mann'이 의미하는 것이 바로 이것이다.

5.5. 베르그손은 주의의 이념을 자유의 문제에 도입한 최초의 철학자는 아니다. 무관심의 자유liberté de l'indifférence에서 가장 낮은 단계의 자유를 본 데카르트는 선한 행위는 주의를 기울이는 데서 비롯한다고 했으며,41 특히 주의를 진리의 우발적 원인cause occasionelle으로

---

40 P. Ricoeur, *Le volontaire et l'involontaire*, Aubier, 1967, p. 145.
41 *Oeuvres et Lettres*, Edition Pléiade, p. 1166~67.

본 말브랑슈Malebranche는 자유를 '주의를 부여하는 능력'[42]이라고 정의했다. 이들에 의하면, 자유 행위는 올바른 판단에 의거한 행동이며, 올바른 판단은 사물에 대한 충분한 주의에 의해 획득된다. 따라서 이들에게 주의는 본질적으로 지성과 인식에 관여하는 것이며, 행위와 연관해서 윤리적 가치를 부수적으로 지닌다. 한마디로 인식의 행위에 대한 우위를 주장하는 합리론적 관점이다. 그러나 베르그손에 있어서 주의는 지성보다는 의지에 관계하는 것이며, 행위에 전체적 기억을 투입하는 독특한sui generis 계기로서의 의미가 있는 것이다.

6. 이제까지 살펴본 베르그손의 자유론은 제임스James의 자유론에 의해 비교적 간명하게 요약될 수 있을 듯하다. 그에 의하면 자유의지의 문제는 엄밀한 과학으로서의 심리학적 관점에서는 부인된다. 그러나 자유의지를 사실의 문제로 보면, 그것은 순전히 일정한 순간에 기울인 주의력의 양에 의거한다는 것이다.[43]

---

42 P. Blanchard, *L'attention à Dieu selon Malebranche*, Desclée de Brouwer, 1956, p. 22.
43 W. James, *Précis de psychologie*, Marcel Riviere et Cie, 1946, p. 607.

2
비합리주의와 새로운 실재론

    베르그손 하면 비합리주의를 연상할 정도로, 그의 철학은 서양철학사에 있어서 비합리주의 또는 반지성주의로서 뚜렷한 자리를 차지하고 있다. 지난 세기말에 헤겔적인 이성주의와 과학만능주의에 대한 불만으로 학문의 여러 분야에서 거세게 일기 시작한 비합리주의 사상은 베르그손 철학에 이르러 가장 짜임새 있는 이론적 체계를 형성한다. 그러나 베르그손 철학의 비합리주의는 일의적으로 규정될 수 없는 여러 측면을 지니고 있다. 방법론적 의미, 인식론적 측면, 형이상학적 차원, 그리고 나아가서는 베르그손이 그의 철학에서 비판의 과녁으로 삼고 있는 특정한 학설이 지니는 합리주의의 성격에 따라 그것에 대항하는 베르그손의 이론이 갖는 비합리주의의 의미 역시 다양해진다.

    예를 들면, 『의식에 직접 주어진 것들에 관한 시론』(이하 『시론』)에서 관념연합론에 반대해서 성립하는 지속^{durée}의 이념44, 『창조적

---

44 여기서 합리적인 것은 우리의 의식 상태를 원자적 요소로 분해해 이들 사이에 결합의 일정한 법칙을 세우는 것. 의식의 순수한 질을 양으로 환원해서 측정하려는 태도

진화』에서 플라톤의 정적인 형이상학$^{\text{métaphysique statique}}$에 대립하는 동적인 형이상학$^{\text{métaphysique dynamique}}$,45 그리고 『도덕과 종교의 두 원천』에서 칸트의 법칙주의 윤리설에 대한 사랑의 약동$^{\text{élan d'amour}}$의 윤리설이 내포하고 있는 비합리주의의 성격 등이 그것이다.

이 글의 목적은 베르그손의 비합리주의를 주로 방법론적, 인식론적 관점에서 크게 세 측면으로 나누어 다루는 데 있다. 이처럼 우리의 관점을 한계짓는 근거는, 우선 비합리주의가 무엇보다도 인식론에 관계되는 문제이며, 다음으로는 베르그손 철학이 지니는 비합리주의를 모두 논하기 위해서는 필경 그의 사상 전체를 고찰하는 방대한 작업이 되리라는 사실이다. 우리가 분석의 편의상 나누는 세 측면은, 첫째, 베르그손이 철학함^{philosophieren}에 있어서 스스로 구사하고 있는 방법론적 비합리주의이며, 둘째, 베르그손이 이론으로 체계화한 인식론이며, 셋째는 첫 번째의 방법론적 비합리주의에 의해 베르그손 철학 안에 도입된 비합리주의적인 내용이다. 바꾸어 말하면 첫째는 주로 『시론』에서의 직접성의 이념이며, 둘째는 『창조적 진화』에서의 지성의 비판이며, 셋째는 『도덕과 종교의 두 원천』에서의 기독교의 수용이다.

를 가리킨다.

45 베르그손에 의하면 지성은 운동보다는 부동성^{immobilité}을, 생성보다는 존재를 보다 근원적인 것으로 놓으며, 이러한 지성적 사고가 결국 도달하는 존재론의 전형을 플라톤의 형이상학에서 발견한다.

I. 직접성의 이념

베르그손은 직관을 다양하게 정의한다. 직접적 인식$^{connaissance\ immédiate}$, 직접적인 것으로 돌아감$^{retour\ à\ l'immédiat}$은 직관에 대한 여러 개념 중의 하나이다. 그러나 직접성의 이념은, 그것이 순수한 인식의 이론으로 체계화되기 이전에 베르그손 자신이 무장하고 있는 방법론적 이념이라는 점에서 다른 직관의 개념들과 뚜렷이 구분된다. 직접성의 이념과 함께 베르그손은 철학적 사변의 긴 여행을 떠남에 앞서 가장 근본적인 문제로부터 착수한다. "안다는 것은 무엇인가?" 우리는 모든 사물에 대해서 "이것은 무엇인가?"라는 질문을 던진다. 이 질문이 의미하는 가장 단순한 사실은 사물의 진상이 많은 경우 은폐되어 있으며, 우리는 원초적으로 무지하다는 점이다. 그렇다면 우리의 이 무지의 원인은 무엇이며, 안다는 것은 어떻게 이루어지는가? 이 근본적인 문제에 있어서 철학자는 크게 두 진영으로 나눌 수 있다.

한편에서는 사물을 안다는 것은 그것을 합리화하는 데^{rationaliser}에서 이루어진다. 직접적으로 주어진 사실들은 최소한 두 가지 의미에서 비합리적, 또는 선합리적$^{pré-rationel}$이다. 첫째로는 우리에게 직접적으로 주어진 것이 모두 이성의 길을 통해 주어진 것이 아니라는 의미이며, 둘째로는 그것이 합리화될 수 있는지 아닌지가 아직 비결정적이라는 뜻에서이다. 따라서 철학은 사실이나 세계에 대한 합리화가 명제로 주어졌을 때 출발한다. 이 경우 철학자는 물론 사실에 관여하나, 사실의 진리나 설명의 원리는 직접적으로 주어진 것의 바깥, 즉 우리 이성의 작용 속에서 구한다. 바꾸어 말하면, 넓은 의미에 있어서의 이성의 합리적 구성이나 해석을 떠나서는 실재에 대한 인식이나, 나아가서는 실재 자체가 존재하지 않는 것이 된다. 이러한 입장에서는 실재성^{réalité}에 대한 가지성^{intelligibilité}, 사실^{fait}에 대한 논리의 우위가 성립한다.

다른 한편에서 한 사물을 아는 것은 그것을 합리화하는 데 있는 게 아니라 사물과의 직접적인 만남$^{contact\ immédiat}$에서 이루어진다고 본다. 이들에 의하면 사물의 설명의 원리나 근거는 사물 자체 안에 내재해 있으며, 우리는 그것을 육안으로 볼 수 있다. 그러나 어려운 것은 바로 이 육안을 가지는 데 있다. 우리는 흔히 고정 관념이나 선입견의 색안경을 쓰고 사물을 대하기 때문이다. 일상적이고 자연적인 앎의 세계에 있어서 우리는 실재로부터 철저히 떨어져 있다. 직접적으로 주어진 것은 이런 의미에서 역설적으로 직접적으로 주어지지 않은 것이며, 철학은 이 잃어버린 직접성에로 우리의 의식을 인도하는 데 있다. 이런 관점에서는 사실의 사유^{pensée}에 대한, 실재의 가지성에 대한 우위가 성립하게 된다.

인식의 본질에 대한 이러한 두 태도 사이에는 사실이나 이성적 활동에 대한 서로 다른 관점으로 인해 근원적 대립이 불가피하다. 직접성의 이념은 사물과 인식 작용 사이에 어떤 시간적 분리$^{séparation\ temporelle}$가 개재하지 않음을 뜻하며, 이것은 다시 모든 형태의 추론의 부재를 의미한다. 후자의 입장에 서 있는 철학자는 개념적 구성이나 사고는 직접적 사실을 은폐하거나 변질시킨다고 주장한다. 그들은 모든 형태의 이성적 작업 속에서 사물에 대한 상대적이고 상징적인 인식을 본다. 이에 반해, 전자에 속해 있는 철학자들은 직접적 소여를 무시하거나 비실재적인^{irréel} 것으로 여기는 경향이 있다. 이들은 "어떻게 이성의 합리적 구성을 떠나 사고가 성립하는가? 그것은 사고하지 않는 사고를 가정하는 것이 아닌가?"하고 반문한다.[46] 물론 이러한 두 태도의 대립은 어떤 체계적인 인식 이론에 관여하는 것이 아니며, 엄밀한 의미에서의 논리적인 모순을 내포하고 있는 것도 아니다.

베르그손의 직관론에 있어서도 직관은 개념적 인식과 과학적 지식의 예비 단계를 거쳐 이루어질 수 있는 것이다. 이성의 구성 작용과 직관적 인식에의 노력은 사실 실재 자체로 육박하는 정신의 두 측면으로 파악되기도 한다. 따라서 문제되는 두 태도의 불일치는 철학자들이 인식과 세계에 대해 취하고 있는 근원적인 태도 규정, 그들이 철학함에 있어서 찾고자 하는 것과 그 방법론에 대한 어떤 예감^{pressentiment}에 관여하는 것이다. 이러한 관점에서 우리는 편의상 후자를 실재의 철학$^{philosophie\ de\ la\ réalité}$, 전자를 법칙의 철학$^{philosophie\ de\ la\ loi}$이라고 부를 수 있으리라. 베르그손이 그의 첫 저서의 2장에서 자유를 형이상학적 차원에서 분석하면서 법칙을 실재에, 논리를 사실

---

[46] J. Paliard, *Intuition et réflexion*, Paris, Alcan, 1935, p. 2.

에 대립시키고 있기 때문이다.[47] 직접성을 추구하는 실재의 철학자는 사물을 순수성^{pureté} 속에서 만나려고 하며, 법칙의 철학자는 사물을 이성적 진리의 체계 속에서 논증하려고 한다.

직접성의 문제를 놓고, 역사상 직접적인 것을 추구하지 않은 철학이 있었느냐는 반문이 나올 수 있다. 직접성과 매개^{médiation}의 대립은 사실 철학적 사변의 시초에서부터 암암리에 있어 왔다. 고대 희랍 철학에 있어서 감각적으로 주어지는 직접적 소여로서의 현상에 대한 엘리아^{Elea} 학파와 헤라클레이토스^{Heracleitos}의 대립의 근저에서도 직접적인 것에 대한 평가의 차이를 발견할 수 있으며, 데카르트가 "코기토, 에르고 숨$^{Cogito, ergo sum}$"에서 직접성을 확보하고 그의 철학을 세운 것은 주지의 사실이다. 이렇게 보면, 모든 철학자들이 일치하는 '직접적인 것 자체'는 존재하지 않으며, 저마다 파악하고 평가한 '직접적인 것들$^{les\ immédiats}$'만이 존재할 뿐이라고 할 수 있다. 그러나 다른 한편, 합리주의의 전통이 일반적으로 매개의 이념에 보다 큰 의미를 부여했다는 것은 부정할 수 없는 사실이다.[48]

경험론자들의 소위 감각적 직접성$^{immédiat\ sensible}$에 대해 합리적 직접성$^{immédiat\ rationnel}$을 추구한 합리주의자들은 결국 직접성의 이념을 불신하고 배척한다. 이러한 입장을 우리는 칸트와 헤겔에서 뚜렷이 볼 수 있다. 칸트의 비판철학은 한마디로 직접성의 철학의 철저한

---

47   *DI*, p. 105.

48   J. Wahl, *Traité de métaphysique*, Paris, Payot, 1953, p. 498

파괴를 내포하고 있다. 감성적으로 주어진 잡다성에 오성의 형식을 부여함으로써, 즉 오성의 매개를 통해서만 인식이 가능하기 때문이다. 이러한 매개의 철학은 이성적인 것과 현실적인 것을 같은 차원에 놓은 헤겔에서 더욱 확실하게 나타난다.

헤겔은 그의 『논리학』의 처음에서 모든 사물이 사상된 '순수 존재'의 관념은 '순수 무'와 같음을 지적한다. 그는 '나' '현재' '여기' 등의 여러 관념을 비판한 후 결국 실재는 사고의 과정 속에서만이 존재하며 의미가 부여됨을 밝힌다. 매개된 것은 직접적인 것에 대해 결코 이차적인 것이 아니며, 덜 확실하거나 덜 직접적인 것도 아니다. 직접성의 관념 자체가 이미 매개의 관념을 전제로 해서만이 의미가 있으며, 모든 것은 의식의 반성 작용 속에서만이 드러나는 것이다.

베르그손의 철학은 두말할 나위도 없이 실재의 철학이다. "내가 이해하는 한에 있어서 철학은 개성적인 구성$^{\text{construction personelle}}$으로서 찬양되거나 비판되어서는 안 된다. 그것은 자신과 자기 주위를 아주 나이브하게 바라보고자 하는 결심에 불과하다"[49]고 베르그손은 말한 적이 있다. 여기서 우리는 그의 철학이 지니는 커다란 몇 가지 방법론적 특성을 살펴볼 수 있다. 베르그손은 사고 작용에 대한 아무런 예비 고찰이 없이 실재 자체에 육박하며, 실재에의 접근을 통해서 추후적으로 사고의 의미와 합법성이 논증된다. 장켈레비치

---

49 J. Chevalier, *Bergson*, Plon, 1934, p. 96에서 재인용.

Jankélévitch가 그의 『앙리 베르그손』의 첫머리에서 밝혔듯이,[50] 베르그손 철학은 탐구의 이론théorie de la recherche과 탐구 자체가 혼합되어 있는 드문 철학 중의 하나이다. 탐구를 위한 방법론적 성찰, 사실에 접근하기 이전의 의식이나 사고의 구조, 기능에 대한 숙고는 베르그손에게는 부질없는 것에 불과하다. 만일 진리를 인식하기 위해, 진리에로 우리를 인도하는 참된 방법을 우선 찾아야 한다면, 마찬가지로 참된 방법을 찾는 방법을 찾아야 하며, 이렇게 그 방법의 방법의 방법을 찾아야 하는 식으로 무한히 나아갈 것이 아닌가?

베르그손은 우리를 좌절시킬 뿐인 방법론적 숙고를 다음과 같이 경계한다. "너무 지나치게 체계적인 철학은 다른 문제를 제기한다. 해결을 찾기 전에 어떻게 그것을 찾아야 하는가를 알아야 하지 않을까 하고 그들은 말한다: 당신의 사고의 메커니즘을 연구하시오. 당신의 지식을 토의하고 당신의 비판을 검토하시오. 당신이 도구의 가치에 대한 확신을 가질 때, 당신은 그것을 사용하게 될 것이오. 맙소사! 이런 순간은 결코 오지 않으리니."[51]

그러나 사물을 순수한 마음의 눈으로 그저 바라보기만 하는 것은 결코 쉬운 일이 아니다. 우리는 앞에서 실재의 철학에 있어서는 무엇보다도 은폐된 직접성이 문제됨을 지적했다. 은폐된 직접성을 탐구하는 베르그손 철학은 이런 의미에서 단어의 가장 정확한 의미

---

50 *Henri Bergson*, PUF, 1959, p. 95
51 *ES*, p. 2.

에서 비은폐성의 철학이다. 베르그손 저서의 여기저기에서 발견되는 단어, 막$^{voile/toile}$, 가리개^{écran}는 그의 인식론이 은폐와 비은폐의 이원 구조 속에서 전개되고 있음을 보여준다. 은폐는 진리의 절대적 부정을 뜻하지는 않는다. 사물의 진상은 그것을 은폐하는 요소를 제거함으로써 밝혀진다. 베르그손에 있어서 사물을 은폐하는 것은 주관적인 요소이다. 이러한 입장은 현상계에 있어서는 사물이 타자와의 관계 속에서 본질적으로 은폐되어 있다고 보는 플라톤의 형이상학과 구별된다. 사물의 진상을 은폐시키는 주관적 요소는 베이컨의 우상론이 암시하듯이 여러 가지가 있다. 인간 전체에 무차별적으로 적용되는 사고 형식, 집단이나 시대가 갖는 편견, 개인적 성격이나 교육에 의한 억견, 나아가서 여전히 상대적인 것에 머무는 과학적 지식까지도 사물의 진리를 은폐시키는 요인이 된다.

따라서 직접적인 것은 인류가 이제까지 형성한 모든 관념이나 이론의 피안에 존재하는 것이며, 그것은 우리의 어떠한 주관적 해석에 의해서도 오염되지 않았다는 의미에서 순수한 것이다. 직접성의 철학에서는 따라서 무엇보다도 인식론적 순수성$^{epistemological\ purity}$ [52] 이 요청된다. 직접적으로 주어진 것은 순수한 것이며, 이 순수성을 지향하는 우리의 의식도 역시 순수해야 한다. 베르그손의 저서에서 무수히 발견되는 순수의식$^{conscience\ pure}$, 변질되지 않은 의식^{conscience}

---

[52] Milic Capek, *Bergson and Modern Physics*, D. Reidel Publishing Company, 1971, p. 87.

inaltérée, 선입관을 갖지 않은 의식conscience non prévenue, 정화된 경험expérience épurée 등의 의미가 여기에 있다.

순수한 의식은 또한 순진한 의식conscience innocente이다. 베르그손은 직접성에로 돌아가기 위해 철저히 소크라테스적인 무지를 가장하며, 사실 그는 어떤 의미에서 '천재적인 무식꾼ignorant de génie'에 불과했다. 모든 기존의 관념이나 학설을 일단 괄호 안에 넣으며, 그가 다루고 있는 모든 문제에 관해 아무런 예비지식도 없는 듯이 대하는 것, 이것이야말로 베르그손이 취한 유일한 방법론이라면 방법론이다. 이런 의미에서 베르그손의 저서 중에서 가장 독창적이라고 평가받고 있는 『물질과 기억』이 다음과 같은 구절로 시작되는 것을 음미할 수 있다. "이제 우리는 잠시 물질이나 정신에 관한 어떤 이론도, 외적 세계의 실재성이나 관념성에 대한 어떤 토론도 알지 못한다고 가정하자. 그러면 나는 사용될 수 있는 가장 막연한 의미에서의 이미지를 대하게 된다."[53]

베르그손 철학이 실상 매우 논증적인 철학임에도 불구하고 원시 사유의 강렬한 냄새를 풍기며, 그의 이론들이 어떤 다른 철학에서도 발견할 수 없는 광범하고도 해박한 과학 지식에 의해 뒷받침되고 있음에도 불구하고 가장 책 냄새를 적게 풍기는 이유가 여기에 있다. 나아가서 레비-스트로스Lévi-Strauss가 베르그손 철학을 인디언 시우Sioux족의 철학이라고 한 사실도 이런 맥락에서 이해될 수 있는

---

53 *MM*, p. 11.

것이 아닐까?

마르셀^{Marcel}이 말했듯이, 형이상학적인 근본 문제는 새로운 무류성$^{nouvelle\ infaillibilité}$, 새로운 직접성의 발견에 있다.[54] 베르그손에 있어 사고의 목표인 직접성은 실재에 있어서는 그의 철학의 출발점이다. 지속^{durée}, 이것은 베르그손의 전 철학이 근거하고 있는 존재론적 기초이다. 우리는 지속으로서의 직접성이 지니는 베르그손 사고의 특성을 보다 분명히 하기 위해 후설^{Husserl}의 '사물 자체에로$^{Zu\ den\ Sachen\ selbst}$'의 이념과 비교할 수 있다. 후설은 어느 날 베르그손의 직접성에 관한 얘기를 듣고 코이레^{Koyré}에게 "우리야말로 베르그손 학파다"라고 술회한 적이 있다. 사실 자연적 태도를 버리고 현상학적 환원을 거쳐 사물을 그 순수성 속에서 파악하고자 하는 후설의 태도는 베르그손의 입장과 일맥 상통하는 점이 없지 않다. 그러나 후설에 있어서 철학의 대상이 되고 있는 사물 자체는 사고에 있어서나 실제에 있어서나 항상 목적지라는 점에서 베르그손의 지속과 구별된다. 이러한 차이점은 두 철학자가 취하고 있는 실재론적 입장과 관념론적 입장의 차이로서 해명될 수 있다.

실재론자와 관념론자의 커다란 차이점 중의 하나는, 실재론자가 아는^{connaître} 데 비해 관념론자는 사고하는^{penser} 데 있다.[55] 실재론

---

54 G. Marcel, *Journl métaphysique*, p. 131. J. Wahl의 *Vers le Concret*, Vrin, 1932, p. 236 에서 재인용.

55 A. Lalande, *Vocabulaire technique et critique de la philosophie*, Paris, PUF, 1972, p. 893.

자에게 사고는 어떤 형태로든 이미 주어진 앎의 내용을 반성하는 데서 성립한다. 이에 반해 관념론자는 대상에로 나아가기 전에 사고에 대한 반성을 하며, 궁극적으로 사고가 어떻게 대상에 일치해서 인식이 가능한가 하는 문제를 제기한다. 한마디로 실재론자에겐 시원적인 인식$^{\text{connaissance initiale}}$이 있는 데 반해, 관념론자에겐 원초적인 무지, 대상이나 세계에 대한 극복해야 할 거리가 있는 것이다. 이 사실은 칸트에게나 후설에게나 마찬가지로 적용된다. 현상학적 환원의 근거는 후설에게 있어서 세계의 존재가 원초적으로 불가해^{incompréhensible} 했던 데 있다. 한 철학은, 세계나 존재에 대한 원초적인 만남이 이루어지지 않았을 때 인식론 일변도로 이상 비대해지는 경향이 있다. 이런 관점에서 베르그손 철학에 엄밀한 의미에서의 인식론이 부재함을 이해할 수 있다. 회프딩^{Höffding}이 베르그손 철학을 직관의 관점에서 정리했을 때,[56] 베르그손이 자기의 철학은 직관의 철학이 아니라 지속의 철학이며, 직관의 이념은 지속의 이론에서 자생적으로 도출된 것이라고 항변한 사실을 우리는 잊어서는 안 될 것이다.

---

56 *La philosophie de Bergson*, Paris, Alcan, 1916, p. 161.

II. 지성에 대한 비판

철학의 역사는 인간의 지성, 또는 이성을 생물학적 필연성의 굴레에서 구하려는 필사적인 노력으로 이어져 왔다. 사색인Homo sapiens! 이성의 자존은 동시에 종으로서의 인간의 자존과 통한다. 철학자는 일반적으로 지성적 인식의 실천적 유용성에도 불구하고, 지성의 본성은 모든 실천적 이해관계에서 떠나, 사물을 순수히 객관적으로 인식하는 능력이라고 인정한다. 인간은 그의 이성으로 인하여, 자연의 일부이면서 동시에 자연을 초월하는 것이다.

그러나 베르그손에 의하면 지성은 한마디로 삶에 봉사하는 실천적 기능에 불과하다. "사는 것이 첫째요, 그다음이 철학하는 것이다." 이것이 지성의 격률인 것이다. 따라서 지성은 실천적 관심에서 사물을 파악하기 때문에 상대적이고 상징적인 인식에 머문다. 이러한 지성에 대한 베르그손의 솔직한 실용주의적 태도는, 그가 지성을 생명vie이라는 거시적 관점에서 분석하는 데서 비롯한다. 베르그손은 인식의 문제는 오직 생명 이론théorie de la vie을 통해서만이 밝혀질 수 있다는 확고한 신념을 가지고 있는 것이다.[57]

그에 의하면, 칸트 인식론의 가장 치명적 약점은 인식의 문제를 생명과는 무관한 문제로 다룬 데 있다. 주지하다시피, 칸트는 우리의 인식을 가능케 하는 선험적 형식과 범주가 무엇인가는 밝혔으

---

57   *EC*, p. ix.

나, 그들의 연원에 관해서는 사실상 해명을 하지 못했다. 왜 우리는 다른 형식이 아니라 하필이면 바로 그런 방식으로 사물을 구성하는가? 베르그손은 인식의 문제를 생명의 관점에서 조명함으로써, 지성적 인식 형식의 기원과 그 의미를 밝힌다. 이런 의미에서 그의 인식론은 지성의 구조론이 아니다. 지성의 발생학$^{a\ génétique\ de\ l'intelligence}$이다.[58]

베르그손에 있어서 지성의 발생학적 해명은 '공작인$^{homo\ faber}$'의 관점에서 계통 발생적 차원에서 지성의 형성을 추적하는 데 있다. '공작인'의 이념은 너무나 낡고 상식적인 것처럼 보인다. 그러나 베르그손의 지성론이 '공작인'의 이념에 전적으로 근거해 있으므로 이에 대한 간단한 설명이 불가피하다.

생명력의 관점에서 보면 하등 생명체일수록 우월하며, 고등 생물일수록 무력하다. 물질성과 결합해 신체성을 단위로 성립하는 생명체에 있어서 생명력은 무엇보다도 신체에 내재해 있는 여러 능력으로 표현되며, 이를 통해 생명체는 환경에 효과적으로 적응할 수 있다. 그러나 유독 인간의 경우 신체성의 자연적 능력은 그의 존재를 확보하기에 부족하다. 이 생물학적 약점을 보완하기 위해서는, 신체성과 같은 어떤 물질적인 질서를 필요로 한다. 다른 어떤 정신력이나 사회적 산물도 이 결점에 직접 작용하지 못하기 때문이다. 도구는 인간의 신체성을 보완하는 유일한 것이다. 인간에 있어서 도

---

[58] *EC*, p. 128.

구는 단순한 행위의 보조물이 아니라 존재에의 요청이며, 도구 사용은 존재론적 행위이다. 이런 이유로 베르그손은 인간의 출현을 인간이 처음으로 도구를 사용한 때부터 잡는다.

이에 대해 다른 동물도 도구를 사용할 수 있다는 사실을 지적하면서 베르그손의 이론을 비판하는 사람들이 있다. 그러나 다른 동물에 있어서의 도구 사용은 인간의 경우에서처럼 생물학적 필연성을 지니고 있지 않다. 오직 인간과 함께, 생명은 그 진화의 과정에 있어서 도구 사용이라는 결정적 단계에 진입해 있는 것이다. 원숭이가, 예컨대 열매를 따기 위해 나뭇가지를 장대로 사용했을 때, 원숭이는 나뭇가지에 어떤 기능적 가치 valeur fonctionelle를 부여한 것은 사실이다.[59] 그러나 원숭이는 나뭇가지의 도구로서의 기능에 대한 의미를 완전히 자각하지 못한다. 즉 원숭이는 장대로도 언제나 변용될 수 있는 나뭇가지의 가능적인 기능을 객관적으로 표상하지 못한다. 오직 인간에 있어서만이 모든 사물은 그 현재적 상태 이외에 그것이 지니는 기능적 의미가 드러난다. 그리고 이것은 인간만이 사물에 대해서 여러 관점을 적용할 수 있다는 사실에서 비롯한다. 동물의 지각은 사물의 실제적 제시 présentation réelle에서 성립하는 데 반해 인간의 사물 파악은 문자 그대로 're-présentation'인 것이다.

우리의 표상 작용은 사물에 무수한 관점을 투사하는 데 있다. 그리고 이러한 표상을 통해서만이 한 사물이 가능적으로 지니고 있는

---

[59] M. Merleau-Ponty, *La structure du comportement*, Paris, PUF, 1972, p. 190.

기능적 측면, 즉 도구성이 인식된다. 그런데 이처럼 사물에 무수한 관점을 부여하는 것은 사물을 공간 속에서 파악하는 것이다. 베르그손의 지성론은 공간espace의 문제로 수렴된다. 그 이유는 공간 표상이 우리의 지성적 작업의 모든 양태를 가능하게 하기 때문이다. 베르그손은 그의 첫 저서에서부터 지성적 활동이 모두 공간 속에서 이루어짐을 역설한다.[60] 지성의 본질은 추상 작용을 통해 사물이나 사실 간에 어떤 관계, 법칙을 인식하는 능력이다. 그런데 이러한 관계의 인식은 공간 속에서 성립한다. 법칙은 사물들의 완전한 혼합 상태나 절대적인 분리에서는 성립되지 않는다. 예를 들면, 인과율은 사태가 원인과 결과라고 하는 공간이나 시간, 질에 있어서 구분되는 두 계기를 표상함으로써만 가능하다. 베르그손이 심리적 제 상태들의 질이 서로 엉켜 있으며 과거가 현재 속에 침투해 끊임없이 새로운 단위를 구현하는 지속의 세계에서는 인과율이 성립될 수 없다고 한 이유가 여기에 있다. 베르그손에 따르면 인과율은 공간적 사고의 결과이다. 공간적 사고는 사실을 임의의 단위나 계기로 구분하는 것이다. 그러나 사물들이 서로 완전히 분리되어서는 관계가 맺어질 수 없다. 이처럼 법칙은 두 사물 사이에 동시에 어떤 종류의 연속성continuité과 불연속성discontinuité의 관념을 투여함으로써 가

---

[60] "공간은 수와 측정을 조건 짓는다"(DI, p. 173); "바로 공간이야말로 우리가 명확한 구분을 설정하고, 계산하며, 추상화하고, 아마도 말할 수 있게 해주는 것이다"(DI, p. 73); 따라서 연역은 공간적 직관에 대한 저의 없이 진행되지 않는다. 그러나 이는 귀납에도 똑같이 말할 수 있을 것이다"(EC, p. 214).

능한 것이 된다. 즉, 법칙은 사물이 스스로의 독립성을 상대적으로 확보하면서, 다른 한편 타자$^{l'autre}$와 관계를 맺는 일정한 장소를 필요로 한다. 공간은 그의 본질적 두 속성, 연장성$^{l'étendu}$과 비어 있음$^{le\ vide}$으로 이러한 여건을 충족시켜 준다.

공간은, 베르그손에 의하면 텅 빈 동질적 장소$^{le\ milieu-vide\ homogène}$이다.[61] 공간의 비어 있는 속성은 여러 차원에서 분석될 수 있으나, 그 중의 하나는 그것이 분할의 원리라는 점이다. 사물 A를 B로부터 구분하는 것은 이 둘 사이에 일종의 불연속성을 놓는 것이며, 그것은 공간이나 시간 또는 질에 있어서 둘 사이에 공허$^{le\ vide}$를 표상하는 것이다. 공간은 이처럼 그 비어 있는 속성으로 사물 간에 상대적인 분리를 가능케 하며, 다른 한편 연장성으로 양자 간에 일정한 연관성을 부여함으로써 관계의 성립을 가능케 한다. 그리고 공간은 바로 텅 빈 장소이므로 무한한 수의 사물들로 채워질 수 있으며,[62] 그 다양한 차원으로 무한한 관계맺음을 성립시킨다.

베르그손은 이처럼 지성의 무대인 공간 표상이 원초적으로 인간의 도구 제작적 경향에서 유래한 것이라고 주장한다.[63] 도구의 제작은 사물을 임의의 관점에서 분해하고^{décomposer} 재결합하는^{recomposer} 데서 이루어진다. 그런데 이러한 분해와 조립의 심적인 표상은 이질

---

61 *DI*, p. 72.
62 *EC*, p. 152.
63 *EC*, p. 158.

적인 질로 채워져 있는 구체적인 연장성^{étendu concret}에서는 성립될 수 없다. 그것은 이 연장성에서 모든 질을 사상한 동질성의 차원, 한마디로 공간에서 가능한 것이다. 공간은 칸트가 주장하듯이 감성의 형식이 아니며 그 연원도 알 수 없이 우리에게 주어진 것이 아니다. 그것은 지성의 형식으로 인간의 도구 제작적 필요에서, 진화의 오랜 과정을 통해 형성된 것이다. 우리에게 "오늘날 선천적인" 이 형식은 종의 차원에서 보면 후천적이다.

베르그손의 반지성주의는 이처럼 지성의 공간 표상이 원래 행위의 구조^{schème de l'action}에서 유래했다는 사실에 근거한다. 우리는 공간 속에서 사물을 파악하고 분석하고 추상화하고 법칙을 세운다. 이 사실은 상식인의 자연적 태도에는 물론 가장 추상화된 과학적 탐구에 있어서도 마찬가지이다. 베르그손이 과학을 "삶에 주의하는 인식^{connaissance attentive à la vie}"이며 "사물의 본질을 알려 주기보다는 사물에 대한 우리의 최선의 행동 양식을 제공해 주는"[64] 것을 그 소임으로 하고 있다고 했을 때, 과학이 어느 정도 직접적 유용성의 차원을 떠나 있으며 과학자가 왕왕 진리 탐구의 순수한 지적 호기심에 이끌린다는 사실을 지나치고 있는 것은 아니다. 베르그손의 과학에 대한 비판은 과학적 사고의 본질에 관계하는 것이다. 이것을 그는 공간적 사고라고 부른다. 과학은 그 방법론에 있어서 상식의 연장에 불과하다. 실험실의 연구 결과나, 물리학의 제 법칙들은 일상적

---

64 *EC*, p. 196.

관찰에서 얻어지는 앎과 본질적으로 다른 차원의 것이 아니다. 그것들은 다만 상식적 앎을 보다 체계화하고, 정확히 하고 보편화하는 것이다. 과학은 한 마디로 감각이나 상식보다 '존재론적으로 우월한' 지식이 아니다. 베르그손은 과학보다 질적으로 우월한 인식을 하기 위해서는 사고 작용의 습관적 방향을 역전시켜야 한다[65]고 주장한다. 이 사고의 역전이 철학의 존재 근거이다.

그러나 다른 한편, 베르그손은 지성적 인식이나 과학이 실재와는 하등 관계없는, 순수히 인간적인 지식 체계에 불과하다고 보지는 않는다. 과학적 인식은 대상에 인간이 그 형식을 일방적으로 부여해서 얻는 것이 아니다. 만일 그것이 순수히 우리의 주관의 산물이라면, 어떻게 실제로 대상에 적용되며, 실재들과 관계를 맺으며 이루어지는 인간의 삶이 가능할 수 있는가? 베르그손은 『창조적 진화』의 서언에서 행위는 비현실 속에서는 이루어질 수 없음을 분명히 한다. 행위와 행위에 의해 야기될 반작용에 관계하는 지성은 절대적인 어떤 것$^{\text{quelque chose de l'absolu}}$[66]을 소유해야 하기 때문이다. 그러나 이 문제는 순수한 인식론의 차원에서는 해결될 수 없다. 베르그손은 이것을 그의 형이상학으로 해결한다.

물질계는 문자 그대로 확장^{extension}의 세계로서 퍼지는 운동 속에서 성립하며, 따라서 그 자체 공간화할 수 있는 측면을 지니고 있다.

---

65   *PM*, p. 214.
66   *EC*, p. vii.

공간성은 물질에 내재해 있는 성질이므로 지성적 인식은 물질에 관한 한 타당한 것이 된다. 베르그손은 이러한 사실을 지성성intellectualité과 물질성matérialité, 그리고 공간성spatialité은 서로 같은 방향으로 움직이고 있다고 표현한다.67 이런 관점에서 본다면, 과학적 인식의 타당성을 존재론적으로 확고히 정초해 준 사람은 칸트라기보다는 차라리 베르그손이라고 할 수 있다. 역설적인 표현이긴 하나, 베르그손은 어떤 의미에서 칸트의 인식론에 생물학적, 존재론적 근거를 부여해 주고 있는 것이다. 그러나 물질은 공간의 방향으로 운동하기는 하나 완전히 공간화하지는 않는다. 이것이 생명의 흐름이 물질에 관통하여traverser 유기체를 구성할 수 있는 근거이며, 또한 과학적 인식이 물질계에 완벽하게 타당하지 않는 이유이기도 하다.

지성적 인식의 상대성은 생명 현상을 그 대상으로 할 때 더욱 두드러진다. 그 이유는 생명은 공간성에 역기능하는 데서 성립하기 때문이다. 베르그손의 동적인 형이상학에 있어서 생명과 물질은 그들을 구성하고 있는 어떤 불변의 질이나 요소에 의해 구분되는 것이 아니라, 그들이 참여하고 있는 운동의 방향으로 구분된다. 생명은 능동적으로 미래에 침투해 들어가면서 그 시간의 내용을 자기 내부에 보존하는데, 이러한 생명의 보존 능력을 베르그손은 기억이라고 한다. 생명은 기억으로 나타나는 기능을 통해 자기 집중하며 일자화一者化한다. 이러한 생명의 현상은 공간에서 성립하는 모든 규

---

67 *EC*, p. 188.

정성을 벗어나는 완전히 비합리적인 세계이다. 공간은 연장성의 한 범주이며 연장성은 비결정성^{indétermination}의 한 범주이다.[68] 공간 속에서 성립하는 물질은 이런 의미에서 일자도 아니며 타자도 아닌 비결정적인 것이다. 물질을 우리가 임의로 분해하고 잴 수 있는 근거는 그것이 비결정적인 것, 동질적인 것이기 때문이다. 이에 반해 생명은 자기 결정을 하는 능력을 통해 비결정 속에서 밖으로 드러나는, 즉 'ex-ister' 하는 존재이다. 이러한 생명체는 각 부분이 유기적인 전체성$^{totalité\ organique}$을 이루고 부분 속에 전체가 가능적으로 들어있는 세계로서 분석할 수가 없다. 또한 공간은 필연성과 영원한 반복의 좌표이다. 이에 반해 생명은 가능성과 질적인 변화의 세계로서 생성의 리듬 속에 참여한다. 따라서 공간적 사고를 하는 지성은 유기적인 것을 비유기적인 것$^{l'inorganique}$으로 분해함으로써 생의 창조적 진화$^{évolution\ créatrice}$를 이해할 수 없는 것이다.[69]

베르그손의 반지성주의는 또한 과학주의가 내포하고 있는 기계론적 우주관을 표적으로 삼고 있다. 그에 의하면 기계론은 지성적 우주관의 전형이다. 과학주의의 황금율은 인과율이다. 그리고 인과율은 메이에르송^{Meyerson}이 그의 명저 『동일성과 실재성$^{Identité\ et\ réalité}$』[70]에서 탁월하게 분석했듯이 동일성에 근거해 있다. 원인 A와 결과 B

---

68 박홍규, 「베르그손에 있어서의 근원적 자유」, 『철학』 제10집(1975), 철학연구회.
69 *EC*, pp. 162~63.
70 Alcan, 1908.

사이에 인과관계를 세우는 것은 B가 A에 선재^{先在}해 있으며, 결국 A 와 B는 그 근원에 있어서 질적으로 동일하다는^{identique} 것을 의미한다. 동일의 원리에 의하면, 현실태는 실현된 가능태이며 가능태는 원인 속에 이미 있는, 그러나 아직 나타나지 않은 결과인 것이다. 따라서, 기계론에 있어서는 진정한 의미에서 새로운 것, 창조가 끼일 틈이 전혀 없다.

고대의 원자론에서 현대 물리학의 에네르기 보존 법칙에 이르기까지 모든 기계론적 철학은 모두 이 동일성의 존재론에 근거한 것이다. 이러한 동일성의 차원에서 보면, 모든 것은 이미 주어져 있는 것이$^{tout\ est\ donné}$ 되므로 결국 시간이 무용한^{inutile} 것이 된다. 그러나 베르그손에 의하면 시간은 발명^{invention}이거나 아무것도$^{rien\ du\ tout}$ 아니거나이다.[71] 미래가 현재의 옆$^{à\ coté\ du\ présent}$에 있지 않고, 현재를 뒤따르는 것은 미래가 현재에 완전히 결정되어 있지 않다는 의미이다. 공간적 병렬과 시간적 계기는 가역성과 불가역성의 관계이기도 하다. 그런데 동일성의, 즉 시간적인 것이 모두 공간적인 것으로 환원된 차원에서는 원인과 결과, 현재와 미래는 서로 가역적 질서이다. 그러나 실재는 가역적 질서에 저항한다. 생명체는 말할 것도 없고, 카르노^{Carnot}의 법칙이 보여 주듯, 물질계도 불가역적 변화 속에서 일정한 방향으로 운동하고 있는 것이다.

베르그손은 지성에 대비되는 인식으로서 직관을 내세운다. 직관

---

[71]   *EC*, p. 341.

은 베르그손 철학에 있어서 여러 차원에서 분석되고 있다. 직관은 『형이상학 입문』에서는 주로 분석에 대립되는 인식으로 지적인 공감sympathie intellectuelle으로 정의되고 있다. 그러나 『창조적 진화』에 있어서 직관은 생명의 진화론에 입각해 본능과 지성의 대비로서 고찰하고 있다. 베르그손에 의하면 생명의 진화는 원초적인 생명의 흐름이 물질과 환경에 적응하면서 여러 가지로 분리되어se dissocier 이루어진 것이다. 해리dissociation는 양자택일의 원리이다. 따라서 동물의 본능적 인식과 인간의 지성은 원초적인 생명이 가능적으로 지니고 있는 인식 기능의 두 갈래로서, 서로 장단점을 나누어 가지고 있다. 본능은 사물을 직관하는 능력이나 맹목적이고, 지성은 세계의 모든 대상을 지향하나 그 인식은 분석적이며 따라서 절대적인 것이 되지 못한다. 그런데 베르그손에 있어서 생명적인 것, 정신적인 것은 소멸되지 않는 실체이다. 마치 기억의 이론에서 우리가 현실적으로 기억해 내는 것은 현재에 유익한 회상을 선별한 것이지만, 전체적인 순수 기억이 무의식에 자리잡고 있듯이, 지성의 방향으로 진화한 인간의 의식의 심층에는 여전히 본능적 인식 능력이 잠재해 있는 것이다. 베르그손은 만일 우리가 지성을 반성함으로써 지성이 유래한 생명의 근원으로 거슬러 올라가[72] 본능과 일치한다면, 우리는 그때 직관적 인식을 할 수 있다고 말한다.

그는 이런 때의 직관을 "자기 의식을 지니고 있으며, 그 대상을

---

72 Cf. "l'intelligence revivra à rebours sa propre genèse"(*EC*, p. 193).

반성하고 무한히 확대할 수 있는 무사심하게 된 본능$^{\text{instinct désintéressé}}$"이라고 정의한다.73 직관은 이런 의미에서 생명의 종^{espèce}으로 진화하기 이전의 근원적 생명에의 회귀이며, 이런 이유로 베르그손은 직관을 정신 자체, 생 자체라고 규정하기도 한다. 이렇게 볼 때 플라톤의 영혼의 타락과 상기설의 도식을 연상케 하는 직관론은 물질성이 생명에 가하는 존재론적 분리 이전의 상태로 소급하는 것이다. 베르그손의 철저한 이원론에 있어서 물질은 언제나 정신에 가하는 분리와 제한과 비연속성의 기능으로 나타난다. 자유론에서의 표층 자아와 심층 자아, 기억의 이론에서의 현재와 과거, 의식과 무의식, 도덕 이론에서의 정적 도덕$^{\text{morale statique}}$과 동적 도덕$^{\text{morale dynamique}}$의 구분은 물질성에 제약된 정신과 정신 자체의 이원론인 것이다. 베르그손이 『창조적 진화』에서 다룬 지성과 직관의 대립은 결국 물질성에 제약된 종으로서의 의식과 그로부터 해방된 의식의 대비이다. 이런 의미에서 직관은 사물에 대해 우리가 종으로서 갖는 모든 관심을 끊는 데서 성립하며 그런 이유로 베르그손은 철학을 "인간 조건의 초월"74이라고 부르는 것이다.

---

73 *EC*, p. 178.
74 *PM*, p. 51.

III. 『도덕과 종교의 두 원천』에서
기독교 사상의 수용이 갖는 의미

『도덕과 종교의 두 원천』에 있어서 기독교 사상의 도입이 지니는 비합리주의의 의미를 분석하기 위해서는 베르그손의 도덕 이론에 대한 간단한 검토가 먼저 있어야 한다. 지난 세기는 기술 문명의 경이적 발전과 과학에 의한 인식가능한 세계의 놀라운 확산, 그리고 정치사회 구조의 가속적인 변화 속에서 인간에 관한 모든 문제—인간의 본성, 과학의 의미, 역사의 전망, 인간과 우주와의 관계—가 새롭게 제기되어 전면적인 반성이 요청되던 시대였다. 베르그손은 강단 철학자가 아니다. 그는 시대 정신이 봉착하고 있는 이 모든 문제에 대해 가장 포괄적인 성찰을 한 철학자이며, 이런 이유로 그의 철학에는 고도의 서구 문명 비판이 깔려 있다.

『두 원천』은 한 마디로 인간 구원의 문제를 다룬 저서이다. 베르그손의 도덕 이론은 인간의 본성과 그 미래에 대한 깊은 염려와 혁신과 진보에 대한 강한 의지의 결정이다. 1차 세계대전을 통해 자칭 문명인의 야만성을 목격한 베르그손은 과학과 문명의 놀라운 진보에도 불구하고 인간의 도덕성과 사회성은 원시인의 그것과 본성상 한 치의 차이점도 없음을 깨닫는다. 인간의 사회는 예나 이제나 변함없는 폐쇄 사회$^{société\ close}$이며, 우리의 도덕성은 다른 민족이나 인종에 대해 잠재적인 증오와 공격 본능을 내포한, 집단적 이기주의에 근거한 정적 도덕인 것이다. 따라서 폐쇄 사회의 징표인 전쟁은 그의 마지막 저서에서 사실상의 핵심 문제로 등장한다. 어떻게 종의 차원에서 형성된 인간의 전쟁 본능을 없애고 인류를 평화의 공동체로 이끌 것인가?

베르그손의 반지성주의는 『두 원천』에서 다시 한번 이성의 효능을 불신한다. 이성에 근거한 어떤 도덕이나 교육, 이데올로기, 국제 조약으로서는 인류의 본원적인 이기심과 그로부터 파생하는 전쟁을 없앨 수는 없다는 것이다. 인류의 진정한 평화는 오직 사랑을 통해서만이 가능하다. 사랑만이 우리의 이기심을 극복하게 하며, 인격의 독립성과 상호성을 이해시키고 그들 간의 깊은 유대를 가능하게 하기 때문이다. 그러나 문제는 어떻게 인류 전체에 이 우애^{fraternité}의 정신을 심어 줄 수 있는가에 있다. 만일 인간이 본성적으로 이런 우애를 행할 수 없는 존재라면, 사랑의 필요성을 주장하는 것 자체가 무의미한 것이 되기 때문이다. 행위, 나아가서 인간의 본성에 관계하는 유일한 문제는 의무^{devoir}와 가능^{pouvoir}의 문제인 듯하다. 이 문제를 해결하려고 고심한 철학자의 한 사람으로서 우리는 칸트를 들 수 있다. "너는 할 수 있다. 왜냐하면 너는 해야만 하기 때문이다."

그러나 실천이성의 요청의 형식으로 도입된 가능의 이념은 한갓 관념적인 해결에 불과한 것이 아닐까? 실제로 우리는, 예컨대 누구를 사랑해야만 하기 때문에 사랑하는 것이 아니라 사랑할 수 있기 때문에 사랑하는 것이 아닐까? 베르그손은 박애의 가능성을 기독교 신비가들의 사랑의 행위 속에서 발견한다. 기독교 신비가들은 신비 체험을 통해 신이 인류를 사랑하기 위해, 그리고 인류가 서로

서로 사랑하도록 창조했음을 안다. 그리고 그들은 신적인 사랑$^{amour\ divin}$을 인류에게 행하며, 그들의 사랑은 인류에게 한없는 감동^{émotion}을 불러일으켜 우리를 우애의 행진에 참여케 하는 힘을 가지고 있다. 예수가 바로 사랑의 힘으로 인류에게 최대의 감동을 준 도덕적 영웅인 것이다. 이런 관점에서, 진정한 도덕은 명령으로써 주어지는 의무를 수행하는 억압으로서의 도덕$^{morale-pression}$이 아니라, 구체적 인격을 자발적으로 지향하는 동경으로서의 도덕$^{morale-aspiration}$이 된다.

예수를 포함한 기독교 신비가들의 종교 체험을 바탕으로 동적 도덕의 이념을 도출한 베르그손의 이론은 많은 논란의 여지를 남기고 있다. 기독교 철학자인 통게덱^{Tonguédec}은 베르그손이 기독교를 사회적이고 도덕적인 관점에서 고찰함으로써 구세주로서의 예수의 의미와 종말론을 본질로 하는 기독교 사상을 파악하지 못했다고 평가했으며,[75] 저명한 중세 철학자인 질송^{Gilson}은 베르그손 철학의 기독교 접근은 완전한 실패라고 언명하고 있다.[76]

베르그손이 기독교 철학을 이해하는 데 제기된 여러 문제점은 베르그손 철학에 국한된 것이라기보다는 차라리 기독교 교리와 철학 일반이 지니는 숙명적 대립에서 기인하는 것이라 할 수 있다. 기독교는 한 철학 이론이 다른 이론에 대립되는 방식으로 철학 일반

---

[75] *Sur la philosophie de Bergson*, G. Beauchesne et ses fils, 1936, p. 166.

[76] *La philosophie et la théologie*, Fayard, 1960, p. 185.

에 대립하지 않는다. 기독교 복음서는 신과 우주에 대한 일체의 이론적인 논증이 없이 우리에게 어떤 실천적인 가르침을 전한다. 그 내용은 오직 계시에 근거하고 있으며, 그 계시를 통해서만이 세계의 존재와 의미가 설명된다. 따라서 기독교의 진리는 본질적으로 이성을 초월하고 있으며, 결국 어떠한 형태로든 이성의 차원에서 세계를 해명하려는 노력으로서의 철학을 동시에 초월한다. 여기에 기독교 교리와 철학 사이에 화합할 수 없는 간격이 있다. 기독교 사상과 철학 사이에 원리의 대립을 분명히 하는 브레이에Bréhier는 서양 철학사 전체를 통해 이론상 순수히 철학적이며, 동시에 본성상 기독교적인 철학은 하나도 존재하지 않는다고 말한다. 그는 마치 기독교 물리학이나 기독교 수학이 성립할 수 없듯이 진정한 의미에서의 기독교 철학은 성립할 수 없다는 것이다.[77] 물론 많은 철학 이론이 기독교 사상을 부분적으로 도입했거나, 그 영향 밑에서 형성된 것은 사실이다. 그러나 이 경우, 기독교 교리는 철학자의 논리의 세계가 아니라 기독교인으로서의 철학자의 신앙에 관계한 것이라고 보는 것이 더 타당하다.

한편 베르그손의 기독교에 대한 접근은 신앙을 근거로 이루어진 것이 아니다. 베르그손은 기독교를 마치 자연과학자가 사실을 대하듯이 객관적으로 대하고 있으며, 약 20년이라는 긴 세월 동안의 방

---

[77] Bréhier, "Y a-t-il une philosophie chrétienne?", *Revue de Métaphysique et de Morale*, (1931) Avril-juin, p. 162.

법론적 숙고를 거쳐 받아들였기 때문이다. 물론 베르그손 철학이 기독교에 접근할 수 있었던 가능성은 『창조적 진화』에서 어느 정도 예비된 것이라고도 할 수 있다. 베르그손은 "우주가 지속한다l'univers dure"78고 말했다. 이 말의 의미는 우주 전체가 하나의 기능에 통일되어 있으며, 끊임없는 창조의 과정에 있다는 것이다. 그리고 그에 의하면, 철학의 궁극 목적은 우주의 생성의 근원에 전인적으로 합일하는 데에 있다. 베르그손은 철학을 인간 의식이 그가 유래한 살아있는 원리principe vivant에 일치하는 것, 우주의 창조적 노력effort créateur과의 만남이라고 정의한 바 있다.79 그런데 기독교의 인격신, 그리고 기독교 신비주의자들의 종교 체험은 이러한 베르그손의 형이상학과 통할 수 있는 여지가 있는 것이다.

그러나 우리의 주제와 관련된 보다 근본적인 문제는 기독교 신비가들의 체험을 하나의 객관적이고 실재적인 사실로 받아들이는 베르그손 사유의 성격에 있다. 우리는 앞에서 법칙의 철학과 실재의 철학을 구별하고, 법칙의 철학은 사실의 합리화를 그 원리로 하고 있다고 밝혔다. 법칙의 철학은 따라서 원칙상 이성의 요구나 원리에 부응하는 것만을 받아들이거나 논증할 수 있다. 법칙의 철학자는 철학함에 있어서 두 가지 비합리적인 것을 배제한다. 그 하나는 철학함의 시초에 있어서 본성상 합리화에 저항할 것이 분명한

---

78 *EC*, p. 11.
79 *EC*, p. 369.

것이며, 다른 하나는 철학함을 끝맺으면서 끝끝내 합리화를 거부했던 사실이다.

　이러한 입장에서 보면, 법칙의 철학자에게는 초자연적인 계시나 신비 체험 등의 종교적 사실을 받아들일 여지가 없다. 물론 법칙의 철학자 또는 넓은 의미의 합리주의적 철학자가 종교적 사실을 받아들이는 경우가 전혀 없는 것은 아니다. 그러나 이 경우는 철학자가 세계를 설명하는 이성적 작업에 실패했을 경우이다. 소위 신앙절대론fidéisme이 그러한 예이다. 이에 반해 실재의 철학자는 종교 사실을 받아들이는 데에 있어 훨씬 개방적이다. 그 이유는 그가 이성과 이성의 법칙의 좁은 테두리 속에 갇혀 있지 않기 때문이다. 그에 있어 철학함의 유일한 목표는 실재 자체에의 접근이다. 따라서 실재의 철학자는 어떤 사실이 비합리적인 것처럼 보인다는 사실에서, 그것을 철학적 성찰의 대상에서 제외하지 않는다. 때에 따라선 그런 비합리적인 사실이 이 세계를 설명하는 데 귀중한 단서가 될 수도 있기 때문이다. 이렇게 합리성과 비합리성 사이에서 원리적인 모순을 발견하지 않는 실재의 철학자는, 일단 방법론적인 반성이 성숙되면 비합리적인 사실을 긍정하며, 이성을 그 사실 앞에 머리 숙이게 하는 것이다. 이성의 겸양humilité de la raison, 이것이야말로 베르그손에 있어서 진리에 이르는 유일한 길이며, 우리를 실재 자체에 위치시킨다.

　베르그손은 여러 곳에서 이성이 스스로의 원리나 법칙만을 고수할 때, 우리는 실재와는 너무나도 동떨어진 독단론이나 무의미한 언어주의verbalisme에 빠지게 된다고 경고한다. 그리고 실제에 있어서 베르그손의 모든 학설은 구체적 사실에 대한 지성의 겸손한 조회, 예컨대 내적인 경험, 실어증 환자에 대한 임상학적 결론, 진화의 구체적 사례, 신비 체험에 전적으로 의거해 있는 것이다. 베르그손의 방법론적 비합리주의는 결국 기독교를 이성의 한계에서가 아니라 경험의 한계에서 수납한다. 이런 의미에서 기독교 사상과 철학과의 접근 가능성을 완전히 배제하지는 않는 구이에Gouhier는 만일 기독교 철학이 가능하다면, 그것은 실재의 철학에서일 뿐이라고 천명하는 것이다.[80] 베르그손 철학은 서양철학사에 있어서 드물게 보는 기독교 철학philosophie chrétienne의 한 실례를 보여 준다. 따지고 보면, 기독교에서처럼 사랑을 세계의 원리로 파악한 베르그손의 형이상학은 그 자체 비합리주의적인 성격을 지니고 있다. 합리주의의 형이상학에 있어서 절대자나 존재의 최고 원리는 엄밀한 의미에서 사랑과 조화될 수 없다. 사랑은 타자에 대한 욕구와 지향성을 내포하고 있으며, 이러한 운동성은 합리주의의 입장에서 보면 존재의 결핍을 뜻하기 때문이다. 플라톤이 만일 우리가 신이라면 사랑을 알지 못하리라고 말한 이유도 바로 이것이다.

그러나 베르그손의 형이상학에 있어서 세계의 생성의 근원은 존재의 충만성으로 넘쳐흐르는 창조력이며, 철학의 이상은 온갖 존재를 현존케 하는 Dasein-lassen 이 생명의 근원에 전인적으로 합체하는

---

[80] *La philosophie et son histoire*, 2e éd., Vrin, 1948, p. 39.

것이었다. "영혼 전체로$^{\text{avec l'âme tout entière}}$"81 베르그손이 그의 첫 저서에서 자유를 정의하면서 사용한 이 말은 『도덕과 종교의 두 원천』에서 사랑의 형이상학에 근거한 도덕론에서 다시 한번 감동적으로 나타난다. 참다운 도덕적 행위는 우리의 영혼의 일부분, 예컨대 이성 등에 의해 이루어지는 것이 아니다. 타인의 존재를 지향하는 진정한 도덕은, 우리의 모든 것, 전체적 지식, 전체적 감정, 전체적 의지의 표현인 사랑을 통해서만이 이루어진다. 그리고 사랑 속에서만이 우리는 진정으로 나와 세계와 나아가서 신과 만날 수 있는 것이다. 사랑은 이런 의미에서 단순한 도덕적 행위가 아니라, 만상을 존재케 하는 원리에 부합하는 행위, 즉 형이상학적 행위$^{\text{acte métaphysique}}$이다.

IV. 맺는말
– 지성을 넘어 직관으로

우리는 지금까지의 분석을 크게 두 부분, 즉 베르그손 자신이 취하고 있는 방법론적 비합리주의와 그의 철학에서 이론으로 나타난 지성에 대한 비판으로 나눌 수 있다. 첫 번째 문제에 관해서 무엇보다도 지적해야 할 것은 모든 철학은 본성상 합리주의라는 사실이

---

81 *DI*, p. 174.

다. 한 철학자의 사고의 경향과 그 귀결이 어떠하든 간에, 모든 철학적 성찰은 인간과 우주를 이성의 질서 위에서 해명하려고 하는 노력이다. 어떤 비합리주의도 이 철학의 근본을 부정하진 못하며, 이런 의미에서 엄밀한 의미에서의 비합리주의는 존재할 수 없다. 따라서 소위 비합리주의는 이성과 이성적인 것에 대한 규정, 이성을 통해 사실에 육박하는 철학자의 성찰의 방식에 관계할 뿐이다. 순수히 합리적 가지성intelligibilité rationnelle을 뛰어넘어 실재 자체에 도달하고자 한 것이 베르그손 사유가 갖는 비합리주의의 본질이다. 페기Péguy가 베르그손 철학을 우리의 이성을 실재로 인도하는 '신新 방법서설nouveau discours de la méthode"이라고 부른 이유가 여기에 있다.82

이러한 베르그손의 비합리주의는 당대에 팽배해 있던 인식론적 인간중심주의anthropocentrisme에 대해 신중심주의théocentrisme를 내포한 데 역사적 의의가 있다. 칸트의 구성설이나 과학만능주의는 넓은 의미에서 프로타고라스Protagoras의 후예들이다. 그들은 이성을 자연 위에 군림시키고 그 법칙을 자연에 강요하는 이성의 독단주의자들이다. 프랑스에서 실증주의 사조를 대변하던 텐Taine은 사실이란 이성의 임의적인 절단coupoure arbitraire에 불과하며 오직 과학 법칙만이 존재하고 모든 것은 이에 환원된다고 말한 적이 있다. 이성의 독단을 뛰어넘어 단순한 인간 중심적 가지성이 아니라, 플라톤식으로 말한다면 신적인 가지성intelligibilité divine을 추구한 것이 베르그손의 방법론적 비

---

82   *Notes conjointes*, NRF, 1935, p. 48.

합리주의의 전부이다.

베르그손의 지성론이 지성의 권위를 떨어뜨렸다는 비난처럼 역설적인 것은 없다. 베르그손의 지성 비판보다는 칸트식의 이성주의야말로 우리의 인식을 현상에 국한시킴으로써 이성의 능력을 치명적으로 제한한 것이 아닌가? 지난 세기의 지나친 실증주의와 과학만능주의는 마찬가지로 지나친 반지성주의를 불러일으킨 것이 사실이다. 베르그손의 저서들 속에서도 우리는 지성이 가차없이 평가절하당하는 숱한 구절들을 볼 수 있다. 그러나 보다 깊이 살펴보면 다른 어떤 철학보다도 베르그손 철학에 있어서 지성적 인식의 정당성은 확보된 점이 있다. 과학은 최소한 물질에 관한 한 타당한 것이다. 백보를 양보해서 과학이 물질계에 완전히 적용되지 않는다 해도, 그것은 칸트에서처럼 상대적인 것의 인식connaissance du relatif이 아니라 실재의 상대적 인식connaissance relative de la réalité이다. 베르그손의 지성-비판은 우리가 현재 지니고 있는 이성적 인식의 방법, 즉 개념적 인식을 개선할 수 있는 가능성에 대한 방법론적 탐구의 관점에서 비롯한 것이다. 베르그손의 직관론은 사람들이 흔히 생각하듯이 칸트나 스펜서의 불가지론적 입장에 대한 낭만적 반동에 의한 것이 아니다. 그것은 인간 정신에 대한 전체적인 반성에로 우리를 인도한다.

과연 우리의 현재적 이성의 작업은 교정할 수 없는 숙명인가? 현재의 사고의 메카니즘을 극복할 길은 없는가? 베르그손은 직관을 반성^{réflexion}이라고 정의한 바 있다.[83] 베르그손의 직관론은 이런 이유로 이론적 일관성보다는 방법론적 일관성$^{unité\ méthodologique}$이 있을 뿐이다. 따라서 그것은 『창조적 진화』의 저자가 스스로 고백하듯이 본질적으로 미완성의 것일 수밖에 없다. 노력은 모든 반성적 의식의 조건이다. 베르그손은 우리로 하여금 새로운 이성적 작업의 가능성을 위한 고통스럽고도 끈기 있는 노력을 요구한다. 이런 의미에서 베르그손의 직관론 속에서 우리는, 포레스트^{Forest}의 말대로 지성의 신실재론$^{un\ nouveau\ réalisme\ de\ l'intelligence}$의 태동을 본다.[84] 그러나 과연 새로운 형태의 인식이 실제로 가능할 수 있을까 하는 문제는 앞으로의 철학자와 과학자는 물론 전 인류의 어깨에 놓인 공통된 과제이지, 한 철학자의 관념적인 이론 구성에 속해 있는 것은 아니다.

---

83   *PM*, p. 95.
84   *Consentement et création*, Aubier, 1943, p. 109.

3

닫힌 사회와 열린 사회
—지성과 도덕적 실천의 문제를 중심으로

1. 문제의 제기

『창조적 진화』(1907)의 출간과 함께 베르그손 철학은 완결된 것으로 여겨졌다.[85] 『의식에 직접 주어진 것들에 관한 시론』(1889)에서 물질과는 뚜렷이 구분되는 의식 존재의 시간성, 즉 지속^{durée}에 관한 존재론적 분석을 기점으로 하여 출발한 그의 철학은 사변의 대상의 점진적 확산을 거쳐 『창조적 진화』에 이르러 우주 전체를 그 시야에 둔다. 그는 여기서 생물학과 물리학의 실증적 사실을 토대로 이른바 '지속의 상 아래에서$^{sub\ specie\ durationis}$' 만유를 질서 지운 새로운 동적인 형이상학$^{métaphysique\ dynamique}$을 수립했다. 서양의 형이상학은 그에 이르러 비로소 생성보다 존재를 우위에 두는 파르메니데스^{Parménide} 이래의 '영원주의'에서 결정적으로 해방되었으며, 19세기 말에 크게 유행한 과학적 유물론에 의해 핏기를 잃었던 우주는 다시 생명과 창조의 무대로 바뀌었다.

---

85 Cf. E. Gilson, *Le philosophe et la théologie*, Fayard, 1960, pp. 122~123.

그러나 이러한 자유와 희망의 형이상학 앞에서 어떤 회의를 느낀 사람이 있었던 것도 부인할 수 없는 사실이다. 이론이 끝나는 곳에 행위의 문제가 남는다. 우주가 존재론적으로 정연히 질서 지어진 이제, 그 속에서의 인간의 실천과 삶의 문제가 제기된 것이다. 그렇다면 우리는 도대체 어떻게 살아야만 하는가? 도덕과 사회의 본성은 무엇이며, 역사의 방향은 어디인가? 그러나 베르그손은 이제까지 순전히 사변적인 문제에만 전념한 나머지 이러한 순수히 인간적 실천의 문제에 대해서는 철저한 침묵을 지켜왔다. 그에게 지금까지 문제된 행위는 인식론적 관점에서 공작인$^{homo\ faber}$으로서의 생물학적 행위였으며, 도덕의 문제를 간접적으로나마 다룰 수 있었던 유일한 영역이었던 『시론』의 자유론에서도 그가 무엇보다도 조심스럽게 배제한 것은 자유의 도덕적 의미였다.

어떤 사람은 이러한 그의 철학에서 형이상학적 반도덕주의$^{anti\text{-}moralisme}$를 발견하거나, 혹은 사회철학 내지 역사철학은 근본적으로 성립될 수 없다고 주장했다. 윤리의 세계는 그것이 목적주의이든 법칙주의이든 대부분의 경우 정적인^{statique} 어떤 것을 지향한다. 그것은 보편타당한 도덕 법칙이나 이상적 인격 내지 고정된 삶의 목표를 전제하기 때문이다. 또한 사회철학도 사회와 역사를 지배하는 일정한 법칙이나 방향에 대한 인식을 목표로 하며, 실천은 이러한 인식을 토대로 한다. 학문의 3단계설을 사회학에도 적용해 사회적 재조직$^{réorganisation\ sociale}$을 그의 철학의 궁극 이념으로 삼은 콩트^{Comte}가 일찍이 "지식으로부터 예견이, 그리고 예견으로부터 행위가 나온다$^{\text{Science, d'où prévoyance, prévoyance, d'où l'action}}$"86라고 말했을 때, 그가 의미한 것은 이러한 인식과 실천 사이의 밀접한 상관관계였다.

그러나 세계를 연속적인 생성과 창조의 과정으로 파악하는 베르그손에 있어서 고정된 법칙이나 상태가 있을 수 없다. 또한 그의 창조적 진화론은 진화에 있어서의 인과 법칙이나 궁극 목적도 인정하지 않는다. 그렇다면 사회나 역사를 지배하는 법칙이나 방향, 그리고 도덕도 필연적으로 부인될 수밖에 없지 않은가? 이런 의미에서 로드리그^{Rodrigues}는 베르그손 철학을 신랄하게 비난했다. "베르그손의 반지성주의는 필연적으로 반도덕주의에 이를 듯하다. 베르그손이 도덕의 문제를 직접적으로 다루지 않은 깊은 이유를 우리는 이제 보다 잘 이해할 수 있다."87 정말 베르그손 철학에 있어서는 도덕이나 사회 이론은 원천적으로 불가능한 것인가? 구이에^{Gouhier}가 잘 지적했듯이 창조적 진화를 주장하는 그의 철학은 그 스스로가 창조적 진화의 과정을 통해 발전한다.88 베르그손은 『도덕과 종교의 두 원천』(1932)에서 '산궁수진山窮水盡'한 단계에 이른 것처럼 보였던 그의 철학에 홀연 예기치 않은 새로운 지평을 전개하면서 인간 행위의 두 본령인 도덕과 종교의 문제를 새로운 각도에서 조명한

---

86   H. Gouhier, *Etudes sur l'histoire des idées en France depuis le XIIIe siècle*, Vrin, 1980, p. 75.

87   *Bergsonisme et moralité*, Chiron, 1922, pp. 155~56.

88   *Henri Bergson et le Christ des Evangiles*, Fayard, 1961, p. 9. 베르그손 스스로도 자기의 사상이 연속적인 발명의 과정이었음을 인정한다. *PM*, p. 97.

다.

"열린 사회société ouverte"와 "닫힌 사회société close"의 이념을 최초로 제시한 『두 원천』은 인간성의 개조, 사회 질서의 근본적 개혁, 한마디로 인간 구원의 문제를 다룬 저서이다. 이런 의미에서 출발점에 있어서는 분명히 실천적 관심이 철저히 배제되었던 베르그손의 철학은 그 귀결점에 있어서 플라톤, 콩트, 마르크스 등과 같이 실천의 문제를 철학의 궁극 문제로 제시한다. 실천 문제를 다룬 『두 원천』은 그 상대적인 비관론으로 『창조적 진화』에서 전개된 티 없는 낙관론과 분명한 대조를 이루고 있다. 인류를 어쩌면 죽음까지도 극복할지 모를 무적의 천군만마에 비유한[89] 바 있는 베르그손은 그의 마지막 저서의 마지막 구절에서 인간의 본성과 역사의 미래를 내다보며 비감 어린 고백을 하고 있다. "인류는 그가 이루어 놓은 진보의 중압에 반쯤 짓눌려 신음하고 있다. 그는 그의 미래가 자기에게 달려 있다는 사실을 충분히 깨닫지 못하고 있는 것이다. 그의 할 일은 스스로 계속해서 살아남기를 원하는지를 우선 결정하는 것이다. 그리고 나서 이 반항하는réfractaire 지구에서나마, 단순히 살아남기를 원하는지, 아니면 신들을 만드는 기계로서의 우주의 본질적 기능fonction essentielle de l'univers, qui est une machine à faire des dieux이 이루어지기 위해 필요한 노력을 경주할 것인지를 인류는 자문해야만 하는 것이다."[90]

---

89   *EC*, p. 271.
90   *MR*, p. 338.

이러한 태도의 변화는 무엇을 의미하는가? 과학적 지식의 발달과 함께 싹튼 인간 이성에 대한 신뢰와 희망은 계몽주의 이후 서구 사상사를 한결같이 지배했다. 그리고 이러한 이성에의 신앙은 이성의 고양과 문명의 발달을 통해 멀지 않아 이상적인 사회를 실현할 수 있으리라는 낙관적 진보사관을 낳았다. 이성의 시대의 가장 열렬한 사도 중의 한 사람이었던 콩도르세^{Condorcet}는 언젠가 도래할 이상 사회에서는 "태양은 자유인밖에 없는 지구를 비출 것이며, 지구 위에는 이성 이외에 아무런 주인도 없을 것이다"[91]라고 했다. 진화의 원리를 윤리학에 적용한 스펜서^{Spencer}는 이성이 만개한 미래 사회에서는 "악에의 충동과 정의감 사이의 도덕적 투쟁이 없어지고, 모든 사람이 자동적으로 선해져서 선택마저 무의미한"[92] 꿈 같은 유토피아를 예견했다. 그러나 이성의 고양은 이들이 주장하듯 인류에게 이상 사회의 구현을 보장하는가? 인간의 도덕성과 사회성은 과연 문명의 발달과 정비례해서 성숙하는 것인가? 20세기에 들어 과학의 허구성이 밝혀지면서 브륀티에르^{Bruntière}는 '과학의 파산'을 선언하기에 이르렀고, 1차 세계대전은 이제까지의 이성에 대한 낭만적 신앙과 진보사관이 얼마나 터무니없는 환상인가를 여지없이 보여주었다.

문명의 탈을 쓴 야만인! 이것이 전쟁의 거울에 비친 서구인의 참

---

91 R. Niebuhr, *Moral Man and Immoral Society*, Charles Scribner's Sons, 1960, p. 24.
92 램프레히트(S. Lamprecht), 『서양철학사』, 김태길 외 옮김, 을유문화사, p. 611.

모습이었다. 인간은 이성주의자가 주장하듯이 그렇게 이성적인 존재가 아니며, 문명의 발달에도 불구하고 우리의 도덕성은 원시인의 그것과 크게 다르지 않다는 사실이 실증된 것이다. 베르그손의 비관론은 이성에 근거한 도덕성의 고양을 믿는 피상적 낙관론[93]을 고발하는 데 그 의의가 있다.

그렇다면 인류는 그가 쌓아 올린 '진보의 중압'에 짓눌려 파국을 맞이할 것인가? 『두 원천』의 저자는 오늘의 문명이 봉착한 심대한 난관과 위험을 직시하면서도 결코 결정적인 절망을 하지는 않는다. 무엇보다 시간을 창조의 무대로 파악한 그의 철학이 어떻게 숙명론에 빠질 수 있겠는가? 『두 원천』은 한 성실한 철학자에 의해 수행된 인류의 준엄한 자기비판이자, 동시에 인류의 역사적 진보를 진정으로 가능케 할 정신적 힘, 저자 자신의 표현을 빌면, 현존의 인간성에 보태어질 "영혼의 보충$_{\text{supplément de l'âme}}$"을 찾으려는 거인적 탐구의 결정인 것이다.

---

[93]　*MR*, p. 290.

2. 도덕적 의무와 습관

열린 사회와 닫힌 사회에 대한 베르그손의 이론은 도덕의 문제를 중심으로 전개된다. 이 두 사회를 구분하는 기준이 그 사회를 지배하는 도덕의 본성에 근거하기 때문이다. 일상적 도덕의 세계는 도덕적 의무의 세계이다. 의무는 우리에게 무엇을 해야만 할 것인가를 미리 가르쳐 주며, 도덕적으로 행위하는 것은 이 의무에 잘 복종하는 것이다. 따라서 닫힌 사회의 본성을 규명하기 위해서는 이 도덕적 의무의 원천과 의미가 무엇인가를 밝혀야만 한다.

의무에 관한 베르그손의 이론은 칸트의 이성주의 윤리학을 비판의 과녁으로 삼고 있다. 널리 알려져 있듯이, 칸트는 도덕의 세계를 의무의 세계로 파악하고, 그 의무의 근원을 실천이성의 명법命法에서 찾는다. 실천이성의 명법은 보편성과 필연성을 지닌 것으로, 우리에게 지상명령kategorische Imperativ의 형태로 주어지며 우리의 절대적 복종을 강제하는 것이다. 멘 드 비랑Maine de Biran, 라베송Ravaisson으로 이어지는 프랑스의 이른바 실재론적 유심론spiritualisme réaliste에 있어서 습관은 형이상학적, 윤리적 문제를 척결하는 실마리를 제공해 주는 실증적 사실로서의 중대한 의미를 갖는다.[94] 베르그손은 이러한 전통을 이어받아 의무의 근원을 이성에서가 아니라 사회적 습관에서 발

---

94 Cf. "습관은 기계론(Le mécanisme)이 자족적이지 못하다는 진리의 생생한 예증이다. 습관은 말하자면 정신적 활동성의 화석화된 잔여인 것이다." *PM*, p. 267.

견한다. 모든 집단적 습관이 언제나 도덕적 의무와 일치하는 것은 아니나, 대부분의 의무는 집단적 습관의 특성을 지니고 있기 때문이다. 그렇다면 사회적 습관의 본질은 무엇이며, 어떠한 방식으로 형성되는가?

습관적 행위와 가장 가까운 것은 본능적 행위이다. 습관은 "미리 형성된 앎-행동 le savoir-faire préformé"[95]으로서 일정한 행위에의 기제이다. 그리고 일단 형성된 습관은 일종의 필연성의 힘을 가지고 우리의 의지에 작용하여 반성과 자율의 여지를 허락하지 않고 무의식적으로 이루어진다. 이러한 특성은 본능과 아주 유사하다. 따라서 『창조적 진화』에서 지성적 인식의 구조와 그 의미를 해명하기 위해 지성을 본능적 인식과 대비시키면서 진화론적 관점에서 지성의 발생을 추적했던 베르그손은 이제 의무의 본질을 밝히기 위해 지성적 인간 사회의 습관을 사회적 동물의 본능과 대비시키는 것이다.[96]

베르그손에 의하면 사회는 생명의 진화의 산물로서 근본적으로 생물학적 사실이다. 그리고 사회는, 그것이 인간의 것이든 동물의 것이든, 하나의 유기적 조직으로서 사회의 질서와 전체의 이익을 실현하기 위해 일정한 행동 양식을 필요로 한다. 동물 사회에 있어서, 개미나 벌 등은 본능에 의해 일정한 행위를 필연적으로 수행한다. 이에 비해 지성적 인간의 사회에 있어서는 사회 유지를 위해 일

---

[95] P. Ricoeur, *Le volontaire et l'involontaire*, Aubier, 1963, p. 225.
[96] *MR*, p. 23.

정한 행위 규범이 있어야 한다는 필연성만이 존재할 뿐, 그 행위를 구성원이 필연적으로 행하게끔 하는 자연적 장치가 결여되어 있다. 여기서 베르그손은 반성과 자율을 내포하고 있는 인간 지성과 일정한 행위의 필연성을 요청하는 사회성 사이의 알력 내지 모순을 인정한다. 이러한 지성적 존재의 자유와 사회적 규범의 필연성을 조화시키는 기능이 바로 습관이다. 습관은 그 형성의 시초에 있어서 우리의 반성과 자발성의 기능을 침해하지 않는다. 즉 그것은 우리가 구체적으로 어떤 습관을 가질 것인가를 결정하는 자유를 파괴하지 않는 것이다. 그러면서도 습관은, 일단 형성된 후에는, 우리의 의지를 일정한 행동 양식에로 이끄는 필연성의 힘을 지니게 된다. 한마디로 본능이 타고난 자동주의automatisme로서의 자연이라면, 습관은 후천적 자동주의로서 아리스토텔레스의 표현대로 제2의 자연인 것이다. 습관, 더 정확히 말하면 "습관들을 형성하는 습관l'habitude de contracter des habitudes"97이 인간 사회에는 존재하며, 이것이 도덕적 의무의 기초이다. 우리는 이러저러한 습관을 가질 수 있는 선택의 자유는 있으나 어떠한 습관도 갖지 않을 수 있는 자유는 없다. 그리고 이렇게 형성된 사회적 습관이 갖는 필연성이 바로 의무가 우리의 의지에 강요하는 필연성인바, 그것은 자연법칙이 갖는 필연성에로 접근하는 것이다. 한마디로 "의무의 필연성에 대한 관계는 습관의

---

97 *MR*, p. 21.

자연^(la nature)에 대한 관계와 같다."⁹⁸

의무를 사회적 습관으로 환원하는 이론에 대해 하나의 의문이 제기될 수 있다. 일단 형성된 습관은 동일한 행위를 자동적으로 수행하는 데 반해, 많은 경우 의무의 준수는 그렇지 않은 듯 보이기 때문이다. 즉 우리가 개인적으로 형성된 습관적 행위를 하는 데 있어서는 아무런 내적 노력이나 긴장을 의식하지 않는 데 비해, 의무는 많은 경우 개인적 의지 밖에서 주어지고 그것의 수행은 개인적 자아와의 갈등을 내포하는 듯 보이기 때문이다. 당위^(Sollen)로서의 도덕의 세계와 존재^(Sein)로서의 사실의 세계를 구분하는 것은 윤리학의 대전제의 하나인 듯하다. 만일 의무의 수행이 습관처럼 자발적으로, 자연적으로 수행된다면, 의무의 준수가 무슨 가치가 있겠는가? 의무에의 복귀는 인간의 자연적 성향에 대한 고통스러운 투쟁과 그것의 정복을 내포하는 것처럼 보인다. 그러나 베르그손의 눈에는 의무의 준수가 지닌 듯한 내적 긴장과 극기는 의무의 본질적 요소가 결코 아니다. "의무는, 우리가 그것을 습관적 수동성으로 받아들이는 한, 거의 언제나 자동적으로 수행되며, 의무에 대한 복종은 그 대부분의 경우를 고려한다면, 자기 방임^(laisser-aller)"인⁹⁹것이다. 칸트류의 이성주의적 윤리학이 범한 오류는 의무의 준수가 때때로 수반하는 내적 긴장의 경우를 추상화해서, 그것을 도덕의 원초적 상태로

---

98 *MR*, p. 9.
99 *MR*, p. 13.

보는 데서 비롯하는 것이다.[100] 그들은 의무가 자연적 성향과 대립하는 순간에 의무에로 복귀하게끔 하는 데 작용하는 요인의 하나가 이성적 반성이라는 사실로부터 의무가 이성의 산물이라고 주장한다. 그러나 류머티즘 환자의 특수한 경우를 들어, 자연스러운 보행이 류머티즘의 극복이라고 정의될 수 없는 것과 마찬가지로, 의무의 수행은 대부분의 경우 내적 저항에 대한 투쟁이 아니다.[101] 그리고 이성적 설득에 의해 우리가 때때로 의무를 수행한다는 사실로부터 의무가 이성의 소산이라는 결론이 무리 없이 나오는 것이 아니다.[102] 이성의 소임은 의무의 창조 자체가 아니라 사회적 습관의 편에 서서 의무에 대항해 때때로 나타나는 이기주의적 성향을 제지하기 위해 그럴듯한 변호의 역할을 수행하는 데 불과한 것이다.

도덕적 의무가 이렇듯 한 사회의 집단적 습관의 소산인 한 그것은 순수히 합리적인 것이 아니며, 본성상 무의식적인 본능적 상태를 지향한다는 점에서 베르그손은 그것을 지성 이하infra-intellectuelle[103]의 것이라고 정의한다. 지성 이하의 차원에서 성립하는 습관으로서의 도덕은 따라서 보편적 선에 대한 이성적 성찰과는 거리가 먼 것이다. 그것은, 다시 한번 말하거니와, 한 사회의 구성원 간의 조화와

---

100 *MR*, p. 14.
101 *MR*, p. 15.
102 *MR*, p. 15.
103 *MR*, p. 85.

전체의 유지라는 목적을 달성하기 위한 규범 양식일 뿐이다. 도덕적 비난이나 징벌의 의미는 무엇보다도 우선 한 사회적 위험에 대한 경고, 그리고 그것에 대한 집단적 방어의 성격을 띤다.[104] 그리고, 마치 생물들이 그들이 살아가는 일정한 환경에 적응하기 위해 다양한 감각-운동 기관을 지니고 있는 것과 마찬가지로, 도덕도 사회에 따라 다양하게 나타날 수밖에 없다.

그렇다고 해서 도덕의 세계가 언제나 사회라는 전체를 위해 개인의 희생만을 요구하는 것은 아니다. 도덕은 우리를 사회에 결합시킴으로써 궁극적으로 삶에 밀착시키는attachement à la vie 기능을 수행한다. 심리적인 차원에서나 사회적인 차원에서나, 개인의식과 사회의식의 적대 관계를 강조하는 것은 잘못이다. 『두 원천』의 저자는 로빈슨 크루소의 예나 희대의 범죄자가 갖는 회한의 심리 분석을 통해 사회적 자아le moi social가 지니는 생명적 의미signification vitale를 역설한다.[105] 삶은 그것이 살 만한 가치가 있다는 것이 인정되지 않는 한 무의미한 것이며, 이때 우리의 삶에 대한 의욕은 상실되게 마련이다. 그런데 순수히 개인적인 차원에서 우리는 삶의 충분한 의의와 목표를 발견할 수 없다. 사회는 이처럼 개인적인 차원에서 충전될 수 없는 삶의 의미를 우리에게 부여해 준다. 따라서 개인의 사회에의 복귀는 동시에 삶에의 복귀이다. 우리는 여기서 베르그손의

---

104 M. Blondel, *L'action* (1893), PUF, 1973, p. 270.
105 *MR*, pp. 8~9.

도덕 이론이 많은 시사를 받은 것으로 평가되는 뒤르켐^{Durkheim}의 자살론을 상기할 필요가 있다. 그에 의하면 지나친 개인주의는 이기주의적 자살이라고 불리는 특수한 형태의 자살을 유발한다.[106] 개인적 자아가 사회적 자아에 비해 지나치게 강한 개인주의자에 있어서는 삶에 대한 애착이 필연적으로 약화되기 때문이다. 사회적 습관으로서의 도덕은, 그 우연적이고 가변적인 성격에도 불구하고, 우리를 사회에 종속시킴으로써 삶을 긍정하게 하는 생물학적 가치를 지니고 있는 것이다.

3. 닫힌 사회와 전쟁

'닫힘'과 '열림'의 개념은 『두 원천』에서 최초로 등장한 것은 아니다. 베르그손은 이미 『창조적 진화』에서 동물의 뇌의 구조와 인간의 그것을 비교하면서, 그것들이 확보하는 행동의 영역을 닫힘과 열림의 질적 차이라고[107] 규정한 바 있다. 그러나 『두 원천』에서 그는 인간의 사회성과 사회적 동물의 사회성 사이에 어떤 질적인 차이를 부정하기에 이른다. 이미 앞에서 살펴보았듯이, 본능을 지향하는 사회적 습관은, 개미나 벌을 사회에 종속시키는 것과 똑같은

---

[106] E. Durkheim, *Le suicide*, PUF, p. 223.
[107] *EC*, p. 264.

방식으로 우리를 사회에 귀속시키는 것이다. 도덕의 세계는 물론 개인적 이기주의를 제어하는 기능을 수행한다. 그러나 개인적 차원에서 요구되는 이러한 이기주의의 극복은 보다 커다란 실재로서의 한 사회의 보존이라는 집단적 이기주의에 궁극적으로 수렴되는 것이다.

여기서 닫힌 사회에 대응하는 '닫힌 도덕morale close'의 이념이 제기된다. 일정한 사회의 보존을 목표로 하는 이러한 닫힌 도덕은 모든 사회에 무차별적으로 적용된다. 스펜서의 진화론적 윤리설은 문화의 발달과 함께 도덕적 내용은 축적되고 유전되어 결국 자연적 상태를 변화시킨다고 주장한다.[108] 그러나 획득 형질의 유전을 부인하는 베르그손은 문명의 제 형태는 바뀔 수 있을지라도 자연으로서의 닫힌 도덕성은 불변한 것으로 본다. 이런 의미에서 그는 닫힌 도덕을 제일차적 도덕, 본원적 도덕, 일상적 도덕, 만인의 도덕이라고 부른다. 결국 그에게는 역사상 '열린 도덕morale ouverte'을 지닌 개인은 존재했으나, 열린 사회가 존재했던 적은 한 번도 없다. 이 점에서 열린 사회에 대한 그의 이론은 포퍼Popper의 그것과 상당한 차이를 보여준다. 반증 가능성falsifiability의 원리를 기초로 하는 비판적 합리주의를 사회 이론에 적용한 포퍼에 있어서 열린 사회의 이념은 사회규범이나 정치권력에 대한 자유스러운 반성과 비판이 허용되며, 그것을 통한 수정과 발전의 가능성이 열려 있는 사회를 의미한다. 포퍼

---

[108] *MR*, p. 290.

에 있어서 열림은 무엇보다도 개인과 그가 소속한 사회 내지 국가와의 관계의 문제이다. 그리고 포퍼는 열린 사회의 역사적 모델로서 고대 그리스의 민주사회를 든다.[109] 그러나 베르그손에 있어서 열림과 닫힘은 일차적으로 한 사회의 도덕성의 본질에 의해 구분되며, 열림은 개인과 그가 소속한 사회와의 관계라기보다는 한 사회와 다른 사회와의 관계라고 할 수 있다.

보편적 선의 구현이 아니라, 한 사회의 보존과 이익을 지향하는 닫힌 도덕은 필연적으로 한 사회와 다른 사회 사이에 갈등과 투쟁을 유발한다.[110] 일정한 집단의 이기주의를 내포하고 있는 닫힌 도덕은 이방인에 대한 배타성과 공격성을 내재하고 있으며 이것의 표현이 바로 전쟁이다. 전쟁의 문제는 『두 원천』의 근본 주제 중의 하나가 된다. 전쟁은 닫힌 사회 사이의 필연적인 현상이기 때문이다. 전쟁이 인간 본성에 근거한 것은 아니라고 주장하는 셸러^{Scheler}[111]와 달리, 베르그손은 전쟁이 인간성의 가장 뿌리 깊은 운명이라는 슬픈 사실을 인정한다. "우리가 자연을 되찾기 위해 문명을 긁어내면 제일 먼저 나타나는 것은 전쟁 본능$^{l'instinct\ guerrier}$인 것이다."[112] 인류 역사가 겪은 수많은 전쟁은 결코 경제적이거나 정치적인 원인 등에

---

109 이한구, 「K. 포퍼」, 『현대의 사회사상가』, 민음사, p. 96.
110 *MR*, p. 283.
111 M. Scheler, *L'idée de paix et le pacifisme*, R. Tandonnet의 불어판, Aubier, 1953, p. 50.
112 *MR*, p. 303.

의해 일어난, 없었을 수도 있었을 불행한 사태가 아니었다. 그리고 베르그손은 제1차 세계대전이 발발할 때 공포심에 대한 방어적 반동을 훨씬 초과하는 대중의 흥분을 섬세한 통찰력으로 포착하면서, 문명화된 인간에 있어서도 다른 집단에 대한 공격성은 여전히 남아 있으며, 어떤 형태의 이성적 노력이나 국제조약 등의 장치로서도 이것을 순화하거나 억제할 수 없다는 사실을 통감한다.

이 점에서 그는 도덕의 진보를 확신하는 콩트나 스펜서와 의견을 달리한다. 콩트는 1841년 그의 『실증철학 강의』에서 전쟁을 식민지 정책의 퇴조와 함께 사라질 역사적 유물로 돌리고 완전히 평화로운 시대의 도래를 예고한 바 있다.[113] 그러나 오늘날에도 국가 간의 투쟁 상태는 여전히 계속되고 있으며, 인류가 누리는 일시적 평화 상태가 진정으로 도덕적인 차원에서 이루어진 것이 아닌 한 본성상 불의한 것이다. 세력의 잠정적 균형에 근거한 이러한 일시적 평화는 언제든 이해관계가 상충하면서 깨어질 수 있는 허약성을 지니고 있다. 그리고 일단 집단이 다른 집단과 직접적 투쟁의 상태로 나아갈 때 지성과 상상력을 결합한 인간의 공격성은 일시적 필요와 충동에 의한 자연계의 그것보다 훨씬 잔인하며 지속적이다.

보편적 정의와 선의 구현은 플라톤 이래 철학자에게 주어진 인간 실천에 관한 궁극적 물음 중의 하나였으며, 특히 20세기 초의 프랑스 사회철학의 중심 과제로 등장했다. 어떻게 인간의 사회성

---

[113] E. Bréhier, *Histoire de la philosophie*, T. 3, PUF, 1981, p. 774.

을 인류에 대한 우애fraternité로 나아가게 할 수 있는가? 이 문제에 대한 베르그손의 견해는 프랑스 사회철학의 두 원조, 콩트와 뒤르켐의 그것들과 정면으로 대립한다. 콩트는 실증적 정신에 의해 최고의 실재로 제시된 인류에의 헌신을 내세우는 인류 종교religion de l'humanité의 이념을 창출했다. 그리고 그는 유명한 격률 "사랑을 원리로, 질서를 기초로, 진보를 목표로l'amour pour principe, l'ordre pour base et le progrès pour but"114가 암시하듯이 도덕적 행위의 최후의 규제 원리를 이성과 독립된 원천으로서의 사랑에서 찾는다. 그는 사랑이 갖는 이타주의altruisme와 헌신의 정신은 우선 가정에서 교육된다고 보았다. 가정은 원시적 이기주의를 순화하는 최소의 도덕적 단위이며, 가정에서 훈육된 헌신은 조국애로 발전하고, 이 조국애는 마지막으로 보편적 사랑l'amour universel에로 확산하는 것이다.115

이러한 입장은 뒤르켐에 있어서도 동일하다. "가정, 조국 또는 정치적 집단과 인류 사이, 즉 이 세 가지 집단 감정affection collective 사이에는 필연적인 적대 관계는 존재하지 않는다."116 이러한 입장에서는 원리적으로 이기주의와 이타주의 사이의 자연적 이행을 전제로 하고 있다. 그러나 베르그손은 이들 세 사회의식 사이에 단순한 정도degré의 차이가 아닌 본성nature의 차이를 본다. 이기주의는 결코 요소

---

114 J. Lacroix, *La Sociologie d'Auguste Comte*, PUF, 1967, p. 85.
115 위의 책, p. 88.
116 E. Durkheim, *L'éducation morale*, Alcan, 1925, p. 83.

적 이타주의가 아니며, 이타주의는 확산된 이기주의 또한 아니다. 이기주의는, 그의 자아의 영역을 아무리 확산한다 해도 진정한 이타주의에 도달할 수는 없다. 만일 콩트가 얘기하듯이 우리가 국가적 이기주의$^{égoïsme\ national}$를 확산해서 인류에로 나아갈 수 있다면, 왜 시초에 우리는 자아를 사랑하면서 가정에 헌신할 수는 없는 것인가? 콩트나 뒤르켐의 오류는 베르그손이, 그의 여러 분야에서 누누이 지적한바, 지성의 부당한 양화의 오류를 범하고 있다. 소위 과학적이고 분석적임을 자부하는 많은 학설은 종종 사물 사이에 내재하는 질적인 차이를 양적인 차이로 환원해 버리는 것이다. 베르그손은 『두 원천』에서 얼마나 많이 강조하고 있는가? "닫힌 사회에서 열린 사회로, 도시국가에서 인류로, 우리는 확장의 수단을 통해 결코 이행해 나아갈 수 없다."[117]

사회현상 탐구의 방법론으로 전통적으로 대립된 소위 개체론^{individualism}과 전체론^{holism}의 관점에서 볼 때, 베르그손의 사회의식에 관한 이론은 전체론에 접근한다. 한 사회 전체의 도덕성과 사회성은 그 요소로 환원될 수 없는 동일성과 전체성을 갖고 있다. 흔히 가정은 사회의 세포$^{famille-cellule\ sociale}$라고 표현된다. 그러나 마치 화학적 결합에 있어서 분석을 통해 발견되는 요소들이 새로운 질을 이루듯이, 국가는 가정 윤리와는 다른 사회성을 지니고 있다. 모든 이기적 집단과 마찬가지로 라크르와^{lacroix}의 표현대로, 가족적 제국주

---

[117] MR, p. 284, Cf. pp. 27~28, 31, 34, 35, 50.

의impérialisme familial는 시민의식과 적대적이다.[118] 플라톤은, 그의 국가론에 대한 평가야 어떠하든, 가정과 국가 의식 사이에 존재하는 사회성의 차이를 인식한 최초의 철학자였다. 가정과 혈연에 대한 애착은 시민의식을 저해하는 요소이다. 바로 이러한 이유로 그의 이상 국가론에서는 어린이는 태어날 때부터 가정과 유리된 교육을 통해 국가 지향의 보다 높은 사회성에로 순화되는 것이다.

그러나 베르그손의 도덕론에 있어서 보다 문제가 되는 것은 가정과 국가 사이가 아니라, 애국심과 인류애 사이의 원리적 대립이다. 애국심의 정체를 규명하는 일은 매우 섬세한 분석을 요한다. 조국은 인종이나, 종교, 언어나 역사, 지역의 공유성, 또는 정치, 경제적 요소 등의 다양한 요소가 상이한 양식으로 작용해서 형성되는 이념이기 때문이다. 그러나 조국의 정의와 기원이 어떠하든, 중요한 것은 우리는 누구나 조국을 가지고 있으며, 애국심은 그것에 대한 자연적 애착이라는 점이다. 그것은 따라서 본성상 비합리적인 것이다. 애국심의 본질은 다른 국가나 인민보다도 자기 조국과 동족을 우위에 놓는 집단의식이다.[119] 어떻게 이 애국심을 확장해서 인류애로 나아갈 수 있는가? 바로 이런 이유로, 국가에 의해 세심히

---

[118] J. Lacroix, *Force et faiblesse de la famille*, Seuil, 1948, p. 112. 우리는 앞에서 인간과 동물의 사회성이 동일하다는 사실을 지적했다. 에스피나스(A. Espinas)는 동물사회에 있어서조차도 가족과 군집은 서로 적대적임을 밝히고 있다. *Des sociétés animales*, Germer Baillière et Cie, 1877. p. 376.

[119] M. Blondel, 앞에서 인용한 책, p. 265.

배양된 애국심은 일단 유사시에 너무나도 쉽게 이방인에 대한 파괴적 광신fanatisme으로 그 정체를 드러낸다. 그리고 이런 순간에 살인과 약탈 등 동족에 대해서는 비도덕적인 행위들이 이방인에 대해서는 도덕적인 것이 되며, 또한 찬사와 교육의 목표가 된다. "인간은 인간에 대해서 신Homo homini Deus", 이것이 동족 간의 윤리를 상징한다면, 이방인에 대해서 "인간은 인간에 대해서 늑대Homo homini Lupus"인 것이다.[120]

인간이 현존하는 도덕성의 차원에 머무는 한, 집단과 집단 사이의 투쟁 상태는 사라지지 않는다. 조국은 스토아학파가 주장하듯이 이성적 세계주의cosmopolitisme에 의해 흡수 및 소멸될 수 있는 일시적이고 인위적인 단계가 아니기 때문이다. 조국애는 어떠한 이성적 노력으로도 완전히 극복될 수 없는 자연적 실재인 것이다. 베르그손은 이성적으로 이 본성적 악을 단순히 교정하거나 퇴치하려는 시도의 성과가 얼마나 의심스러운지를 누누이 강조한다. "자연적인 것을 내쫓아 보아라, 그러면 그것은 전속력으로 되돌아온다Chassez le naturel, il revient au galop라고 말하는 것은 잘못된 것이다. 자연적인 것은 내쫓아지지 않기 때문이다."[121] "이 자연을 인류 전체는 끝까지 추격할 수는 없다."[122] 이 점에 관해서 개인 윤리와 집단 윤리 사이의 본

---

120 *MR*, p. 305.
121 *MR*, p. 289.
122 *MR*, p. 281.

성적 차이를 극명하게 드러낸 니버^{Niebuhr}는 베르그손과 같은 견해를 밝히고 있다. "인간 역사 안에서 사회적 각성과 도덕적 선의가 아무리 증가하여 사회적 투쟁의 야수성을 완화시킨다 해도 그런 것들로써는 투쟁 자체를 없앨 수는 없다."[123] 물론 사회 정의의 발달은 이성의 신장에 의존하는 바가 크다. 그리고 순전히 합리적인 설득과 조정에 의해서 한 집단 내에서의 개인들 사이의 올바른 관계를 수립하는 일은, 비록 쉬운 일은 아니지만, 가능하기는 한 것이다. 그러나 이성에 의해서 집단적 관계에 있어서도 순수히 도덕적 행위가 이루어지기를 기대하기는 사실상 불가능한 것이다.[124] 집단의 이기주의는 개인의 그것보다 훨씬 다양한 요소가 결합된 것으로, 이성보다 훨씬 강력한 충동에 의해 지배되며 이때 이성은 도리어 이러한 충동과 국가 이익을 정당화하는 편에 서기 때문이다. 결국 니버는 단정한다. 비이성적인 힘들에 의하지 않고서는 이러한 집단 윤리가 지니는 이기주의는 결코 정복되지 않는다.[125]

---

123 R. Niebuhr, 앞에서 인용한 책, p. xxiii.
124 앞의 책, pp. xxii~xxiii.
125 앞의 책, p. xvi.

4. 열린 사회와 사랑의 윤리

베르그손은 열린 사회는 오직 사랑에 의해서만 구현될 수 있다고 주장한다. 박애만이 집단적 이기심을 극복하고 인류를 하나로 묶는 정신적 공동체communauté spirituelle를 실현할 수 있는 것이다. 아리스토텔레스가 이미 암시했듯이 도덕의 근본이념은 어떠한 이성적 법칙이나 조직 이전에 우애와 호의의 문제이다. 그리고 이러한 공감과 사랑의 힘만이 타인의 선을 적극적으로 도모하는 진정한 자발적 주체를 형성할 수 있으며, 이때 비로소 이기적 경향은 무화될 수 있는 것이다. 그러나 실천의 문제에 있어서 단순히 사랑의 본질과 그 당위성만을 지적하는 것으로는 부족하다. 보다 중요한 것은 사랑의 원리가 어떻게 실제적으로 우리에게 가능한가를 밝히는 데 있다.

우리는 앞에서 콩트에 있어서 개인을 인류에로 합치시키는 것은 지성이 아닌, 이타적 감성affection altruiste 으로서의 사랑이라고 하는 것을 보았다. 이러한 이론은, 그의 말대로, 18세기의 합리주의에서 비롯하는 "심정에 대한 정신의 부당한 반란l'anormale insurrection de l'esprit contre le coeur"[126]을 종식시키려는 것이었다. 그는 "사람은 언제나 사고할 수는 없으나, 사랑할 수는 있다on ne peut pas toujours penser, mais on peut toujours

---

[126] J. Lacroix, 앞에서 인용한 책, p. 62.

aimer"127고 하면서 사랑이 인간의 본성에 기인한 보편적인 것임을 주장한다. 그러나 잘 알려져 있듯이, 클로틸드 드 보$^{\text{Clotilde de Vaux}}$와의 개인적 사랑에 크게 영향받아 형성된, 『실증정치학 체계$^{\text{Système de politique positive}}$』에서의 심정의 우위론은 그의 실증주의 원리와는 분명한 단절을 이루고 있다. 사랑의 도입은 일종의 '무로부터의$^{\text{ex nihilo}}$' 창조이며, 이 점이 밀^{Mill} 등이 비난하는 것이다.

도덕적 실천의 궁극 문제는 결국 '해야 함^{devoir}'과 '할 수 있음^{pouvoir}' 사이의 이율배반의 문제이며, 이것은 또한 인간 본성에 관한 문제로 귀일한다. 만일 인간의 본성이 본래 이기적이라면, 그리고 이성이 이기주의를 완전히 극복할 수 없다면, 어떻게 당위로서의 사랑이 가능한가? 파스칼은 우리가 주어진 본성의 영역에 머무는 한 '해야 함'과 '할 수 있음' 사이의 모순은 극복될 수 없다고 본다. "본성의 테두리 안에 갇혀 있는 한 인간은 비겁^{lacheté}과 절망^{désespoir} 사이의 선택밖에 할 수 없다." 그 이유는 인간이 그의 능력의 영역에 게으르게 매달려, 의무에의 관심을 회피하거나 또는 의무의 높은 이념을 지닌다 해도 이내 본성의 치유할 수 없는 숙명을 깨닫고 절망에 빠질 수밖에 없기 때문이다.128 칸트는 누구보다도 이 점을 잘 깨달은 철학자였다. 그는 "너는 해야 한다. 그러므로 할 수 있다$^{\text{Du kannst, denn du sollst}}$"라는 유명한 명제를 내걸면서 의무를 수행할 수

---

127 앞의 책, p. 74.
128 B. Pascal, *Pensées*, Oeuvres complètes (La Pléiade), Gallimard, 1954, p. 1209.

있는 자율적 주체를 인과 법칙에 지배되는 현상적 자아가 아닌 본체계에 속한 자아에서 찾는다. 그러나 실천 법칙의 요청^{Postulat}으로 도입된 '할 수 있음'의 근거는 관념적 해결일 뿐, 실제적 근거는 될 수 없다. 우리는 예컨대 조국이나 인류를 사랑해야 한다고 논증할 수는 있다. 그러나 이러한 논증으로부터, 또 그것에 근거한 의무의 이념에 의해서 우리가 실제로 사랑할 수 있는 것은 아니다.

베르그손은 스피노자^{Spinoza}의 표현을 빌어 '능산적 자연$^{nature\ naturante}$'과 '소산적 자연$^{nature\ naturée}$'을 구분한다.[129] 그리고 소산적 자연으로서의 본성을 뛰어넘어 능산적 자연에로 합일할 수 있는 가능성을 인정한다. 그에 있어서 능산적 자연은 생명의 원리이며, 소산적 자연은 이 원리가 물질성과 환경의 제약 속에서 이것들과 일종의 화해 수단$^{modus\ vivendi}$으로 구현한 종으로서의 인간의 제 기능 및 현상을 의미한다. 생명 질서와 물질의 질서를 엄밀히 구분하는 그의 이원론적 체계는 한 마디로 어떻게 원초적 생명의 원리가 물질성과 화해하며, 상충하고 또 그것을 극복하는가를 밝히는 데 있다. 이러한 도식이 가장 잘 드러난 곳은 『창조적 진화』에 나오는 지성의 발생학에서이다. 지성은 동물의 본능처럼 종으로서의 인간이 물질을 지배하고 이용하면서 생존을 확보하기 위해, 진화의 오랜 과정에서 형성된 실용적 인식 기능이다. 그의 이른바 반지성주의는 이처럼 사물에 대한 '무사심한 인식$^{connaissance\ désintéressée}$'이 아니며, 삶

---

[129] MR, p. 56.

에 주의하는 인식인 지성의 형식과 기원 및 그 한계를 밝힌 데 그 의미가 있다.

그러나 그는 지성 일변도로 진화해 온 인간의 의식에는 거의 퇴화된, 그러나 완전히 소멸되지 않은 직관력이 있음을 제시한다. 그리고 순수 지성의 작업인 과학적 인식을 초월하고자 하는 철학은 이 직관력의 개발을 통해 인간의 인식력을 확장하고 개혁하는 것을 그 소임으로 하는 것이다. 이러한 작업은 종으로서 형성된 인식 기능인 지성을 초월하는 것이기에 궁극적으로 인간 조건을 초월하는 것이기도 하다. 이러한 인간 조건과 그 초월의 이론은 도덕 이론에서도 마찬가지로 적용된다. 닫힌 도덕은 일정한 환경 속에서 사회를 구성하고 살아야 하는 인간의 자연적 도덕이다. 그리고 그것은 사회의 유지를 위해 필요한 도덕의 세계이다. 그러나 베르그손은 소산적 자연으로서의 이 도덕성을 뛰어넘을 수 있는 가능성을 제시한다. 그 이론적 근거는 우선 그의 생성의 철학에 있어서 엄밀한 의미에서 불변적이고 필연적인 인간의 본질은 존재하지 않는다는 사실에서 찾아질 수 있다. 그의 철학에서는 기껏해야 일정한 경향성만 있을 뿐이다. 사회적 습관도 일정한 경향성으로서, 그것이 형성된 생물학적, 사회학적 근거가 있는 것은 사실이다. 그러나 습관인 한, 그것이 교정되거나 극복될 수 있는 원리적 가능성은 여전히 남아 있다.

그러나 베르그손의 열린 도덕의 이론은 이러한 이론적 가능성에 기초해 있지 않다. 그는 이성의 논리나 그 정합성에 의해 세워진 철학을 극력 배척하고 오직 사실에 근거한 구체 철학을 구축하고자 한다. 따라서 그는 심신 문제를 해결하기 위해 실어증 환자의 임상 실험 결과에 조회하고, 지성의 발생학을 생물학적 사실에 기초 지우듯이, 인간이 닫힌 도덕을 극복할 수 있는 경험적 가능 근거를 예수를 비롯한 신비가들이나 성인의 예에서 찾는다. 베르그손에 의하면 그들은 "우리에게 닫힌 도덕을 강요하는 인간 본성을 깨고 전 인류에의 사랑에로 나아간 사람들이다. 그리고 이런 의미에서, 또한 오직 이런 의미에서만이 그들 각자의 출현은 단독자$^{individu\ unique}$로 구성된 새로운 종의 탄생과 같은 것이다."[130] 그가 말하는 도덕적 영웅은 고도의 이기주의와 힘에의 의지를 추구하는 니체적인 '초인^{Übermensch}'도, '이성의 간지$^{List\ der\ Vernunft}$'에 의해 꼭두각시처럼 행위하는 헤겔의 '역사적 개인$^{historisches\ Individuum}$'도 아니다. 그들은 우주의 창조자로서의 신을 체험하고, 그 창조의 원리로서의 사랑을 인류에게 실천한 사람들이다. 이 신적인 사랑$^{amour\ divin}$은 이성의 모든 추상적 도덕 법칙을 뛰어넘는다는 의미에서 초지성적인$^{supra-intellectuelle}$ [131] 것이다. 그리고 이들이 갖는 사랑의 행위와 삶이, 이성적 이론이나 설득이 부여하지 못하는 무한한 감동과 열광을 인류에게 불러일으킬 수 있다. 여기서 의무로서의 도덕이 갖는 강제^{pression}와 대비되는 동경^{aspiration}으로서의 도덕이 성립한다. 도덕은 이제 더는 비인격적인

---

130 *MR*, p. 97.
131 *MR*, p. 85.

의무의 기계적 수행이 아니라 인격적인 모범을 지향하는 자발적 운동으로 바뀌는 것이다.132

베르그손의 도덕 이론은 결국 종교 이론에서 완성된다. 그러나 그의 이원론적 체계는 다시 종교에 있어서도 닫힌 도덕을 지향하는 '정적 종교religion statique'와 열린 도덕의 기초가 되는 '동적 종교religion dynamique'를 구분한다.

정적 종교 이론의 중요한 주제 중의 하나는 전 인류를 지배하고 있는 사고 구조의 동질성homogénéité이다. 레비브륄Lévy-Bruhl은 원시적 정신 상태의 특성을 신비적이고 논리 이전의pré-logique 것이라고 규정하고,133 그것과 문명인의 사고 구조 사이의 단절을 주장한다. 그러나 원시 사유가 우리에게 불합리하고 이해할 수 없는 것처럼 보이는 이유는 그것의 비합리성에 있는 것이 아니라, 오직 문화의 차이에서 기인하는 것이다.134 나아가서 우리는 원시 사유의 불합리한 터부tabou나 부조리한 미신을 똑같이, 그러나 다른 형태로 지니고 있다. 이러한 베르그손의 주장은 융Jung의 집단 무의식 이론135과 레

---

132 *MR*, p. 85.

133 L. Lévy-Bruhl, *La mentalité primitive*, PUF, 1960, p. 93.

134 *MR*, p. 158.

135 C.G. Jung: "나는 인간 영혼의 이 동질성에 너무나도 깊은 확신을 갖게 돼 이것을 집단 무의식이라는 개념으로 형성했다. 이 동질성은 이 방대한 지구상의 모든 구석에서 신화와 전설의 동일한 모티프를 발견할 정도로 멀리 나아가는 것이다." (*Types psychologiques*, p. 506.)

비-스트로스Lévi-Strauss의 구조주의에 의해 오늘날 입증되었다. 이러한 전 인류의 사고 구조의 동질성은 결코 우연적인 것일 수 없다. 그것은 인간의 삶의 특정한 요구와 동기에 기인한 것이다.136

따라서 베르그손의 시각은 정적 종교의 매우 다양하고 상충하는 듯이 보이는 현상 속에서 몇 가지 단순한 사고 구조를 찾고, 왜 지성적 인간이 그러한 것을 갖지 않을 수 없는가를 밝히는 데 있다. 이러한 입장에서 그의 정적 종교의 이론은 지성의 이론에 크게 의존하고 있다. 『창조적 진화』에서 "생명을 본성적으로 이해할 수 없는 것l'incompréhension naturelle de la vie"137으로 단죄된 지성은 『두 원천』에서 한 걸음 더 나아가 생명의 원리에 거역하는 부정적 기능으로 나타난다. 본능적 동물이 삶에 대한 완전한 애착과 평정 속에서 사는 데 비해 지성적 인간은 죽음이나 불확실한 미래 등에 대한 의식으로 삶을 회의하고 좌절하는 유일한 존재이다. 정적 종교는 이처럼 "인간이 지성을 행사함으로써 야기될 수 있는 삶에 대한 의욕 상실과 사회적 와해의 요인에 대한 자연의 방어적 반작용réaction défensive de la nature"138이다. 그것은 이열치열 식으로 지성의 우화적 기능fonction fabulatrice 139을 매개로 표출된 가공의 세계이다. 이러한 정적

---

136 *MR*, p. 112.
137 *EC*, p. 166.
138 *MR*, p. 217.
139 *MR*, p. 112.

종교의 중요한 기능 중의 하나는 지성의 반사회적 작용을 저지하는 것이다.

앞에서 이미 보았듯이 인간의 사회성은 생물학적 필연성에 의한 것임에도 불구하고 무질서와 와해의 위험 앞에 항상 직면해 있다. 지성은 무엇보다도 반성을 의미하며, 이것은 자기의식을 전제로 한다. 따라서 지성적 인간은 자아를 독립된 주체로 놓고 그것에 원초적 가치를 부여함으로써 숙명적으로 이기주의자인 것이다. 사회적 습관으로서의 의무만으로는 이러한 지성의 이기주의를 완전히 제어하기가 힘들다. 또한 의무는 요구만 할 뿐, 그 보상은 거의 생각지 않으므로 인간에게 도덕에로의 결정적인 동기 유발을 제공하지 못한다. 이때 정적 종교는 신의 권위나 내세워 보상의 명목으로 이기적 개인을 위협하고 설득하는 것이다. 이런 의미에서 정적 종교는 "사회의 명법과 자연법칙 사이의 간격을 메우는 것이다."[140] 그러나 이처럼 정적 종교가 공고히 하는 도덕은 일정한 집단의 질서와 공익을 목표로 한다는 점에서 닫힌 도덕을 지향한다.

동적 종교의 신은 정적 종교의 신과는 달리 실재하는 신이다. 베르그손은 신의 존재를 증명하려는 모든 이론적 시도를 배격한다. 이론으로는 가능적인 것에서 실재적인 것으로, 관념적인 것에서 실존적인 것으로 나아갈 수 없기 때문이다. 신의 존재는 오직 구체적

---

140 *MR*, p. 6.

경험을 통해서만 실증될 수 있다. 베르그손은 제임스[W. James]141와 같이 신비 체험에 대한 다양한 진술과 엑스터시[Extase] 순간의 정신적, 생리적 비정상 상태를 부인하지 않으면서도, 그것이 갖는 내적 가치의 객관성을 인정한다. 신비 체험은 절대자와의 단순히 사변적 차원에서가 아닌 체험적 일치인 것이다.142

이러한 신비 체험에 근거한 동적 종교의 본질은 인류에 대한 신적인 사랑에 있다. 신적인 사랑은 경험론자가 우리의 심성에 자연적 경향으로서 있는 동정이나 이타심에 근거한 단순한 감정의 도덕[morale de sentiment]143을 초월한다. 또한 그것은 철학자가 인간의 본질이나 인권에 대한 이성적 이론을 근거로 내세우는 모든 도덕적 이념, 예컨대 정의나 평등 등을 넘어서는 것이다.144 베르그손은 신적인 사랑으로부터 이러한 여러 도덕 이념을 이끌어낼 수는 있으나 후자를 통해서는 전자를 완전히 구현할 수 없음을 역설한다. 이성은 인격의 객관화할 수 있는 가치만을 대상으로 하기 때문이다. 인격은 언어로 다 표현할 수 없는[Individuum est ineffabile] 고유한 질과 가치의 세계이다. 그리고 사랑은 바로 이 고유한 인격의 구체성과 전체성에 대한 직접적 인식이며 긍정이다.

---

141 W. James, *L'expérience religieuse*(*The Varieties of Religious Experience*의 불어판), F. Abouzit 역, Alcan, 1906, p. 359.
142 *MR*, p. 233.
143 *MR*, p. 44.
144 *MR*, p. 247.

그러나 이성은 이러한 인격의 구체적 전체성으로부터 이 일부를 추상해서 도덕적 이상을 제시한다. 따라서 이성적 도덕률은 그것의 최고의 표현에 있어서조차도 형식적이며, 그것을 통한 인간관계는 외면적일 수밖에 없다. 이성적 보편주의는 이러한 의미에서 인격의 개체적 질을 양화하는 것이며, 따라서 사물화하는 측면을 지닌다. 정의나 평등의 이념으로 확립되어야 하는 것은 결코 존재 그 자체가 아니라, 이 존재들이 서로서로 인정할 수 있는 권리나 의무의 추상적 가치이기 때문이다. 이 점에서 우리는 지성의 추상력^{abstraction}이 도덕적 차원에서 본질적 악임을 지적하면서 전쟁의 문제가 궁극적으로는 이 지성의 기능과 직결됨을 치밀한 분석으로 보여주는 마르셀$^{G. Marcel}$의 단언을 기억할 필요가 있다. "권리에 관계되는 것에서 존재 자체에 속하는 것으로 이행할 수 있다고 주장할 때 비극적 오류를 우리는 범하게 된다. 그리고 소위 평등주의^{égalitarisme}가 어떤 변증법에 의해 우리가 오늘날 목격하는 기괴한 착오에 이르는지를 밝히는 것은 아주 쉬운 일이다. (…) 평등은, 그것이 추상의 범주인 한, 거짓이 되지 않고서는, 결국 우리가 비민주적 제도에서 보았던 모든 것들을 능가하는 불평등을 야기함이 없이는 존재의 영역으로 이전될 수 없다. (…) 이때 야기되는 것은 역시 전쟁인 것이다."[145]

이념적으로나 사실적으로나 도덕의 가장 중요한 문제는 본성적으로 이기적인 개인이나 집단 사이의 상이한 이해관계를 어떻게 합

---

145 G. Marcel, *Les hommes contre l'humanité*, p. 120.

리적으로 조정, 규제할 수 있는가 하는 것이다. 그리고 이 문제는 이념상 정의^{justice}의 문제로 수렴된다. 그러나 오직 이성에 근거한 정의의 이념은 이기주의를 완전히 극복하기가 어렵다. 상호 간의 권리와 의무의 합리적 규제 원리로서의 정의는 우리에게 권리적으로 주어진 몫을 정당하게 요구하는 자기주장의 원리를 내포하고 있기 때문이다. 따라서 그것은 자연적 욕구와 이기적 경향성을 완전히 없애지는 못한다. 사랑이 자기에게 속한 것을 타인에게 주는 증여^{don}의 정신인 데 비해, 정의는 타인에게 그의 몫을 주는 배분^{partage}의 원리이며, 이런 의미에서 그것은 타자의 몫에 대한 선망과 공격성으로부터 완전히 자유스럽지는 못한 것이다. 그러므로 정의의 성취는 사회가 실현해야 할 이상임에는 틀림없으나 완전한 사랑에 대해서는 근사성과 모순성을 아울러 지니고 있다. 니버가 말했듯이 정의의 근원은 사랑이어야 하며, 사랑은 정의에 대한 비판인 것이다. 베르그손 역시 이성적 정의보다 사랑을 우위에 놓는다. 장켈레비치^{Jankélévitch}는 정의와 사랑의 대립 관계를 베르그손의 용어를 빌어 이렇게 요약한다. "정의의 사랑에 대한 관계는 부정과 긍정, 닫힘과 열림, 보수적 양식$^{bon\ sens\ conservateur}$과 창조적 발명$^{invention\ créatrice}$의 관계와 같은 것이다."[146]

---

[146] V. Jankélévitch, *Traité des vertus*, Bordas, p. 421. 마디니에(G. Madinier)는 정의의 사랑에 대한 관계는 논설과 직관의 관계라고 말한다. *Conscience et amour*, Alcan, 1938, p. 98.

5. 지성과 실천

　베르그손의 비합리주의는 앞에서 간단히 암시했듯이 지성이 실재 자체를 인식할 수 없음을 분명히 한다. 지성의 분석적이고 인과적인 사고는 생명 현상을 이해하지 못하고 기껏해야 물질에 관해서만 타당한 인식을 제공할 뿐이다. 그의 이러한 인식론적 반지성주의는 『두 원천』에서 인간의 도덕적 실천과 관계해서 새로운 모습으로 나타난다. 이성만으로는 어떠한 의무도 실제로 창출할 수 없다는 것이다. 의무의 근거를 실천이성에 근거시킨 칸트에 있어서 옳은 행위는 보편적 입법의 원리로서 의지할 수 있는 행위였다. 이러한 원칙에 의해, 예컨대 위탁물은 되돌려주어야만 한다. 위탁받은 사람이 그것을 가로챈다면 더는 위탁이 성립될 수 없기 때문이다.

　그러나 베르그손은 이 경우 칸트가 말장난하고 있다고 본다. 만일 내가 친구에게 다음에 되찾겠다는 통지와 함께 일정액을 맡겼다고 가정하자. 이 경우 돈을 맡겼다는 사실 자체와 되찾겠다는 통지만으로는 친구가 돈을 되돌려주어야 할 의무는 생기지 않는 것이다. 그는 돈이 필요하지 않을 경우에 그것을 되돌려줄 수도 있고, 만일 돈이 궁하다면 그것을 가로챌 수도 있으며 이러한 두 태도는 만일 위탁이라는 말이 이미 어떤 도덕적 내용을 지니고 있지 않다면 똑같이 논리적인 것이다. 즉 '위탁은 되돌려주어야 한다'거나 '약속은 지켜져야 한다'는 실제적인 도덕 이념이 이미 전제되어 있지 않는 한, 위탁물을 가로챘다고 해서 칸트가 믿듯이 자기모순에 빠질 수는 없는 것이다.[147] 결국 위탁이란 말이 일정한 사회에서 통용되는 관습이나 의무의 내용을 이미 지니고 있을 경우에만 위탁물을 되돌려주지 않는 것이 모순에 빠질 수 있다. 그리고 이때 부도덕한 것은 불합리한 것일 수 있다. 그러나 이 경우 의무는 순전히 이성적 차원에서 자기모순을 범하지 않겠다는 공허한 필연성$^{\text{necessité vide de ne pas se contredire}}$[148]에 귀일하는 것이 결코 아니다. 모순은 오직 이미 선재하는 도덕적 의무를 인정한 후, 그것을 배척하는 데 있기 때문이다. 결국 정언명법의 역할은 행위를 실제로 결정하는 데 있는 것이 아니라, 그것이 보편적 입법의 원리가 될 수 있는가를 검증하는 척도의 단위를 수행할 뿐이다. 칸트가 말하는 입법적 이성은 헤겔이 잘 지적했듯이 검증적^{prüfende} 이성의 역할로 격하된다.[149]

  지성은 의무를 창출할 수 없을 뿐만 아니라 사실은 의지를 지배할 힘도 없다. 베르그손은 이 점에서 다시 전통적 이성주의에 반대한다. 플라톤, 스토아학파, 데카르트로 이어지는 합리주의에 있어서 지성과 의지 사이에는 필연적인 이행 관계가 있다. 그리고 이러한 입장은 지성과 의지를 동일한 유의 것으로 보는 스피노자의 경우에 더욱 그러하다. 이러한 입장에서는 도덕적 행위를 하는 데 있어서도 무엇보다 중대한 역할을 하는 것은 인식 작용이다. 소크라테스

---

[147] *MR*, p. 87.
[148] *MR*, p. 87.
[149] 『정신현상학』, 임석진 옮김, 분도출판사, 1981, I, p. 505.

의 지행합일설이 암시하듯이 우리는 선을 아는 것만큼 그것을 실현할 수 있기 때문이다. 따라서 도덕적 실천의 세계에 있어서도 악은 무지^{ignorance}가 된다. 그러나 베르그손은 이미 『시론』에서 '자유로운 행위$^{acte\ libre}$'를 논하면서 간접적으로 이러한 주장을 논박한다. 합리주의자에 의하면 의지적 행위는 동기의 개념화, 숙고, 결단, 실행 등 크게 네 단계를 거쳐 이루어진다. 그리고 의지 작용은 앞의 두 단계에서 결정된다. 따라서 우리가 결단하지 못하고 주저하는 이유는 아직도 명석한 판단을 소유하고 있지 못하기 때문인 것이다. 이러한 입장에서 의지는 인식에 대해 완전히 수동적인 관계에 있다. 그러나 베르그손에 의하면 의지 작용은 인식과는 독립된 힘으로 앞의 모든 단계에서 점진적으로 성숙된다. 그리고 우리는 결행한 순간에야 비로소 우리 의지에 관계한 동기가 무엇인지를 알 수 있다. 지성은 결국 결단 후에 그렇게 결단하게 된 동기를, 헤겔식으로 표현하면 뒤따라 생각해서$^{Nach-denken}$ 그럴듯한 이유$^{bonne\ raison}$를 사건 후의 설명$^{explanation\ postfacto}$으로 제시할 뿐이다.

이처럼 『시론』에서 인식과 행위 사이에 원리적 불연속을 놓은 베르그손은 『두 원천』에서 어떤 이론도 우리의 의지에 직접적으로 작용하지 못함을 천명한다. "본능이나 습관을 제외하고는 의지에 직접적으로 작용하는 것은 오직 감수성^{sensibilité}의 작용이 있을 뿐이다. 어떤 사변도 의무나 그와 유사한 어떤 것도 낳지 못한다. 이론이 아무리 아름다워도 나에겐 별로 중요치 않다. 나는 언제나 그것을 받아들이지 않겠다고 말할 수 있으며 설사 그것을 용인한다 해도 내

마음대로 자유롭게 행위하겠다고 주장할 수 있는 것이다."[150] 이러한 그의 견해는 기독교 호교론자 뉴만(Newman)의 그것과 일치한다. 뉴만은 개념적 동의(notional assert)와 실제적 동의(real assert)를 구분하고, 이들 사이에 단순한 정도의 차이가 아니라 본성상의 차이가 있음을 주장한다.[151] 순수한 논리적 추론은 우리에게 어떤 의심에도 흔들리지 않는 확신을 제공하지 못한다. 그것은 일정한 조건 아래에서의 개연성만 주기 때문이다. 이와는 달리 실제적 동의는 구체적이고 개별적인 실재에 근거한 동의로서 우리를 감동케 하고 행위하게 하는 것이다. 뉴만은 이러한 실재에의 확신이 신앙이며, 그것만이 우리에게 강력한 행위에의 동기를 부여해 줄 수 있다고 말한다.

바로 이러한 관점에서 베르그손은 열린 도덕의 원천이 구체적 인격이 주는 감동에서 비롯함을 밝힌다. "영웅주의는 설교하지 않는다. 그는 다만 자신의 모습을 드러내기만 하면 된다. 그리고 그의 현존만으로 다른 사람을 움직이게 하는 것이다."[152] 예수를 비롯한 성인들은 우리에게 추상적인 이론이나 도덕률을 가르치는 사람들이 아니다. 그들의 설교는 기껏해야 그들의 구체적 삶의 일부분에 불과한 것이다. 그리고 이처럼 구체적 인격이 갖는 존재의 양태(mode)

---

150 *MR*, p. 35.
151 J. H. Newman, *A Grammer of Assent* (Introduction by E. Gilson), Doubleday Company, 1955, p. 14.
152 *MR*, p. 51.

de l'être를 모방하는 사람들의 행위는 반사적이고 기계적인 재현의 성격을 지니지 않는다.[153] 사회적 습관의 자동적 수행에서 성립하는 닫힌 도덕이 하이데거Heidegger의 일상인das Mann의 세계라면 모범을 지향하는 열린 도덕은 실존의 확보이며 내적 갱생régénération을 뜻하는 것이다. 한 마디로 닫힌 도덕과 열린 도덕은 각각 베르그손이 자유론에서 대비시킨 표층 자아moi superficiel와 심층 자아moi profond의 세계인 것이다.

칸트나 스토아학파의 이성주의는 결국 실천에 있어서 실제로 작용하는 여러 추진력, 그중에서도 감동이 갖는 도덕적 동력을 잘못 평가한 데 있다.[154] 이들은 감성적 경향성을 거의 무시하고 이성이 명한 바를 순수한 의지 작용acte de volonté pure만으로 행위해야 하며 이러한 행위만이 도덕적 성격을 갖는다고 주장한다. 그러나 도덕 법칙은 그것이 이성의 고귀한 명령이든 국법이든 간에, 그것을 우리가 이성적으로, 논리적으로 인식하자마자 아무런 다른 심적 외적 요인의 개입 없이 자동적으로 지켜지는 것이 아니다. 칸트에 의하면 의무는 실천이성의 지상명법으로 주어지며 이 법칙에 대한 순수한 존경심을 내세운다. 그러나 엄밀한 의미에서 이성은 법을 제정할 수는 있을지 모르나 그것에 대한 존경심마저 제공하지는 못하는 것이다. 이성적 명법이 지켜지기 위해서는 그것에 부합하는 감정의

---

[153] P. Ricoeur, 앞에서 인용한 책, p. 233.
[154] J. Leclercq, *Les grands lignes de la philosophie morale*, Vrin. 1946, p. 391.

맥을 대야 하는 것이다.

베르그손은 앞의 인용에서처럼 의지에 작용하는 두 원천으로 습관과 감동을 내세운다. 그리고 이러한 견해는 그의 형이상학의 원리에 완전히 부합되는 것이다. 그의 존재론에 있어서 생명은 자발성이며 창조인 반면, 물질은 타성^{inertie}이며 반복이고, 이 양자는 상반한다. 그런데 습관이야말로 타성과 반복의 원리이며, 감동은 자발성과 정신적인 비약^{élan}이기 때문이다. 감동의 본질은 규칙을 깨는 데 있으며^{dérèglement} 155 그럼으로써 우리를 타성의 영역으로부터 이끌어 내는 데 있다. 이 점에서 우리는 심정의 우위와 그 신선한 분출을 누구보다도 강조한 루소가 습관에 대해 가장 적대적이었던 이유를 알 수 있다. 그는 『에밀^{Emile}』에서 말하지 않았던가? "어린이에게는 오직 하나의 습관이 필요하다. 습관을 갖지 않는 습관." 감동은 우리 의지에 대해 습관이 갖는 강제나 필연성이 아니고 그것에 우리가 저항하고 싶지 않은 경향성^{inclination}으로 작용한다. 따라서 습관의 강제에 있어서 의지는 자기밖에 주어진 힘에 인종^{subir}하는 데 반해 감동의 차원에 있어서 의지는 '영혼 전체 $^{l'âme\ tout\ entière}$'와 일체를 이룬다. 그리고 영혼 전체의 자발성 속에서 우리의 도덕적 행위는 완전성^{perfection}과 성스러움^{sainteté}에로 나아간다.

이러한 감동의 자발성의 입장에서 볼 때 칸트의 윤리학은 엄밀한 의미에서 타율^{hétéronomie}의 철학에 불과하다. 그에 있어서 의무는,

---

155 P. Ricoeur, 앞에서 인용한 책, p. 255.

그것이 아무리 실천이성의 명법으로 주어진다 해도 우리의 의지에 대해서는 외적으로 주어지는 것이다. 이렇게 의지에 외적인 구속력을 갖는 의무는 또한 의지의 필연적인 복종을 보장받지도 못한다. 의지는 의무의 수행에 앞서 자연적 경향의 저항을 극복해야 하기 때문이다. 이러한 칸트의 법칙주의 윤리학에 있어서는 도덕의 세계는 본질적으로 고통스러운^{pénible} 것이다. 그리고 자연적 경향성의 저항에 직면해서 언제나 의무에 좇아서만 행위할 수 없음을 깨닫는 도덕의식은 본성으로 불행한 의식$^{unglückliches\ Bewußtsein}$일 수밖에 없다. 이러한 세계에서는 성스러움의 세계에로의 초탈의 길은 열려 있지 않다. 신적인 의지, 성스러운 의지에는 의무의 이념이 존재하지 않기 때문이다. 베르그손의 사랑의 윤리가 갖는 궁극의 의미 중의 하나는 이처럼 법칙주의에 있어서는 불가능한 완전성과 환희^{joie}를 도덕적 실천에 있어서 보장한 데서 찾아질 수 있다.

베르그손이 이론으로서의 철학과 행동으로서의 종교를 대비시키고 궁극적으로 종교를 도덕적 동력으로 삼은 이유도 이론과 실천적 의지 사이의 괴리를 인정한 데 있다. "오직 이론에 불과한 이론으로부터는 열렬한 열광, 영감^{illumination}, 그리고 산을 들어 올리는 믿음이 나오지 않는다."[156] 그리고 이 점에서 그는 열린 사회의 실현을 이성에서 찾는 포퍼와 다시 의견을 달리한다. 이 두 사람의 열린 사회의 이념에 대한 차이점 중의 중요한 하나는 포퍼 스스로가 지

---

[156] *MR*, p. 252.

적했듯이 합리성과 종교성의 대립이다.157 포퍼는 열린 사회를 이성과 그 비판 의식에 두고 독단적 신비주의를 열린 사회에의 반동으로 이해한다. 이러한 입장에서 포퍼는 열린 사회에로 나아가는 데 있어서 철학의 기여를 인정한다. 그에 의하면 철학의 발생은 닫힌 사회의 몰락에 대한 하나의 반응이며 철학은 마법적 믿음을 합리적 믿음으로 대치했기 때문이다.158

그러나 베르그손에 의하면 열린 사회의 구현은 합리적 설득과 비판의 점진적 개선 방식으로는 결코 이루어질 수 없다. 그리고 철학은 그것이 순수한 이론인 한 사람들을 열린 사회에로 인도하는 실제적 영향력을 결여하고 있다. 베르그손은 사회적 습관으로서의 닫힌 도덕과 동적 종교에 의한 열린 도덕 사이에 철학자들의 합리적 도덕$^{morale\ rationelle}$을 놓음으로써 철학이 동적 도덕과 마찬가지로 닫힌 사회를 초탈하는 측면이 있음을 인정한다.159 사실 스토아학파의 '세계시민$^{citoyen\ du\ monde}$'의 이념은 이성에 의해 자연적 경향으로서의 편협한 국가주의를 극복한 대표적인 예이다. 그러나 철학은 무감동과 무관심의 정적주의^{quiétisme}로 빠지거나, 삶의 궁극 목표를 플라톤이나 아리스토텔레스에서처럼 관조적 삶으로 여기는 점에서 종교의 적극적 행동에까지는 미치지 못하는 것이다. 여기서 어

---

157 『열린 사회와 그 적들 I』, 이한구 옮김, 민음사, 1982, p. 295.
158 앞의 책, p. 257.
159 *MR*, p. 63.

떤 사람은 유독 스토아학파의 예를 드는 것이 부당하다고 지적할지도 모른다. 그러나 역사적으로 인간의 도덕적 삶에 실제로 영향을 미친 순수철학은 거의 없다. 포퍼가 주장하듯이, 신비주의가 본질적으로 독단적이라는 법은 없다. 우리는 여기서 앞에서 고찰했듯이 베르그손이 인류애를 내세우는 동적 종교와 주술이나 금기 등에 근거한 정적 종교를 구분한 것을 기억할 필요가 있다. 따라서 포퍼의 신비주의에 대한 비판은 정적 종교에는 들어맞으나 기독교적 신비주의에까지 적용할 수는 없는 것이다.

이처럼 삶과 행동을 강조하는 베르그손 철학은 동적 종교의 본질을 사변이나 관조에 두지 않고 사랑의 실천에서 찾는다. 그리고 이런 관점에서 그는 기독교적 신비주의를 완전한 신비주의$^{mysticisme\ complet}$로 보고, 플로티누스^{Plotin}나 불교의 신비주의의 불완전성을 분석한다. 플로티누스에 있어서 일자$^{一者,\ l'Un}$와의 합일은 행동에 있지 않고 관조에 있다. 그에 있어서 "모든 행동은 관조의 약화$^{Toute\ action\ est\ un\ affaiblissement\ de\ la\ contemplation}$"[160]를 의미하기 때문이다. 베르그손은 이러한 플로티누스의 철학에서 희랍의 이성주의의 영향을 발견한다.

희랍 사상에 있어서 실재하는 것은 부동적인 것이며, 최고의 삶은 영원한 진리의 명상에 있기 때문이다. 불교는 자비를 내세우는 종교인 한에서 단순히 관조를 지향하는 철학적 입장과는 차이가 있다. 그러나 베르그손은 불교가 그 실천력에 있어서 열정^{chaleur}이 결

---

160 *MR*, p. 234.

핍되어 있는 것으로 본다.161 불교가 이처럼 기독교적 사랑의 적극성에로 나아가지 못한 근거를 베르그손은 그것의 염세주의에서, 그리고 이 염세주의의 근원을 자연의 힘 앞에서의 인간의 무력함^{impuissance}에서 찾는다. 한마디로 불교는 인간 행위의 유효성^{efficacité}을 믿지 않은 것이다. 이 점에서 불교에서의 고$^{苦, souffrance}$의 개념은 쾌락^{plaisir}보다는 활동성^{activité}에 대립되는 개념이라고 지적한 셸러의 지적은 타당한 것이다.162 일단 행위에 대한 부정적인 태도는 필연적으로 염세주의를 낳는다. 그리고 이러한 염세주의에 근거한 불교의 이상적 경지는 개인적인 구원의 열반이며 인류에 대한 적극적 사랑은 아니다.

베르그손에 의하면 오직 기독교와 함께 행동에 대한 견해는 근본적으로 바뀐다. 기독교의 인격신은 창조하고, 의지하고, 사랑하는 신이다. 그리고 이 점에서 철학적 사변이 도달하는 신의 이념과는 근본적인 차이점이 있다. 이성이 추상적인 원리나 불변적인 실체 등으로 파악하는 절대자에 있어서 운동과 사랑의 이념은 배제된다. 운동과 사랑은 존재의 결핍을 의미하기 때문이다. 바로 이런 이유로 플라톤은 "만일 우리가 신이라면 사랑을 알지 못하리라"라고 말한 것이다. 그러나 기독교에서의 사랑은 신의 본질이자 창조의 원리이다. 사랑은 단순한 인식과 관조의 대상이 아니라 행위의 세계

---

161 *MR*, p. 239.

162 M. Scheler, *Le sens de la souffrance*, Kloussowski 불어판, Aubier, 1946, p. 47.

이다. 따라서 기독교 신비 체험의 본질은 사변의 차원에서 신과의 일시적인 합일에 있지 않고 신의 사랑의 행위를 이 세계에 실천하는 데서 완성된다. 이런 의미에서 기독교 신비주의자들은 '신의 도구이자 그 행동 자체'인 것이다.

신의 협력자$^{adjutores\ dei}$로서의 기독교 신비주의자들의 특성은 신과의 관계에서는 수동적이나 인간과의 관계에서는 능동적이라는 사실이다.[163] 그리고 이러한 특성은 셸러가 지적했듯이 신성에 대해서는 능동적이나 세계와 행동에 대해서는 소극적인 동양의 종교와 대립된다.[164] 기독교에서 신에 대한 인간의 수동성의 본질은 사랑이 갖는 감수성^{affectivité}의 특성에서 유래한다. 감수성은 체험의 영역이며 이러한 체험은 사변이나 의지적 노력으로 획득되거나 변경될 수 없는 독자적 원리를 지니고 작용한다.[165] 따라서 감수성에 대한 우리의 관계는 미리 숙명지어진^{prédestiné} 것이다. 기독교의 사랑은 그것이 초월적인 것인 한 인간의 후천적인 모든 노력에 의해 획득될 수 없는 형이상학적 원리이다. 따라서 사랑의 체험이 우리에게 자리잡는 방식은 본질적으로 은총^{grâce}일 수밖에 없는 것이다.

인식과 실천의 관계에서 철학이 갖는 실천적 의미는 과연 무엇

---

163 *MR*, p. 246.

164 M. Scheler, *Le saint le génie, le héros*, E. Marmy 불어판, Emmanuel Vitte, 1958, p. 45.

165 M. Henry, *L'essence de la manifestation*, PUF, 1963, T. 2, p. 821.

인가? 베르그손에 의하면 직접적으로 실천적 가치를 갖는 것은 지성의 과학적 인식이다. 지성은 사물을 실용적 관점에서 인식하며, 과학은 세계에 대한 인간의 지배를 확보해 주기 때문이다. 따라서 사물에 대한 이해관계를 떠난 철학적 인식, 즉 직관은 그것이 가능한 경우에도 실제적으로는 무용한inutile 것이다.166 이 점에서 『창조적 진화』의 저자는 인식의 문제를 생물학적 차원에서 검토해야 한다는 이념을 그에게 시사해 준 스펜서와 의견을 같이 한다.167

그러나 베르그손은 그의 철학이 제시하는 세계관이 간접적으로 우리의 삶에 실천적 의미를 준다고 본다. 인간 실천의 궁극적인 의미는 우주의 본성, 그리고 인간과 우주와의 관계에 대한 형이상학적 문제에 의존한다. 예컨대 베르그손이 극복하고자 한 19세기 말의 과학적 결정론과 유물론은 인간을 물질의 필연적 체계로 환원함으로써 존재론적 비관론을 내포하고 있다. 그리고 사르트르를 비롯한 실존주의의 세계관 역시 세계의 무의미성, 인간 존재의 근원적인 무상성gratuité을 강조함으로써 염세주의의 색채를 띤다. 이에 반해 베르그손 철학은 인간과 우주, 인간과 인간 사이에 존재론적 연속성을 놓음으로써 인간을 고립과 삶의 무의미성으로부터 구출해내

---

166 *EC*, p. 342.
167 H. Spencer, *Les premiers principes*, M. E. Cazelles 불어판, Germer-Baillière, 1871, p. 92.

는 것이다.168 이러한 이론은 다만 사변적 의미만을 지니지 않고 우리에게 행위와 삶을 위해서도 더 많은 힘과 의미를 제공한다. 베르그손이 과학은 그 기술의 힘으로 우리에게 안락과 쾌락을 주는 데 반해 철학은 삶의 환희joie를 제공한다고 말 한 이유가 바로 여기에 있다.

이처럼 우주와 인간의 존재론적 통일을 인정하는 베르그손 철학의 궁극적 이상은 『창조적 진화』에 있어서 우주의 창조적 원리와 일치하는 것이었다.169 그런데 『두 원천』에서 이 우주의 창조의 원리가 사랑으로 발전함으로써, 이러한 일치는 인식이나 이론으로서의 철학으로서는 이루어질 수 없는 것이 된다. 사랑은 행동이며, 체험이자 삶 자체이기 때문이다. 사랑이 우주 생성의 근본 원리인 한, 사랑의 행위는 단순한 도덕적 행위가 아닌 형이상학적 행위이다. 그리고 사랑의 삶 속에서만이 존재와 그 진리성, 생명과 그 의미, 그리고 인식과 실천은 하나가 된다.

---

168 *EC*, p. 271.
169 *EC*, p. 368.

6. 글을 맺으며

베르그손은 스스로 『두 원천』이 『창조적 진화』의 결론을 뛰어넘고 있다고 인정한다. 마지막 저서에서 그는 기독교의 창조설을 수납하고, '생명의 약동élan vital'은 '사랑의 약동élan d'amour'170으로 발전하기 때문이다. 베르그손이 기독교를 받아들인 방식은 그의 철학 이론에 기독교 학설을 단순히 접목시킨 것은 아니다. 칸트식의 이성의 한계 내에서가 아니라 경험의 한계 내에서 종교를 다룬 그는 신비주의자들에 관한 방대한 자료에 대한 오랜 철학적 성찰을 거쳐 기독교 신비 체험의 객관성을 인정한 것이다. 그러나 그의 형이상학과 인식론의 기본 입장은 이미 기독교의 창조설과 이어질 수 있는 충분한 소지를 지니고 있었다.

그의 형이상학에 대한 가장 일반적인 오해는 그것을 일종의 범신론panthéisme으로 여기는 것이었다. 그러나 그의 생성과 창조의 형이상학은 범신론과는 판이한 구조를 지닌다. 스피노자에게서 잘 드러나 있듯이 범신론은 우주의 통일성을 확보하기 위해 개체의 실재성과 그 자유를 부인하기 때문이다. 이에 반해 기독교의 창조설은 이 세계의 진상을 만물과 인간 존재의 자발적 실재성 속에서 파악한다. 자율적 개체와 함께 시간은 비로소 창조의 무대로 변한다. 기독교의 종말론에서 시간은 순간순간 일회적인 절대성을 지니며, 미

---

170 *MR*, p. 98.

래는 우리의 자유의 지적 행동에 의해 확보되는 비결정적^{indéterminé}인 영역이 되는 것이다. 이러한 역동적 시간성은 베르그손의 시간 철학의 입장과 일치한다.

자발성과 창조는 도덕적 실천의 세계에 있어서는 사랑의 원리이다. 베르그손의 생성의 존재론은 '모든 것이 주어졌다$^{tout\ est\ donné}$'는 것을 가정하는 모든 이론, 예컨대 플라톤의 이데아, 아리스토텔레스의 부동의 원동자, 스피노자의 자연, 자연과학의 인과적 우주관을 거부한다. 그런데 윤리의 세계에서 세계와 인간이 이미 다 이루어진$^{tout\ fait}$ 것으로 가정하는 것은 법칙주의 윤리학이다.[171] 이에 반해 사랑은 인간이 끊임없는 형성의 과정 속에 있음을 전제하는 것이다. 사랑은 이미 정해진 법칙이나 의무의 수행도 아니며 도달해야 할 일정한 목표나 상태를 지향하지도 않는다. 사랑은 삶과 가치의 역동적 원천으로서의 인격$^{person\ as\ dynamic\ source}$[172]을 대상으로 하며, 아직 실현되지 않은 삶의 충만성과 완전성을 꾀하는 미완성의, 그러므로 창조적인 행위인 것이다.

베르그손은 "직관적으로 사고하는 것은 지속 속에서 사고하는 것이다$^{penser\ intuitivement\ est\ penser\ en\ durée}$"[173]라고 말한다. 이 말의 의미는

---

[171] J. Lacroix, *Personne et amour*, Editions du Seuil, 1955, p. 46.

[172] A.R. Luther, *Persons in love: A study of Max Scheler's Wesen und Formen der Sympathie*, Martinus Nijhoff, 1972, p. 100.

[173] *PM*, p. 30.

직관은 추상적인 것이 아니라 구체적인 것을, 보편적인 것이 아니라 개체적인 것을 목표로 한다는 것이다. 그리고 직관을 대상의 고유한 질과의 공감sympathie으로 정의한 그에 있어서 인식의 완전한 상태는 대상 자체와의 존재론적 합일이다. 이러한 그의 인식론에 있어서 타자에 대한 완전하고 충만한 인식은 사랑일 수밖에 없다. 사랑만이 인격의 실재성과 그 내면적 가치에 대한 직접적이고 공감적인 인식이기 때문이다.

베르그손 철학이 인간 실존의 문제를 다루지 않았다는 사르트르의 비난은 잘못된 것이다. 그는 실존주의 못지않은 진지함을 가지고 실존과 그 운명을 문제삼고 있다. 다만 그의 철학이 인간 존재를 생명 일반과 신이라는 보다 높은d'en haut 관점에서 조망함으로써 인간 조건의 초월의 가능성을 제시하는 데 반해 사르트르의 무신론은 '현존재Dasein'의 차원에 머무름으로써 이러한 초월을 부정한다. 타자를 향한 탈자脫自가 불가능한 사르트르에 있어서 인간은 모래알처럼 고립될 수 밖에 없으며 그의 말대로 '타자는 지옥'이다. 그러나 베르그손의 신적인 사랑 속에서 타자는 나의 실존을 확보하는 존재론적 의미를 갖는다.

초기 기독교의 인간관에 있어서 자연적 인간과 동물 사이에는 정도의 차이만 있을 뿐 본질의 차이는 존재하지 않는다.[174] 오직 신의 아들로 새롭게 태어난 인간에 있어서만 인간다운 새로운 질서가

---

[174] M. Scheler, *L'homme du ressentiment*, Gallimard, 1970, p. 128.

생긴다. 베르그손의 인간관은 이러한 기독교의 이념에 접근한다. 그는 닫힌 도덕을 한 번도 인간적 도덕$^{\text{morale humaine}}$이라고 부른 적이 없다. 닫힌 도덕은 본성상 동물의 사회성과 차이가 없기 때문이다. 진정으로 인간적인 사회성은 오직 열린 도덕에서 구현된다. 따라서 만일 인류가 이러한 열린 사회에로 나아가는 노력을 하지 않는 한 인류는 동물의 차원에 머물러 있는 셈이 된다.[175] 이것이 바로 베르그손이 열림과 닫힘, '앞으로 움직이는 것'과 '계속 제자리에 머물러 있음', '상승의 길'과 '하강의 길' 등의 비유로써 우리에게 전하고자 한 마지막 진리였던 것이다.

---

175 Cf. 포퍼, 앞에서 인용한 책, p. 290: "우리는 금수로 돌아갈 수 있다. 그러나 만약 인간으로 남기를 원한다면 오직 하나의 길이 있을 뿐이다. 그것은 열린 사회로의 길이다."

2부

Répétition du numéro et de la devise.

무관심과 삶에 대한 주의
– 기억을 찾아가는 아리아드네의 실

eux premières

Le point A étant un point fixe de la sphère O, son réciproque sera un point fixe de la sphère O'. De même, les réciproques de C et C', les points de contact, C et C', de la sphère O' avec les sphères P et P'.
On peut donc énoncer le théorème suivant.

Étant données deux sphères qui se coupent et un point A dehors de ces sphères, si par le point A on fait passer une infinité de sphères tangentes aux deux premières, le lieu des points contact de chacune des sphères données avec les sphère variable une cercle circonférence.

Remarque. Si l'on prend comme origine un point situé l'un des plans P et P', l'une des sphères fixes du théorème dent est remplacée par un plan. On voit donc que le théorème subsiste dans ce cas.

II.

Considérons maintenant la figure (1). Le point O est situé dans plan S. D'ailleurs, les droites AO et OC étant constamment égar

1. 들어가는 말[1]

베르그손이 정신과 물질의 관계를 기억이라는 구체적 사례를 통해 고찰한 『물질과 기억』은 그의 모든 저작 중에서도 가장 정교하고, 어쩌면 가장 천재적인 작품이라 할 수 있다. 그는 예리하면서도 유연한 내성적 방법론을 풍부한 과학적 자료를 성실하게 검토하는 과정과 절묘하게 결합해, 그동안 이해하기 어려운 문제로 남아 있던 두 상이한 질서인 정신적 질서와 신체적 질서 사이의 관계를 새롭게 조명한다. 특히 이 저작이 주목받는 이유는, 바로 여기에서 삶에 대한 주의attention à la vie와 무관심désintéressement[2]이라는 개념이 처음으로 등장하기 때문이다.

그러나 단순히 이러한 개념의 최초 등장을 지적하는 것만으로는 충분하지 않다. 오히려 이 두 개념이 베르그손의 기억론을 실질적으로 정초하기 위해 등장했다는 사실을 강하게 강조해야 할 것이다. 저자 자신도 서문에서 삶에 대한 주의라는 개념의 지배적 중요성을 분명히 밝히지 않았던가? "따라서 결국 정신적 삶의 다양한 기조ton들이 있으며, 우리의 심리적 삶은 다양한 높이에서, 삶에 대한 우리의 주의의 정도에 따라, 때로는 행동에 더 가까이서 때로는

---

1 [역주] 2부의 글은 프랑스 몽펠리에의 폴 발레리 대학에 제출된 저자의 박사학위 논문의 제2장을 엮은이가 번역한 것으로, 이 글의 도입 부분은 학위 논문의 서론에서 제2장과 관련된 단락을 번역한 것이다.
2 [역주] 베르그손에서 무관심의 개념은 '무사심함'의 의미를 포함하고 있다.

더 멀리서 진행될 수 있다. 이 책을 이끌어 가는 지도적 이념들 중의 하나, 즉 우리의 작업에 출발점 구실을 하는 이념이 바로 거기에 있다."[3] 실제로 삶에 대한 주의와 무관심은 이 독특한 관점에 의해 새롭게 조명되는 기억 탐구의 아리아드네의 실[4]이 될 것이다.

2. 지속, 기억과 의식

무레로스Mourélos는 플라톤 이래로 그 어떤 철학자도 베르그손만큼 기억의 문제에 큰 의미를 부여한 적이 없음을 정확히 지적하였다.[5] 베르그손 철학에서 기억은 중심적 위치를 차지하는데, 이는 지속durée이 곧 실재의 기초이기 때문이다. "나는 지속한다, 그러므로 존재한다je dure donc je suis"는 표현은 특히 베르그손적 문구라 할 수 있다. 그렇다면 우리가 말하는 지속이란 무엇인가? "지속이란 과거가 미

---

3   *MM*, p. 7.

4   [역주] 크레타섬의 미노스 왕과 파시파에 왕비 사이에서 태어난 공주 아리아드네는, 미궁(라비린토스)에 갇힌 괴물 미노타우로스를 죽이기 위해 미로에 들어가는 아테네의 왕자 테세우스를 사랑하게 된다. 아리아드네는 테세우스가 미궁에서 길을 잃지 않고 무사히 빠져나올 수 있도록 실타래를 건네주고, 테세우스는 실타래의 한쪽 끝을 미궁 입구에 묶고, 실을 풀면서 들어가 미노타우로스를 죽인 뒤, 풀린 실을 따라 미궁 밖으로 나올 수 있었다. 이 신화에서 유래한 '아리아드네의 실'이라는 표현은 '아주 어려운 문제를 해결하는 실마리' 또는 '위험한 상황에서 벗어나기 위한 열쇠'를 뜻한다.

5   G. Mourélos, *Bergson et les niveaux de la réalité*, PUF, 1964, p. 103.

래를 잠식하고, 전진하면서 부풀어 가는 부단한 과정이다. 과거가 끊임없이 증식하기 때문에 그것은 또한 무한히 보존된다."[6]

베르그손 철학이 변화의 철학임은 자명하다. 지속은 본질적으로 근본적 이질성과 예측 불가능한 새로움의 차원이다. 그러나 실제적 지속을 근거 없는 변동과 동일시하는 것은 오류이다. 위에 인용된 구절은 지속이 결코 포착할 수 없는 흐름이 아니라 오히려 지속적이고 충실한 것임을 분명히 보여준다. 베르그손이 "생성^{devenir}" 대신 선호한 지속이라는 용어 자체가 영속성과 무엇인가 항구적인 것이 살아남는 것을 강조하지 않는가?

실제로 지속은 겉보기에 상반되는 두 요소를 내포한다. 지속이란 한편으로는 흐름이지만, 다른 한편으로는 이 흐름을 초월하고 주도하는 어떤 것이 존재함을 의미한다. 지속이란 곧 변화하면서도 지속하는 것, 변형되면서도 동시에 동일성을 유지하는 것이다. "동일하면서 또한 동시에 변화하는 존재", 이것이 지속에 대한 최초의 묘사이다[7]. 이렇게 이해된 지속의 존재론은, 생성의 철학과 존재의 철학을 독특하게 조화시키는 듯하다. 분명히 베르그손 철학은 변화의 철학이지만, 동시에 존재의 철학이기를 멈추지 않는다.

우리의 철학자는 카토이$^{G.\,Cattaui}$에게 보낸 소중한 증언에서 다음과 같이 쓰고 있다. "나의 철학은 생성, 즉 존재인 생성의 철학입니다.

---

6   *EC*, p. 4.
7   *DI*, p. 75.

사람들은 실체^{substance}에 대해 말합니다. 그런데 실체는 오직 그 속성들에 의해서만 정의될 수 있으며, 실체의 모든 속성은 생성 속에서 다시 발견됩니다. 생성은 사라지는 사물들로 이루어진 것이 아닙니다. 나의 기억 이론에 따르면 모든 과거는 현재와 함께 그리고 현재 안에 보존되기 때문입니다."[8] 이제 우리는 왜 베르그손이 헤라클레이토스의 "만물은 흐른다$^{Panta\ rhei}$"라는 사상이 자신의 철학에서 재현된다고 보지 않는지 이해할 수 있다. 그는 덧없는 유동의 이념을 받아들이기 위해 파르메니데스적 존재를 거부하지 않는다. 존재 없는 생성은 생성 없는 존재만큼이나 실재적이지 않다.

기억은 지속의 실체성을 구성하며 이 실체성은 곧 실재가 아니라 실현^{réalisation}이다. 베르그손 철학에서 기억의 보존은 심리적 작용이 아니라 존재론적 속성이다. 과거는 사라지는 것이 아니라, 다음 순간과 융합되어 불가분의 하나를 창조한다. 바로 이러한 이유로 지속한다는 것은, 본질적으로, 생성에 참여함으로써 존재를 계속하는 것이다. 따라서 기억은 특정한 존재 방식, 즉 생명을 가능하게 하는 존재론적 기능으로 이해된다. 『물질과 기억』의 저자는 "존재로 하여금 사물들의 흐름의 리듬으로부터 벗어나게 해 주고, 미래에 점점 더 깊이 영향을 행사하기 위해 과거를 더욱더 잘 보존하게 해 주는 내적인 힘, 결국 우리가 이 말에 부여하는 특수한 의미에서 그

---

8   A. Forest, "L'existence selon Bergson", *Archives de philosophie*, t. XVII, p. 91.

것의 기억"에 대해 말한다.9 일반적으로 기억^{mémoire}이라 하면 심리적 의미, 즉 과거의 인식이나 식별로 이해된다.

그러나 기억은 우연히 그리고 후발적으로 심리적 사실일 뿐이며, 본질적으로는 생물학적 사실이다. 과거가 한 번에 모두 사라지지 않고 보존되며 축적된다는 것은 기억뿐만 아니라 생명의 필요충분조건이다. 그래서 기억은 생명의 가장 낮은 형태에서도 함께 출현한다. "생명체의 발달은 배胚의 발달처럼 지속의 연속적인 기록, 즉 현재 속의 과거의 존속과, 따라서 적어도 외형상으로는 유기적인 기억의 기록을 함축한다."10 생명은 공간적 관점에서는 이질적 부분들의 통일적 조직이고, 시간적 관점에서는 일정한 시간 간격 내에서의 연속적 단일성이다. 이러한 시간적 단일성은 시간의 흐름 속에서 자기 동일성을 의미한다. 따라서 생명은 시간의 내용을 자기 내부에 보존하고, 이를 다른 것들로 환원 불가능한 고유한 성질로 승화시키는 것이다. 플라톤의 표현을 빌리면 "본질을 향한 생성"이다. 생명체의 본질은 자기 자신에 대한 절대적 동질성에 있으며 생물학적 기억은 모든 체험된 경험을 내면화하여 이를 본질의 차원으로 끌어올린다. 베르그손은 이러한 관점에서 플라톤적 본질을 기능, 즉 정신적 활동으로 변환한다. 이는 정적으로 고정된 동질성이 아니라 창조적 생성 속에서 지속되는 동적 동질성이다.

---

9   *MM*, pp. 249~50.
10 *EC*, p. 19.

이와 같이 볼 때, 물질은 대조적으로 기억이 결여된 존재이다. 그래서 베르그손은 라이프니츠의 정의를 다시 인용한다.11 "모든 물체는 순간적인 정신, 즉 기억이 결여된 정신이다omne corpus est mens momentanea, seu carens recordatione." 베르그손에 있어 정신은 기억의 성질로 물질과 대립한다. 이것이 바로 그의 두 번째 저서 제목인 『물질과 기억』이 표현하는 것이다. 물질은 아무런 생성 없이 존재한다. 물질은 일종의 순간적 정신으로 매 순간 죽고 다시 태어난다. 그 상태들은 누적되지 않고 끊임없이 흘러가기 때문이다. 물론 변화의 보편적 조건인 물질도 시간의 영향을 받는다. 예를 들어 일정한 시간이 지난 후 집을 다시 보면 변화가 있을 것이다. 그러나 물질은 그 연속적인 상태들이 완전히 분리되어 있어 동질적으로 남아 있다고 할 수 있다. "현재 속에서 존재하는 것, 끊임없이 다시 시작하는 현재 속에 존재하는 것, 바로 이것이 물질의 근본적인 법칙이다. 필연성이란 이 사실로 이루어진다."12 라베송Ravaisson13의 말처럼 실제로 "무기적 물체는 말하자면 시간 바깥에 존재하며, 물질적 존재는 시간과 아무런 결정적인 관계를 맺지 않는다"라고 말할 수 있을 것이다.14

---

11 *ES*, p. 5.
12 *MM*, p. 236.
13 [역주] 이 책 3부 3장 「프랑스 유심론과 습관의 문제」 참조.
14 F. Ravaisson, *De l'habitude*, PUF, 1957, p. 11.

시간과 생명 사이에는 불가분의 관계가 존재한다. 그러나 시간과 생명의 관계는 용기와 그 안의 내용물처럼 외적으로 배열된 것이 아니다. 엄밀히 말해, 생명이 미리 주어진 객관적 시간의 흐름 속에 단순히 삽입되는 것이 아니라, 오히려 생명이 시간을 탄생시킨다. 시간의 기원에 관하여 영혼과의 관계를 기준으로 두 가지 입장을 구분할 수 있다. 하나는 실재론, 다른 하나는 주관주의이다. 아리스토텔레스는 영혼과 무관하게 존재하는 객관적 시간의 실재를 주장하며 시간을 선후 관계에 따른 운동의 수로 정의한다.[15] 그러나 플로티누스가 지적하듯 심리적 경험에 대한 참조 없이 어떻게 선후를 논할 수 있겠는가? 따라서 알렉산드리아의 철학자는 시간은 오직 영혼의 활동 안에서만 존재하며 그 활동에서 비롯된다고 본다.[16] 베르그손은 플로티누스의 시간 개념에 가깝다.

의식, 더 정확히 말해 계기들successions의 구별이 없다면 시간은 존재하지 않는다. 이런 의미에서 시간의 지평을 여는 것은 인간의 의식이지만 시간을 창조하는 근원적 힘은 생명 원리에 있다. 시간의 바깥에 있는 것은 영원만이 아니라 순간성 또한 해당된다. 시간은 사라지는 순간들의 흐름에서 비롯되지 않는다. 마치 선이 단순히 나열된 점들로 구성되지 않는 것처럼 상호 배제적인 불연속적 순

---

15 [역주] 아리스토텔레스는 시간은 변화(운동) 그 자체가 아니라, 변화의 앞과 뒤라는 선후 관계를 통해 운동을 '수'로서 측정하는 것이라고 주장한다. 『자연학(Physica)』, 제4권, 220a25.

16 R. M. Mossé-Bastide, *Bergson et Plotin*, PUF, 1959, pp. 188~189 참조.

간들의 세계에는 단순히 동시성의 일회적 잇달음만이 있을 뿐이다. 시간이 성립하려면 분리된 순간들을 특정한 방향으로, 되돌릴 수 없도록 결합하는 힘이 필요하다. 이런 유기적 결합이야말로 현상적 흐름에 고유한 연속성과 통일성을 부여한다. 생명은 물질적 흐름에 이러한 질서를 부여한다. 이런 의미에서 시간은 보편적 흐름과 생명의 원초적 도약 élan originaire de la vie 이 만나는 접점에서 그 구성의 근거를 가진다고 주장할 수 있다. 이것은 바로 시간은 생물학적 기억이 창조한다는 말과 같다. 베르그손이 말하듯, "두 순간을 서로 연결하는 원초적 기억이 없다면 두 순간 중 하나만이 있을 뿐이며, 결국 오직 단일한 순간만이 존재할 것이며 선후, 계기, 시간도 존재하지 않을 것이다."[17] 따라서 지속은 주어진 것이 아니라 구성된 것이며, 이 시간의 구성은 동시에 생명의 첫 번째 존재 이유이기도 하다.

지속, 기억, 그리고 생명은 동일한 진리이며 같은 것을 가리키는 삼위일체적 개념이다. 기억은 중추신경계 névraxe 의 발달과 병행하여 완성된다. 기억 흔적(엔그램)의 활동은 식물 세포뿐만 아니라 동물의 근육 세포와 같은 모든 유기체적 물질에서 이루어진다. 이로부터 생명체의 성장과 노화가 비롯된다. 그러나 기억이 특히 신경 조직에서 두드러지게 표현되며 진정한 의미의 기억, 즉 심리적 기억은 우리와 같은 의식적 존재 안에서 비로소 드러난다는 점은 부인할 수 없다. 의식의 고유한 특징은 바로 기억이다. 기억은 의식의 한

---

17   *DS*, p. 61.

기능이 아니라 의식 그 자체이자 존재의 근원적 원리이다. 베르그손은 무의식을 순수한 현재로 정의하지 않았던가?[18] 기억과 의식의 심층적 통일성을 설명하기 위해 이제 고전이 된 두 가지 기억의 구별에 주목할 수 있다.[19]

우리가 어떤 텍스트를 학습할 때, 두 종류의 상이한 기억이 발생한다. 하나는 습관-기억$^{mémoire-habitude}$, 다른 하나는 회상-기억$^{mémoire-souvenir}$이다. 습관적 기억, 즉 암송된 텍스트의 기억은 습관의 모든 특성을 지닌다. 습관처럼 이는 동일한 노력과 동일한 전체적 행위를 반복함으로써 획득되며 우리는 이를 분해한 뒤 다시 조합한다. 습관과 마찬가지로, 이는 정해진 시간 내에 불변의 질서로 구성되는 운동 기제에 저장된다. 실제로 습관적 기억은 현재를 연장하여 내재된 과거의 성취를 미래에 적용할 수 있도록 한다. 이는 아는 것^{savoir}이 아니라 할 줄 아는 것$^{savoir-faire}$에 속한다. 반면 회상-기억은 습관-기억이 결과만 고정하는 학습의 모든 과정을 고유하게 보존한다. 과거의 사건들은 고유한 상황과의 관계 속에서 개별적으로 기록되며, 결코 반복되지 않는다.[20] 이러한 기억들은 우리의 노력 없이 자발적으로 고정되며, 우리가 이를 떨쳐내려는 노력에도 불구하

---

18 *ES*, p. 5.
19 *MM*, p. 83.
20 *MM*, p. 88.

고 지속된다. 행동과 무관하고 관념-운동적$^{idéo-moteur}$ 현재[21]와 관계없는 이 회상-기억은 신체로부터 독립적인 의식의 토대이다.

따라서 의식은 과거가 현재와 공존하는 영역으로 나타난다. 이러한 의미에서, 베르그손의 기억 개념에는 플라톤적 영감이 놀랍도록 재현된다. 구이에$^{H.\ Gouhier}$가 정확히 지적한 바처럼, 플라톤의 상기^{réminiscence}라는 이미지는 실제로 "영혼의 이전 삶이 현재의 삶 속에 머물러 있으며 정신은 자신이 과거에 존재했던 것을 현재에도 결코 멈추지 않는다"는 것이 아니면 무엇을 의미하겠는가?[22] 『물질과 기억』에서 의식은 연속성보다는 오히려 공존^{coexistence}으로 정의된다. 이는 베르그손이 취하는 관점의 변화를 시사한다. 『시론』에서는 지속과 의식이 계기^{succession}로 특징지어진다. 베르그손은 "우리의 자아 속에는 상호 외재성 없는 계기가 있으며, 자아 밖에는 계기 없는 상호 외재성이 있다"고 말한다.[23] 실제로 연속적 질서로서의 시간은 비공존의 세계이고, 공간은 공존의 세계이다. 사물들의 공존은 오직 시간적 요소가 영점으로 환원되는 순간에만 가능하다. 바로 이

---

21 [역주] 현재가 관념-운동적이라는 것은 우리 신체가 외적 세계에 작용할 때 거기에 과거의 기억을 투사한다는 것이다. 이러한 행동 방식이 자동화될 때 습관의 운동 기제가 된다.

22 H. Gouhier, *Henri Bergson et le Christ des Evangiles*, Fayard, 1961, p. 55. 들뢰즈(G. Deleuze)와 이폴리트(J. Hyppolite) 역시 베르그손에서 플라톤적 기억의 이념을 발견한다. (*Le bergsonism*, PUF, 1966, p. 55. "Aspects divers de la mémoire chez Bergson", *Figures de la pensée philosophique*, t. 1, PUF, 1972, p. 482).

23 *DI*, p. 81.

런 점에서 어떤 의미로는 시간 바깥에 존재하는 물질적 세계는 공존의 세계에 속한다. 그러나 이제 우리는 의식이 연속성과 공존 모두에 속한다는 사실을 안다. 의식의 지속은 분명 실재적 연속이지만 이는 오직 잠재적 공존이기 때문에 가능하다. 따라서 진정한 공존의 영역은 의식이며, 동시성은 기억 속에 자리한다. 바로 이 진리를 가장 잘 드러내는 것이 유명한 원뿔ône의 이미지가 아니겠는가? 정신적인 것의 고유한 특성은 우리의 지성의 형식 논리를 초월하는 명백한 모순들을 자유롭게 넘나드는 데 있다.

3. 뇌, 삶에 대한 주의의 기관

『물질과 기억』의 주요 문제는 존재론적 기억의 존재 그 자체가 아니라, 기억이 신체와 맺는 관계 속에서 어떻게 진화하는가에 있다. 베르그손은 여러 차례에 걸쳐, 과거의 보존을 설명하려는 것이 아니라 오히려 그것이 겉으로는 소멸하는 현상을 해명하려 한다고 밝힌다. 그는 기억의 이러한 운동을 삶에 대한 주의에 의해 방향 지어진 것으로 탐구한다. 우리는 이미 서론에서 삶에 대한 주의라는 개념이 그의 두 번째 저작에서 처음 등장함을 지적한 바 있다.[24] 『시론』의 첫 장에서도 주의에 대한 언급이 있지만, 이때의 주의는

---

24   *DI*, p. 20.

아직 '삶에 대한 주의'라는 베르그손 고유의 특수한 의미를 지니지 않는다. 그는 그저 주의라는 단어를 통상적인 심리학적 의미로 분석했을 뿐이다. 그렇다면 왜 베르그손은 『물질과 기억』에서 '삶에 대한 주의'라는 개념을 도입하는가? 이 개념의 등장은 『물질과 기억』과 『시론』을 구분하는 관점의 중대한 차이를 명확히 드러내 준다.

  모든 철학은 출발점을 필요로 한다. 젊은 베르그손은 [자신의] 철학을 시작하면서 자아의 내적 영역에서 그 출발점을 찾았다. 그는 내면과 외면, 비연장과 연장 사이에 절대적 경계를 긋고, 순수한 상태의 정신을 드러내고자 했다. 이렇게 모든 제한과 대립하는 힘에서 벗어난 정신은 매우 강력하고 창조적인 것으로 나타난다. "비연장적인 것과 연장적인 것 사이, 질과 양 사이에는 아무런 접촉점이 없다."[25] 이것이 젊은 베르그손의 관념론적 방식에서 내재성 예찬을 지배하던 관점이었다. 물론 그는 완전히 관념론으로 기울지는 않았으며, 외부 세계를 정신 속에 포함하거나 물질적 실재의 독립적 존재를 부정하지는 않았다. 그러나 이원론의 원칙을 유지하면서도, 두 대립하는 힘 사이의 관계 문제는 의도적으로 배제했다. 본질적으로 대립적 비자아를 전제하는 삶에 대한 주의는 이 시기에는 문제가 될 수 없었다는 것은 분명하다.

  반면에 『물질과 기억』은 정신과 물질의 관계를 해결하려는 시도

---

25 *DI*, p. 52

를 담은 저서이다. 따라서 이 책의 핵심 질문은 다음과 같다. 신체는 무엇으로 이루어져 있으며 그 역할은 무엇인가? 신체를 설정하고 물질-정신의 관계를 다루는 것은 신체가 세계로의 통로인 만큼 동시에 외부 세계에 조회하는 것이다. 『시론』에서 완벽한 자율성의 상태에 있던 자아는 『물질과 기억』에서 처음으로 세계와 조우한다. 그래서 『물질과 기억』은 일반적으로 『시론』의 저자에게 기대했을 것과는 반대의 순서를 채택한다. 즉, 의식과 기억에서 출발하여 신체로 나아가는 대신 베르그손은 먼저 지각과 외부 세계를 탐구한다. 세계가 일단 확인되자 삶에 대한 주의는 책의 전면에 등장한다. 삶에 대한 주의는 특히 세계에서의 생존 가능성에 의해 조건 지어진 정신의 주요 성향을 의미하기 때문이다. 『시론』에서 절대적 자아가 머물렀던 다소 몽유병적이고 관조적인 관념론은 이렇게 행동적이고 역동적인 실재론으로 전환된다.

    베르그손의 각 저작은 고전적 이론들에 대한 근본적 항의를 담고 있다. 그는 자신의 저서들이 언제나 "불만과 항의의 표현"이었다고 직접 밝힌 바 있다. 물론, 베르그손 철학은 단순한 비판주의나 부정적 철학이 아니다. 그러나 베르그손은 자신의 철학을, 불충분하다고 여긴 반대자들의 사상에 대한 대립 속에서 규정할 필요가 있었다. 이러한 대립은 새로운 성찰의 출발점을 제공한다. 따라서 우리가 잘 알고 있듯이 『시론』에서 베르그손의 철학은 관념연합론

associationnisme 26에 대한 비판에 전념했다. 『물질과 기억』에서는 평행론parallélisme 27이 그 비판의 대상이 된다.28 베르그손에 따르면 평행론은 과학적이라기보다는 오히려 형이상학적 성격을 띤다. 이를 입증하기 위해 스피노자, 라이프니츠, 말브랑슈의 정교한 논증을 굳이 열거할 필요는 없다. 과학을 자처하는 심리-병리학적 평행론조차도 본질적으로 형이상학적 평행론의 후예에 불과하다. 이 이론은 결국 19세기 물질주의에 논거를 제공하며, 정신적 질서를 물질적 질서의 부차적 산물로 환원하는 부대현상론épiphénoménisme 29을 강화한다. 평행론의 다양한 형태에도 불구하고, 그 논증 구조는 다음과 같이 요약될 수 있다. 즉, 특정한 뇌 상태가 주어지면 특정한 심리 상태가 필연적으로 뒤따른다는 것이다.30 우리의 의식은 정확히 뇌의 상태

---

26 [역주] 관념연합론은 인간의 정신 작용, 특히 사고, 학습과 지식이 관념들(ideas)의 연합을 통해 이루어진다고 보는 심리철학 이론으로 주로 근대 경험론 철학자들에 의해 발전되었다.

27 [역주] (심신) 평행론은 심리학과 철학에서 심신 문제를 설명하는 이론 중 하나로 정신과 신체가 서로 독립적으로 작동하지만 동시에 병렬적으로 상호 작용한다는 관점을 제시한다.

28 『창조적 진화』에서 비판받는 적대적 입장들은 대략 세 가지로 요약할 수 있다. 이는 형이상학적 차원에서의 플라톤 철학, 인식론적 관점에서의 칸트 철학, 그리고 진화이론 수준에서의 스펜서 철학이다. 『두 원천』은 각각 사회학주의와 칸트주의적 지성주의를 표적으로 삼고 있다.

29 [역주] 정신적 상태가 신체적 상태(뇌의 활동)의 부수적인 결과물에 불과하며, 정신이 신체적 사건에 대해 아무런 인과적 영향을 미치지 않는다고 주장하는 입장.

30 *ES*, p. 191.

와 등가적이다.

두 질서, 곧 정신의 질서와 뇌의 질서 사이에 일종의 전체적 연대성solidarité이 존재한다는 점은 부인할 수 없다. 그러나 이러한 전체적 대응은, 우리가 흔히 상상하는 바와 같은 일대일 평행설과는 거리가 멀다. "옷과 그것이 걸려 있는 못 사이에도 또한 연대성이 있다. 만일 누군가가 못을 뽑는다면, 옷은 떨어지기 때문이다. 그렇다고 못의 형태가 옷의 형태를 그리고 있거나, 또는 우리에게 어떠한 방식으로든 그것을 예감하게 해 주고 있다고 말할 것인가?"[31] 베르그손은 이처럼 다양하며 또한 인상적인 형태로 정신적 질서의 무한한 풍요로움이 뇌의 질서를 한없이 넘어서고 있음을 드러낸다. 이 점을 입증하기 위해 그는 세 가지 논증을 동원한다.

첫 번째이자 가장 주요한 논증은 견고하게 정립된 병리학적 사실에 근거한다. 베르그손은 실어증aphasie의 특정 사례를 통해, 뇌가 기억을 보존하는 기관이 아니라 단지 기억을 상기시키는 기관임을 명확히 드러낸다.[32] 두 번째 논증은 심리-생리학적 오류 추리를 해체하는 데 있다.[33] 평행론 개념을 엄밀히 검토하면, 그것은 그 자체로 모순적이며 적용 불가능함이 드러난다. 그 이유는 평행론이 관념론적 표기법과 실재론적 표기법, 두 가지 기호 체계를 오가며 혼

---

31 *MM*, p. 4.
32 『물질과 기억』, 2장.
33 "Le cerveau et la pensée: une illusion philosophique", *ES*, pp. 191~210.

용하기 때문이다.[34] 세 번째 논증은 앞선 두 논증을 능가하는 일종의 선험적 증명이다. 이것은 "의식 일반을 모든 개별적 삶의 근원에, 동시에 사용되지 않는 기능의 무용성 원리의 적용에 놓는 관점의 전환"으로부터 도출된다.[35]

『물질과 기억』의 주요 주제 중 하나는 뇌와 척수 기능의 본질적 동일성에 관한 것이다. "뇌의 기능들과 척수 체계의 반사 활동 사이에 본성의 차이가 아니라, 단지 복잡성의 차이만 있다는 것을 납득

---

[34] *ES*, pp. 206~207. "먼저 우리는 뇌를 우리의 표상 전체에서 잘라내는 그런 것으로 이야기한다 (관념론). 뇌와 나머지 표상과의 관계는 부분과 전체의 관계이다. 이어서 표상의 기반이 되는 어떤 실재로 이행하게 되는데, 이는 곧 그 실재가 하위 공간적(subspatiale)이며, 뇌가 더는 독립된 실재가 아니라는 말이 된다 (실재론). 이제는 오직 그 자체로서의 실재 전체가 존재하며, 그 위에 표상 전체가 펼쳐진다." 그런 다음 실재의 세부로 돌아가며, 우리는 표상의 법칙에 따라 실재를 재구성한다 (관념론). "표상되는 그대로의 모습으로 뇌를 보존하지만, 만일 실재적인 것이 표상 안에 펼쳐져 있고, 표상 안에 확장되어 있으며 자신 안에 더 이상 긴장되어 있지 않다면, 뇌는 더 이상 실재론에서 말했던 힘과 잠재력을 내포할 수 없다는 것을 잊어버린다. 그리하여 우리는 뇌의 운동을 전체 표상과 동등한 것으로 설정하게 된다. 따라서 우리는 관념론에서 실재론으로, 그리고 실재론에서 다시 관념론으로 진동했지만, 그 움직임이 너무 빨랐기에 마치 자신이 움직이지 않은 것처럼, 하나로 결합된 상태의 두 체계에 걸터앉아 있는 것처럼 생각했다. 이처럼 양립할 수 없는 두 주장의 명백한 타협이 평행론 논제의 본질이다."

[35] A. Robinet, *Bergson*, p. 85. "… 자연은 대뇌 피질이 이미 원자나 분자의 운동으로 표현한 내용을 의식의 언어로 반복하는 사치를 부릴 필요가 없었을 것이다. 모든 여분의 기관은 위축되고 쓸모없는 기능은 사라진다. 만약 의식이 단순한 복제물에 불과하고 아무런 작용도 하지 않는다면, 설령 그것이 한때 생겨났더라도 오래전에 우주에서 사라졌을 것이다. 습관이 우리의 행동을 기계적으로 만들수록 그것이 무의식적이 되는 것을 우리는 보지 않는가?" *ES*, p. 72.

하기 위해서는 뇌의 구조와 척수의 구조를 비교하는 것으로 충분하다."36 동물의 신체는 무엇보다도 행동의 중심이며, 신경계는 외부 세계를 향한 운동을 수행하는 역할을 맡는다. 신경계는 외부로부터 자극을 받아 이에 반응한다. 그런데 척수가 명령하는 행위는 그것이 무엇이든 외부 자극과 비교하여 분화되지 않은 결정된 반사작용이다. 척수 수준에서는 주변의 자연과 유기체에 상응하는 반응 사이에 자동적이고 즉각적이며 따라서 시간을 초월한 연결이 존재한다. 이러한 반사의 자동성과 비교할 때, 뇌가 수행하는 행동은 무엇보다도 지연적^{dilatoire} 특성을 지닌다.

뇌는 파블로프의 적절한 표현에 따르면 "전도 경로의 일시적 연결 회로$^{circuitage\ temporaire}$"의 메커니즘으로 정의된다(28).37 그렇다면 시간은 무엇을 위해 존재하는가? 그것은 자극을 분석하여 정확하고 적절한 반응을 실행하기 위한 것이 아니겠는가? 동일한 구심적 자극은 뇌 안에서 무한한 경로들로 분기될 수 있다. 따라서 행동의 일시적 억제 기관인 뇌는 선택과 발명의 도구이다. 베르그손이 뇌를 통신을 연결하거나 기다리게 하는 중앙 전화 교환국에 비유할 때 바로 이 점을 말하고자 한 것이다. "그것의 역할은 통신을 보내거나 기다리게 하는 것"이다.38 파블로프의 문장을 인용하자면 이

---

36 *MM*, 25.

37 I. Pavlov, *Réflexes conditionnels et inhibitions*, Ed. Gonthier, 1963, p. 12.

38 *MM*, 26.

는 뇌의 본질을 명확히 조명하는 데 매우 적절하다. "중앙을 통한 전화 통신, 즉 일시적 연결 대신에 모든 가입자가 서로 영구적으로 전화 연결되어 있다고 상상해 보자. 이는 매우 비용이 많이 들고, 극도로 번거로우며, 궁극적으로 실현 불가능할 것이다! 통신의 관습적 성격, 즉 언제나 연결될 수 없다는 점으로 인한 손실은 연결의 광범위함으로 충분히 상쇄된다."39

뇌는 생명의 천재성이 세계에 가장 효과적으로 적응하기 위해 고안한 메커니즘이다. 물론, 순전히 생명적 관점에서 보면 뇌의 존재는 일종의 무력함을 의미한다. 자극과 반응 사이에 명백히 드러나는 불균형은 유기체와 세계 사이에 근본적 부적응을 나타내기 때문이다. 그러나 바로 이 불균형, 즉 선택의 동의어가 되는 이 불균형이 무한히 유연하고 다양한 적응을 가능하게 하며 이는 생명의 일반적 목적과도 일치한다.

따라서 우리의 뇌는 감각 분석기와 실천의 실행기로 구성된 가장 정교한 복합체이다. 뇌는 결코 사유의 창조자가 아니며 수집된 운동에 대해 "운동 방식들 전체를 열어 놓아 자신 안에 있는 가능한 모든 반응을 그려보게" 하는 역할에 집중한다.40 베르그손은 뇌 활동을 특수한 유형의 운동, 즉 시발적始發的 운동 mouvement naissant 41

---

39 I. Pavlov, *Réflexes conditionnels et inhibitions*, p. 14.
40 *MM*, 26.
41 [역주] 베르그손은 척수는 운동기관이고 뇌는 표상 기관이라는 이분법을 거부하

으로만 해석할 수 있음을 강조한다. 이에 따라 뇌는 일종의 무언극pantomime의 기관으로 상정된다. 그 기능은 정신의 삶과 정신이 적응해야 할 외부 상황을 흉내 내는 데 있다. 뇌가 이처럼 정신적 삶을 모방한다면, 뇌의 단계적 변화와 심리 상태의 발전 사이에 일종의 동시성synchronisme이 존재하는 것은 당연하다. 그러나 이는 양자 간의 완전한 동질성을 의미하지 않는다. 오케스트라 지휘자의 동작이 교향곡 리듬의 유기적 결합과 일치하는 것은 바로 그 동작이 결합을 박자에 맞춰 연주하기 위한 것이기 때문이다. 마찬가지로 뇌 상태는 정신적 삶의 진행과 대응하지만, 양자 사이에는 절대적 이질성이 존재한다.

베르그손이 기억을 연구하던 시기 피에르 마리Pierre-Marie는 이를 "기하학적 단계, 대뇌 국재성局在性의 시대"로 명명했다.[42] 당시 뇌세포는 신비로운 능력, 즉 인상을 받아들이고 이를 이미지 형태로 재현하는 능력을 갖춘 것으로 여겨졌다. 이에 따라 뇌는 이미지의 군체polypier로 간주되었다. 논쟁의 초점은 모든 단편 기억souvenirs을 저장할 만큼 충분한 수의 세포가 존재하는지 여부에 맞춰졌다. 마이네르트Meynert에 따르면 리보는 뇌세포 수를 6억 개로 추정하며, "동일

고 둘 다 외부 자극에 대한 반응을 준비하는 기관이라고 주장한다. 뇌수가 신체의 내부에서 외부 대상에 대한 반응을 준비할 때 이 운동은 완성된 것이 아니라 생성되기 시작하는 운동이기 때문에 베르그손은 이를 "시발적(始發的) 운동"이라 부른다.

[42] J. Delay, "Localisations cérébrales et psychologies", *La Revue des Deux Mondes*, 1954, p. 66.

요소가 연합 메커니즘을 통해 여러 결합에 참여할 수 있다는 점을 고려하면 이는 충분하다"고 주장했다.[43] 이러한 뇌 메커니즘은 정신을 정적 요소로 분해하는 심리적 원자론 atomisme psychologique 과 상호 보완적 관계에 있다.

원자론적 연합주의와 뇌 메커니즘은 동일한 세계관의 두 측면일 뿐이다. 이 원리에 따라 학자들은 뇌위상학 topologie cérébrale 의 정립을 시도했다. 브로카 Broca 가 1861년 좌뇌 전두엽의 세 번째 회절에서 언어 중추를 발견하며 국재성 연구의 결정적 실험을 개시했고, 프리취 Fritsch 와 히치히 Hitzig 는 대뇌 피질의 운동 중추를, 페리에 Ferrier 는 시각 중추를, 베르니케 Wernicke 는 언어 감각 중추를 각각 발견했다.[44] 베르그손은 이 과학적 학설에 치명타를 가하며 대부분의 생물학자를 10년 앞서간 통찰을 보였다.[45] 그의 공격은 "사고 기능 중 뇌 속에 위치를 할당할 수 있는 유일한 것은 기억, 더 정확히는 단어의 기억

---

43 J. Delay, *Les maladies de la mémoire*, PUF, 1961, p. 86. 오늘날 우리는 수십억 개의 뇌세포가 있음을 알고 있다.

44 [역주] 19세기 후반부터 20세기 초 사이에 브로카와 베르니케, 잭슨 등의 연구에 힘입어 뇌의 국소 기능이 발견되고, 전기자극 실험 등에 힘입어 뇌 각 부위의 기능이 과학적으로 증명되기 시작했다. 그래서 1880~1890년의 기간을 기억 연구의 황금기(golden age of memory research)로 부른다.

45 이 주제에 관해서는 다음 논문을 볼 것. R. Mourgue, "Le point de vue neuro-biologique dans l'oeuvre de M. Bergson et les données actuelles de la science", *Revue de Métaphysique et de Morale*, 1920, pp. 27~70.

이다"라는 골상학^{phrénologie} 논증의 핵심을 겨냥했다.[46] 생리학적 주장의 옹호자들이 최선의 논거로 삼았던 영역이 바로 여기였다. 따라서 기억 자체가 뇌의 종속적 존재가 아니라면, 사고는 더욱 그러하다.

우리가 무엇보다 먼저 지적할 수 있는 것은 국재화 개념이 지닌 지나치게 단순화된 성격이다. 발화된 하나의 단어는 절대적인 것이 아니며 실제 생활에서는 구체적 상황에 따라 억양이나 강도 등 다양한 요소에 의해 달라진다. 이 단어의 수천 가지 가능한 변이 중 과연 어떤 것이 특정 중추에 저장되어 있다는 것인가? 결정적 논거는 다시 한 번 진행성 실어증에 대한 면밀한 연구에 근거한다.

진행성 실어증에서는 지속적인 해체 과정을 거쳐 결국 단어 기억의 완전한 소멸에 이르게 되는데, 이때 단어들은 리보$^{Th. Ribot}$가 정식화한 일정한 문법적 순서에 따라 사라진다. 회복 과정에서 기억은 소멸의 역순으로 재건된다. 리보는 다음의 사실을 확인한다. "기억 상실은 먼저 순전히 개별적인 고유명사에 타격을 주고, 이어서 가장 구체적인 사물의 명사, 그리고 특정한 의미로 사용되는 형용사적 명사, 마지막으로는 성질·상태·행위를 나타내는 형용사와 동사에 이른다."[47] 이 공식은 무엇을 시사하는가? 만일 기억이 실제로 대뇌 피질의 세포에 저장되어 있다면 기억은 상해가 미치는 순

---

46 *ES*, p. 50.
47 Th. Ribot, *Maladies de la mémoire*, pp. 132~133. *MM*, p. 132 참조.

서, 즉 기계적 손상의 순서대로 영향을 받아야 할 것이다. 물질적 사물의 본질은 이미 밝혔듯, 서로 구별되는 요소들의 기계적 결합에 있다. 그런데 도대체 어떤 기적이나 우연으로 실어증이 항상 동일한 순서로 진행되는 것인가? 실상 환자가 잊는 것은 단어 그 자체라기보다는 오히려 유형genre이다. 그 방식이 아무리 신비롭다 해도, 만약 각 단어가 뇌세포에 각인될 수 있다면 그 단어가 속하는 유형, 즉 추상적 사유에 의존하는 범주를 어떻게 국재화할 수 있을지 묻게 된다. 기억이 뇌 조직에 저장된다고 가정한다면, 모든 것이 설명 불가능해진다.

반대로 베르그손과 같이 뇌를 단순히 회상의 기관으로 본다면 모든 것이 명확해진다. 상해는 상기, 즉 기억의 현재화 능력이 손상되거나 약화됨을 의미한다. 이 관점에서는 상기가 가장 어려운 이미지가 먼저 사라지고 기능이 점차 약화됨에 따라 나머지 이미지도 순차적으로 소멸하는 것이 자연스럽다. 동사는 행위를 표현하며, 특히 신체성과 밀접하게 연관되어 있기 때문에 마지막까지 남는다. 뇌는 우리의 기억을 보존하는 기관이 아니라 기억이 실현되고 구체화될 수 있도록 하는 단순한 메커니즘일 뿐이다. 실제로 잭슨H. Jackson은 겉보기에 완전히 사라진 기억이 충격에 의해 되살아나는 사례를 보여 주지 않는가?

결국 뇌는 삶에 대한 주의attention à la vie의 기관이다.[48] "자연은 우리

---

48   *ES*, p. 47.

의 주의를 미래를 향해 집중시키고, 과거, 즉 현재의 행동에 무관한 우리 역사의 일부로부터 주의를 돌리기 위해 하나의 메커니즘을 고안했다"[49]고 베르그손은 쓰고 있다. 우리의 대부분의 기억은 현재의 삶에 비추어볼 때 불필요한 풍요로움을 지닌다. 실용적 삶의 관점에서 볼 때, 이 기억들은 오히려 현실에 적응하는 데 있어 극복할 수 없는 장애물이 될 수 있다. 과거는 제자리에 머물러야 하며, 오직 현재를 구성하는 데 유용한 요소만을 제공해야 한다. 현재의 행동에 유용한 기억만을 드러나게 하는 것, 그것이 곧 우리의 과거 상태의 나머지를 잊게 만드는 것과 같다.

리보는 "기억의 조건은 망각이다. 과거의 수많은 상태를 거의 완전히 잊지 않는다면 우리는 결코 기억할 수 없을 것이다"라고 말한다.[50] 뇌는 상기하는 기관인 동시에 망각의 기관이기도 하다. 망각은 목적론적 성격을 지닌다. 우리는 흔히 기억의 소멸을 기억력의 실패, 무력함의 징후로 간주하지만, 망각은 단순한 관성의 힘이 아니라 오히려 적극적이고 생명적인 억제의 힘이다. 과거로부터 현재의 현실에 부합하는 것만을 남기고 나머지를 버림으로써 스스로를 창조하는 것, 이것이 망각의 본질적 의미이다. 이러한 의미에서 망각의 기술은 우리로 하여금 일종의 자기 창조의 데미우르고스

---

49   *PM*, p. 171.
50   Th. Ribot, *Maladie de la mémoire*, p. 46.

démiurge51가 되게 한다. 라베송의 탁월한 표현대로 "물질성은 우리 안에 망각을 심는다."52 그러나 이 망각은 오히려 소중한 장애물, 무한히 귀중한 장막voile일 뿐이다.53

바로 이 뇌를 통한 삶에 대한 주의가 정신으로 하여금 세계에 접촉하도록 하며, 생명의 목적을 위해 자기 통제를 가능하게 한다. 다시 말해, 내적 긴장은 삶에 대한 주의에 따라 형성된다. 만약 삶에 대한 주의가 없다면, 우리의 심리적 삶은 방향을 상실하고, 현실에 완전히 적응하기 위해 배열된 정신 상태들은 무질서 상태에 빠지게 된다. 결과적으로 정신적 삶의 모든 비정상적 형태는 삶에 대한 주의의 이완 또는 파괴에서 비롯된다. 베르그손은 이렇게 단언한다. "사람들이 보통 심리적 삶 자체의 교란, 내적인 무질서, 인격성의 질병으로 간주하는 것은 우리의 관점에서는 이 심리적 삶을 그것에 동반적인 운동 기제에 연결하는 연대성의 이완이나 이상, 외적인 삶에 대한 우리의 주의의 감소나 변질로 보인다."54

민코브스키Minkowski의 조현병 이론과 자네Janet의 현실 기능 개념은 베르그손의 사유에 임상적 경험의 확고한 근거를 제공한다. 조현병

---

51 [역주] 고대 철학과 종교에서 우주를 창조한 존재 또는 물질세계를 만든 신적 존재로 묘사된다. 예를 들어 플라톤의 『티마이오스』에서 데미우르고스는 완전하고 조화로운 이데아를 본떠 우주를 창조한 장인적 존재로 등장한다.
52 *MM*, p. 198.
53 *ES*, p. 57.
54 *MM*, p. 7.

의 원인이 심리 내적 부조화, 즉 내적 통일성의 상실에 있음을 우리는 잘 알고 있다. 그렇다면 정상 상태에서 정신 상태들의 조화는 어떤 요인에 의해 이루어지는가? 민코브스키는 이 점에서 베르그손 심리학에 부합하며 "현실과의 생명적 접촉의 상실"이라는 개념을 제시한다.[55] 현실과의 생명적 접촉은 살아 있는 인격이 주변 환경과의 역동적 관계 속에서 그 근본을 이룬다. 조현병 환자는 이 접촉을 잃음으로써 자폐증autisme에 빠지며[56], 오로지 내면적 삶에 몰두한 채 주변 삶에 무관심한 개인이 된다.

자네는 한편으로 강박증의 원인을 '현실 기능'의 상실로 본다.[57] 현실 기능은 우리가 외부 대상에 작용하고 우리의 목적을 위해 현실을 변형할 수 있게 하는 정신적 활동이다. 자네에 따르면, 현실 기능은 베르그손이 말하는 이러한 "현재의 삶에 대한 주의"[58]를 구성한다. 주의는 우리에게 현실의 개념을 제공하는 작용, 즉 우리의 지각과 관념에 대한 확신과 믿음을 결정짓는 작용이다. 한마디로, 현실 기능은 현재화présentification의 원리이다. "현재를 완전히 누리고, 현재에 존재하는 아름답고 좋은 것을 온전히 즐기는 것은 매우 어려

---

55   E. Minkowski, *La schizophrénie*, Desclée de Brouwer, 1953, p. 66.
56   [역주] 조현병과 자폐증은 유전적, 신경학적, 임상적 측면에서 일부 공통점이 있으나 별개의 신경 정신 장애로 분류한다. 두 장애는 임상적으로 독립적인 장애일 가능성이 높고 명확한 진단과 개별화된 치료가 필요하다.
57   P. Janet, *Les obsessions et la psychasthénie*, Alcan, 1903, p. 477.
58   *Ibid.*

운 정신적 작용이며, 이 점에서 행동 및 현실에 대한 주의와 밀접히 연관된다." 이 때문에 자네가 진찰한 정신 질환자들은 예외 없이 자신의 생각에 대한 비현실성과 낯섦의 감정을 호소한다. 『물질과 기억』의 저자도 유사한 개념을 제시한다. 뇌의 상해는 삶에 대한 주의의 교란을 야기하며, 이는 현실 감각을 약화시키거나 소멸시킨다.[59]

요약하자면, 뇌와 정신의 관계에 있어서는 원인과 조건을 혼동해서는 안 된다. 베르그손이 현대의 『방법서설』이라 부른 베르나르[Cl. Bernard]의 『실험의학서설』은 이 점에서 탁월한 공식을 제시한다. "물질은 결코 어떤 것의 원인이 아니며, 오직 조건일 뿐이다. 이는 무기물의 현상에서나 유기체의 현상에서나 마찬가지다."[60] 뇌가 정신의 현실화를 조건 짓기는 하지만, 정신의 존재 자체를 조건 짓는 것은 아니라고 할 때, 기억은 어디에 보존되는가? 이러한 질문은 무의미하며, 더 정확히 말해 '존재하다'와 '어딘가에 존재하다'를 혼동한 데서 비롯된다. 정신적인 것의 본질은 물질과 달리 어디에도 국한되지 않고 존재하는 데 있다. 오직 비유적으로만 "기억은 정신 속에 있다"라고 말할 수 있을 뿐이다.[61]

한편, 베르그손의 뇌 개념에서 도출되는 또 하나의 결론은 정신의 생존 가능성에 관한 것이다. "뇌의 소멸은 아마도 의식적 삶을

---

59 *MM*, p. 195.
60 *PM*, p. 229.
61 G. Dwelshauvers, *L'inconscient*, Flammarion, 1916, p. 282에서 재인용.

여전히 존속하게 할 것이다"[62]라는 명제는, 형이상학적 가설에 의존하지 않고도 영혼 불멸의 개연성을 주장할 수 있게 한다. 거의 본능적으로 집착하게 되는 영혼의 불멸을 정당화하기 위해 철학자와 신학자들은 다양한 방법을 고안해왔다. 셸러^{Scheler}는 이를 다섯 가지로 정리한다.[63]

첫째, 영혼의 실체성·통일성·정신성에서 불멸을 직접 도출하는 형이상학적-합리주의적 구성법(플라톤), 둘째, 도덕적 요구 또는 공리의 방법(칸트에게 영혼의 불멸은 실천이성의 명법), 셋째, 영혼의 운명에 관한 어떤 계시에 대한 믿음으로 수용하는 방법, 넷째, 죽은 자의 영혼이 어떤 방식으로 우리에게 나타난다는 사례에 기반한 경험적 방법(신비주의), 다섯째, 우리 경험의 근본적 관계를 경험 외적 존재 영역에 적용하는 유추적 추론의 길로서, 예를 들어 페히너의 귀납적 형이상학 같은 것(죽음이 탄생과 유사하다는 그의 생각). 이들 저자들이 어떤 방법을 내세우든, 모두 선입견에 기반한 태도나 임의적 출발점에서 논의를 전개한다. 반대로 베르그손은 사후의 삶$_{survie}$의 개념에 설득적 성격을 부여하는 그야말로 과학적 방법을 제시한다. 따라서 이제는 사후의 삶을 부정하는 자에게 입증의 책임이 돌아간다. 베르그손에게 불멸은 영적 희망인 동시에, 과학적 개연성으로 제시된다.

---

62   *PM*, p. 46.
63   M. Scheler, *Mort et survie*, Aubier, 1952, p. 83.

4. 베르그손의 원뿔에 대하여

앞선 논의는 우리를 기억의 중심 문제, 즉 유용한 기억이 어떻게 선택되고 현실화되는가의 문제로 이끌었다. 이 본질적 문제를 베르그손의 천재성은 이동하는 원뿔의 이미지를 통해 세밀하게 해명한다. 사실 『물질과 기억』의 가장 두드러진 독창성은 바로 이 원뿔이 대표하는 '역동적 도식$^{schème\ dynamique}$'의 주제에 응집되어 있다. 베르그손의 원뿔은 흔히 혼동되는 두 가지 심리적 운동을 형상화한다. 때로는 현재의 요구에 부응하기 위해 기억을 불러내는 역동적 운동을 보여주고,[64] 때로는 삶에 대한 주의의 정도에 따라 우리가 자리 잡는 다양한 의식의 평면들을 설명한다.[65]

첫 번째 운동을 고찰하기에 앞서 원뿔이 직접적으로 드러내는 과거와 현재의 명확한 구분을 지적할 필요가 있다. 바로 이 구분 위에서 기억의 운동이 성립하기 때문이다. 베르그손의 질적 심리학에 따르면 물질과 기억, 순수 지각과 순수 기억, 현재와 과거, 의식과 무의식 사이에는 단순한 정도의 차이가 아니라 질적 차이가 존재한다. 그리고 이 모든 차이의 기준이 되는 것이 바로 현재와 과거의 구분이다. 물질, 순수 지각, 의식은 본질적으로 현재의 편에 속하며, 반면에 기억^{mémoire}, 순수 기억$^{souvenir\ pur}$, 무의식은 과거의

---

64   *MM*, p. 169.
65   *MM*, p. 181.

영역에 속한다.

　시간을 현재와 과거로 나누는 이 특징적 구분이야말로 『물질과 기억』을 『시론』과 구별 짓는 대표적 특징이다. 첫 저작에서 베르그손의 심리적 삶은 하이데거의 용어로 말하자면 시간의 엑스타시스 extase 66와는 무관하며, 과거가 온전히 현재에 통합되어 있어 지속은 마치 멜로디의 분할 불가능하고 파괴될 수 없는 연속성으로 전개된다. 매 순간이 분리될 수 없는 하나, 자기 자신에 대한 완전한 현존이다. 반면 두 번째 저작에서는 심리적 삶이 주로 대립되는 두 순간, 즉 과거와 현재로 분열된다. 과거는 현재와 구별되어 고유한 차원을 획득한다. 그렇다면 본질적으로 하나이고 충만한 정신 안에 왜 이러한 불연속성이 발생하는가? 베르그손에게 있어 물질은 무엇보다도 분할과 다수성의 원리이다. 물질이 정신에 개입할 때, 그것은 정신적 통일성 안에 어떠한 형태로든 단절을 도입하고 분할을 유발한다. 이는 특히 자유와 생명의 개념에서 두드러진다. 우리 안의 물질성은 심층 자아와 표층 자아의 분열을 야기하며, 물질은 동시에 생명이 다양한 방향으로 진화할 수 있게 한다. 『물질과 기억』에서 물질이 작동시키는 분열은 곧 망각으로 나타나며, 바로 이 잊힌 과거의 배경 위에서 현재가 현재로서 부상할 수 있다. 현재란 무엇이

66　[역주] 하이데거의 '엑스타제(Ekstase)'는 인간이 과거, 현재, 미래라는 세 시간의 차원을 "자기를 벗어나" 경험하는 시간적 구조를 의미한다. 현존재는 시간 속에서 자신의 존재를 드러내는데 이 시간성은 탈자적 존재 방식을 통해 규정된다.

며, 그 고유한 특징은 무엇인가?

일반적으로 우리는 현재만이 존재하고, 과거는 본질적으로 존재하지 않는다고 말한다. 현재는 존재하며 지속되는 반면, 과거는 더는 존재하지 않고 끊임없이 소멸한다고 여긴다. 그러나 이는 직관에 반하는 역설일지라도, 실상 사라지는 것은 현재이다. 현재는 존재하자마자 곧바로 소멸한다. 반대로 과거야말로 진정으로 존재하는 것이다. 과거는 지속적으로 남아 있고, 자기 자신으로서 자리 잡기 때문이다. 그러므로 현재의 본질은 존재가 아니라 현재적인 것 혹은 유용한 것에 있다. 과거는 작용하거나 유용하기를 멈추더라도 존재하기를 멈추지 않는다. 다만 무용하고 작용하지 않으며 행동에 대하여 무관심할 뿐이다. "나의 현재는 나의 관심을 야기하는 것이고, 나를 위해 살고 있는 것이며, 말하자면 나의 행동을 촉발하는 것이고 반면에 나의 과거는 본질적으로 무력한 것이다."[67] 이와 같은 맥락에서, 의식과 무의식은 현재와 과거처럼 대립한다. 그러나 베르그손이 지적하듯이 "만일 의식이란 단지 현재적인 것의 표식, 즉 현실적으로 체험된 것, 다시 말해 결국 작용하는 것의 특징적인 표식에 불과하다면, 그때 작용하지 않는 것은 그것이 어떤 방식으로 필연적으로 계속 존재하는 데도 의식에 더는 속하지 않을 수 있을 것이다."[68] 따라서 의식은 우리의 심적 삶 전체와 동등한 외연을 가

---

67   *MM*, p. 152.
68   *MM*, p. 156.

지는 것이 아니라, 오직 행동에 유용한 부분만을 비추고, 이를 다루기 편한 이미지와 개념으로 응고시킨다.

베르그손에게 있어 무의식적 과거는 정신의 존재론적 영역이다. 그것은 행위, 여기와 지금의 현실에 무관심하며, 오히려 우리 존재의 의미를 구성한다. 무의식에 관한 논의에서 흔히 베르그손과 프로이트의 사상 사이의 유사성이 강조된다. 실제로 베르그손은 과거의 온전하고 무의식적인 보존을 주장하며 정신분석학의 창시자를 언급한다.[69] 두 사상가 모두 의식의 단편성에 주목한다. 그러나 베르그손의 무의식은 순수 기억의 형이상학적 장소로서, 억압된 충동의 장소이자 은밀히 의식에 영향을 미치는 프로이트의 무의식과는 뚜렷이 구별된다. 순수 기억의 영역인 과거는 본질적으로 '잠재적 존재'이기 때문에 우리는 그것의 흔적을 현실적이고 이미 실현된 무엇에서 헛되이 찾으려 한다. 기억을 찾기 위해서는 기억이 있는 그곳으로 가야만 한다. 그래서 우리가 떠오르지 않는 기억을 불러내려 할 때, "우리는 우선 과거 일반 속에, 그리고 나서 과거의 어떤 지역에 다시 위치하기 위해 현재에서 벗어나는 어떤 고유한[sui generis] 행위의 의식을 가지고 있다."[70] 들뢰즈는 이 행위를 "존재론에

---

69 *PM*, p. 81.
70 *MM*, p. 148.

서의 도약"e saut dans l'ontologie"71이라 명명했다.72 바로 이 도약이 이루어진 후에야, 기억은 잠재적 상태에서 현실적, 즉 심리적 상태로 전환된다.

현재는 우리가 세계에 편입되는 방식을 드러내는 역동적 도식 속에서 그 척도를 발견한다. 현재는 우리의 활동 함수이며, 우리가 당면한 과제에 몰두할수록 그 범위는 더욱 확장된다. 이런 의미에서, 현재를 구성하는 데 있어 삶에 대한 주의의 역할은 결정적이다. 프랑크S. Frank가 정확히 지적하듯, 주의란 "잠재적인 것을 현실화하는 행위"이다.73 정신이 적응을 위해 동원하는 삶에 대한 주의가 바로 현재의 범위, 두께를 결정한다. 베르그손은 다음과 같이 쓴다. "무한히 확장될 수 있는 주의는, 이전의 한 단계를 포함하여 [무언가를 암기하는] 학습의 모든 이전 단계들, 심지어 학습에 선행한 사건들과 우리가 과거라 부르는 것 중 원하는 만큼의 부분까지도 자신의 시야 안에 둘 수 있을 것이다. 우리가 현재와 과거를 구분하는 것은, 자의적이지는 않더라도, 최소한 우리 삶에 대한 주의가 포괄할 수 있는 범위에 상대적이다. '현재'란 이 노력만큼의 위치를 차지한다. 이 특별한 주의가 시야에서 무언가를 놓치는 순간, 곧바로

---

71 [역주] 사유가 경험적, 인식론적 차원을 넘어 존재 자체의 생성과 차이, 내재성의 평면으로 도약하는 근본적 전환을 의미한다.
72 G. Deleuze, *Le bergsonisme*, p. 52.
73 S. Frank, *La connaissance et l'être*, Aubier, 1955, p. 195.

현재에서 포기하는 것은 필연적 결과로$^{\text{ipso facto}}$ 과거가 된다. 요컨대, 우리가 더는 현재적 관심을 부여하지 않는 순간, 우리의 현재는 곧바로 과거로 전락한다."[74]

의식한다는 것은 온 영혼을 다해 현재의 과업에 임하는 것이며, 반대로 무의식적이 된다는 것은 자신이 하고 있는 것에서 자신을 잊거나, 자신의 일부를 망각하는 것이다. 생명적 관심이 요구하는 강력한 주의가 있다면 원칙적으로 모든 과거를 지배할 수 있을 것이다. 이는 영혼 전체로라는 표현에서 실현되는 베르그손의 자유로운 행위의 이념이 가르치는 진리이기도 하다. 따라서 자유란 모든 과거를 현재화하고, 모든 잠재성을 현실화하며, 무의식적인 것을 의식으로 전환하는 것이다. 한 마디로 자유란 우리 안의 물질성이 실행하는 존재론적 분할을 초월하는 데 있다.

약간의 우회를 거쳐 우리는 다시 본질적인 질문으로 돌아온다. 순수한 기억이 어떻게 의식의 문턱을 넘어 심리적 존재를 획득하는가? 이와 관련하여 먼저 '기억의 소환'과 '이미지의 환기'를 명확히 구분해야 한다. 앞서 언급했듯, 기억의 소환이란 현재성으로부터 이탈하여 우리가 그 안에 자리 잡는 단편 기억의 형이상학적 영역으로 존재론적 도약을 감행하는 것을 의미한다. 이는 현재에서 과거로, 현실적인 것에서 잠재적인 것으로 이동하는 과정이다. 반면에 환기의 경우에는 전혀 다른 방식이 채택된다. 여기서는 기억 전

---

[74] *PM*, p. 169.

체가 자발적으로 움직여 현재의 소환에 응답한다. 더는 우리가 현재에서 과거로 향하는 것이 아니라, 오히려 과거에서 현재로, 기억에서 지각으로 향하는 것이다. 베르그손에 따르면 전체 과거는 분리된 상태의 기억들로 구성되지 않는다. 그것은 분할되지 않은 단일한 과거이며, 현재 상황의 요구에 따라 다소간 분명한 순간들로 해체되고 명료화된다.

따라서 이미지의 환기란 이미 만들어진 기억을 특정한 과거의 영역이나 뇌세포에 저장된 채로 찾아내거나 되살리는 것이 아니다. 이미지 환기의 진전은 본질적으로 자발적이고, 적극적으로 재구성되는 과정으로, 이미지 간의 기계적 연합과는 근본적으로 대조된다. 이것은 진정한 창조와 재구성의 과정이며, 전체 기억이 현재에 주의를 기울이고 자신의 지식으로 현재를 탐구하기 위해 현재에 관심을 가진다. 이 주제와 관련하여 베르그손이 자신의 혁신적 사상을 요약한 구절을 다시 살펴보자. "다시 말해서 기억 작용은 현재적 상태의 호출에 두 가지 동시적인 운동들에 의해서 응답한다. 하나는 병진translation 운동인데, 이 운동에 의해 기억은 전적으로 경험 앞으로 향하며, 행동을 목적으로 분할되지 않은 채 다소간 수축한다. 다른 하나는 자기 자신 위에서의 회전rotation 운동으로, 이 운동에 의해 기억은 순간의 상황에 자신의 가장 유용한 측면을 보여주기 위해 그리로 향한다."[75]

---

[75] *MM*, p. 188.

기억의 현실화 과정에는 두 가지 운동, 즉 '병진-수축'과 '회전-지향'이 일어난다. 여기서 수축에 관해 오해해서는 안 될 점은, 이것이 원뿔의 가상적 단면들로 상징되는 의식의 다양한 평면의 이념이 문제가 되는 다른 수준의 수축과 혼동되어서는 안 된다는 것이다. 두 수축 사이에는 분명히 관련이 있지만, 결코 동일시될 수는 없다. 두 번째 수축은 현재 상황에 대한 우리의 심리적 기조의 독특한 배치를 나타낸다. 반면 첫 번째 수축은 과거가 적절한 층위를 취하여 현재와 융합되기 위해 현실화되는 바로 그 운동을 가리킨다. 이 수축의 운동에서는 어떤 과거의 층위 전체가, 조명되어야 할 유용한 기억과 함께 현실화된다. 이렇게 소환된 기억은 여전히 다른 기억들과 분할되지 않은 침투 상태로 있다. 따라서 순수 기억이 분명한 이미지-지각image-perception으로 변환되기 위해서는 분할 작용이 필요하다. 바로 이 회전의 운동이 기억이 현재에 통합될 수 있도록 회로를 연결하는 준비를 한다. 우리는 여기서 베르그손 이론의 정점 중 하나인 역동적 도식의 개념에 도달한다.

기억의 현재화는 순수 기억, 이미지-기억, 이미지-지각이라는 세 단계의 점진적이고 동적인 과정을 포함한다. 분할되지 않은 의미인 순수 기억은 우리의 성격을 구성하며 우리의 인격과 혼합된다. 이는 다소간 포착할 수 없는 현존, 간접적 방식으로 모든 결정에 관여하는, 감지할 수 없는 배후로서 작용한다. 다시 말해 순수 기억은 우리의 현재를 조건 짓지만 "필연적 방식으로 그것을 결정하지는 않는다."⁷⁶ 본질적으로 비활동적이고 형상화되지 않은 이 순수 기억은 명확한 형태로 나타나기 위해서는 이미지-기억으로 전환되어야 한다. 이미지-기억은 순수 기억과 지각의 중간 단계에 위치한다. 이미지-기억은 "구체화하기 시작하는 순수 기억과 자신을 구체화하는 지각에 참여한다. 이런 관점에서 볼 때 이미지-기억은 시발적 지각perception naissante으로 정의될 것이다."⁷⁷ 이미지-기억은 순수 기억과 동일하지 않으며 그 자체로 지각을 구성하지도 않는다.

이 세 용어는 상호적으로 강화되며 하나가 끝나고 다른 하나가 시작되는 지점을 정확히 구분하기는 불가능하다. 그럼에도 불구하고 각각은 질적으로 서로 다르며 다른 것들로 환원될 수 없는 고유한 측면을 유지한다. 여기로부터 다음의 주장이 도출된다. "상상하는 것은 기억하는 것이 아니다."⁷⁸ 순수 기억 또는 순수 과거는 체험의 영역에 속하지 않는다. 심지어 꿈속에서도 우리가 알아보는 것은 이미지-기억이다. 이 관점에서 관념연합론의 결함이 명백히 드러난다. 연합론은 한 항이 다른 항으로 전환되는 역동적 과정을 이해하지 못하고, 순수 기억을 이미지-기억과 혼동하며, 후자를 약화된 지각으로 간주한다.

그러나 역동적 도식은 기억의 현재화의 초기 순간들, 즉 심리

---

76   *MM*, p. 149.
77   *MM*, p. 147.
78   *MM*, p. 101.

적 순간들을 나타낸다. 현실화의 마지막 단계는 행동^{action}의 국면이다.79 이 마지막 단계에서 운동적 도식$^{schème\ moteur}$이 운동적 보조$^{adjuvant\ moteur}$를 배치함으로써 개입한다. 이미지와 운동의 관계는 이중적이며, 여기서 두 가지 식별이 도출된다. 하나는 자동적이고, 다른 하나는 주의적인 것으로, 하나는 대상에서 비롯되고, 다른 하나는 주체에서 나온다.80

첫 번째 경우, 즉 주의가 분산된 경우, 식별은 사고되거나 표현되는 것이 아니라 작동된다. 관념연합론은 식별을 현재의 지각과 그와 유사한 이전의 지각 기억의 연합으로 설명한다. 그러나 유사성의 지각은 실제로는 "연합의 원인이라기보다는 오히려 연합의 결과"이다.81 유사성을 확인하는 것은 이미 식별한 것이 아닌가? 연합론의 논제를 반박하기 위해 베르그손은 정신질환자를 증인으로 소환한다. 만약 인식이 지각과 기억의 기계적 연합이라면, "정신맹$^{cécité\ psychique}$82 또는 지각된 대상들의 식별 불능은 시각적 기억의 억제가 없으면 일어나지 않아야 할 것이고, 특히 시각적 기억의 억제는 그 결과로 반드시 정신맹을 야기해야 할 것이다. 그런데 이 두 결과 중

79　*MM*, p. 135.
80　*MM*, p. 107.
81　*MM*, p. 98.
82　[역주] 시각 기관의 기능에는 이상이 없으나 심리-생리학적 이유로 사물을 분간하기 어려운 상태.

어느 것도 실험에 의해 입증되지 못했다."[83]

빌브란트Wilbrand가 진찰한 환자는 눈을 감고 자신이 사는 도시를 묘사할 수 있었지만, 거리에 나가서는 그 도시를 식별하지 못했다.[84] 이 사실은 운동적 도식의 기계적 장애가 이미지를 운동으로 확장하는 것을 방해한다는 것을 의미하지 않는가? "일상적 대상을 식별한다는 것은 무엇보다도 그것을 사용할 줄 아는 데 있다."[85] 이는 바로 인식 장애 질환에 붙여진 의미심장한 이름, 실행 불능증apraxie이 나타내고자 하는 바이다. 사용법을 아는 것은 대상에 적응하는 운동을 이미 시작하는 것이다. 예를 들어, 내 집을 식별한다는 것은 무엇보다도 그 존재에 적합한 가상적 행동들, 즉 집에 들어가거나, 휴식을 취하는 등의 행동을 그려내는 것이다. 환자는 지각과 그에 적합한 초기 운동 간의 일종의 단절, 즉 혼란으로 인해 운동적 경향에 따라 대상을 더는 그릴 수 없다. 역동적 도식에 의해 끊임없이 소환되는 이미지-기억은 이렇게 순수 기억만큼이나 무용하고 비효율적이 된다.

이제 식별과 운동의 두 번째 유형, 즉 주의적 식별을 규정하는 관계로 넘어가 보자. 이 주의적 식별은 자동적 식별과 달리, 미리 준비된 운동 덕분에 이미지-기억들이 지각에 스며들어 채택되는 방식

---

83 *MM*, p. 99.
84 *MM*, p. 99.
85 *MM*, p. 101.

으로 이루어진다. 여기서 더 이상 "지각을 연장하여 유용한 결과들을 이끌어내는" 운동이 아니라, "대상으로 되돌아가 그 윤곽을 강조하는"[86] 운동이 작동한다. 이로 인해 이미지-기억들이 단순한 보조적 역할이 아니라, 결정적 역할을 차지하게 된다. 만약 이 단계에서 운동에 장애가 발생하면, 기억의 환기가 방해받게 된다. 이는 자동적 식별에서 기억이 정상적으로 유지되는 것과는 다른 양상이다. 모든 것이 마치 기억 자체가 사라진 것처럼 보인다. 그러나 순수 기억은 결코 소멸하지 않는다는 점을 이미 충분히 확인한 바 있다. 그렇다면 실제로 사라진 것은 무엇인가? 바로 이 점이 베르그손을 끊임없이 사로잡는 문제이다. 이와 관련하여 베르그손의 생각을 가장 잘 요약하고 있는 구절을 다소 길기는 하지만 결론 삼아 인용해 보자.

"(…) 만일 우리의 가설이 근거가 있다면, 식별에 관한 이 상해들은 결코 기억들이 상해를 입은 지역을 점하고 있다는 사실에서 비롯되지는 않을 것이다. 그것들은 틀림없이 두 가지 원인에 기인할 것이다. 즉 때로는 우리 신체가 밖에서 오는 자극 앞에서 우리 이미지-기억들 사이에 선택을 작동하게 하는 정확한 태도를 더 이상 자동적으로 취할 수 없다는 사실에 기인하고, 때로는 기억들이 신체 속에서 더 이상 적용 지점을, 즉 행동으로 이어지는 수단을 발견하지 못한다는 사실에 기인한다. 첫 번째 경우에, 상해는 모아들여진

---

[86] *MM*, p. 107.

진동을 자동으로 행사된 운동으로 연장시키는 운동 기제들에 관련될 것이다. 이때 주체는 더 이상 주의를 고정할 수 없을 것이다. 그러나 전자의 경우든 후자의 경우든 현실적 운동들이 상해를 입거나 미래의 운동들이 준비될 수 없게 된다. 즉 기억들의 파괴는 일어날 수 없을 것이다."[87] 베르그손에게서 역동적 도식과 운동 도식은 기억의 현실화가 어떻게 이루어지는지 명확히 보여준다. 결국 기억의 현재화란 과거를 현재에 적응시키고, 현재의 요구에 따라 과거를 활용하는 것, 곧 그가 말하는 "삶에 대한 주의"에 다름 아니다.

5. 의식의 여러 평면들

기억 이론은 의식의 층위 이론으로 보완될 때 비로소 완전한 의미를 획득한다. 그 이유는 후자가 우리를 활동 중인 의식과 마주하게 하며, 이 의식은 삶에 대한 주의의 정도에 따라 무한히 변화하는 양상을 제공하기 때문이다. "동일한 심리적 삶이 전체 기억의 잇따르는 단계들에서 무한히 반복될 것이고, 정신의 동일한 정신적 행위가 다수의 상이한 높이들에서 일어날 수 있을 것이다. … 보통 우리 정신의 방향을 결정하는 것은 현재적 지각이다. 그러나 우리 정신이 취한 긴장의 정도에 따라, 그것이 위치하는 높이에 따라, 이 지

---

[87] *MM*, p. 118.

각은 우리 안에서 다소간 많은 수의 이미지-기억을 전개시킨다."[88] 따라서 우리의 과거 전체가 어떻게 의식의 기조(ton)와 긴장에 따라 다르게 반복되는지를 보여주는 것이 중요하다. 이는 베르그손이 분명히 동일한 원뿔의 무한한 단면으로 설명하는 바이다.

베르그손 철학은 본질적으로 실재의 등급의 철학이다. 지성적 사유가 직면하는 돌이킬 수 없는 오류 중 하나는 실재에 내재한 진정한 질서적 위계를 무시하는 것이다. 양적 이론의 관점에서 사실은 동질적 요소로 산산조각 나며, 실재는 일차원적 평면 위에 전개된다. 이는 실재를 수평적으로 정렬하려는 경향이다. 반면 질적 관점에서 현상의 발현은 수직적 질서에 따라 설명된다. 인식이란 실재가 머무는 다양한 질적 단계를 식별하는 것을 의미하며, 이 때문에 베르그손 철학은 다양한 영역에서 등급의 개념을 함축한다.

우리는 이미 자유의 다양한 등급이 의식적 의지의 등급에 상응하는 것을 보았다. 베르그손의 존재론은 수축-이완의 일원론으로, 실재가 지속의 긴장 정도에 따라 조율되는 체계를 제시한다. "의식들의 긴장이나 이완의 정도를 헤아려보고 그렇게 함으로써 존재들의 계열에서 그것들의 각각의 위치를 확정할 상이한 리듬을 상상할 수 있을 것이다."[89] 의식의 평면 이론에서 등급 개념은 가장 두드러지게 나타난다. 여기서 베르그손은 생명적인 것의 위계에 질적이고

---

[88] *MM*, p. 115~116.
[89] *MM*, pp. 232~233.

정신적인 의미를 부여하며, 이는 장켈레비치Jankélévitch가 정확히 지적한 바와 같다.⁹⁰ 정신적인 것의 본질은 서로 다른 층위 사이를 이동하는 데 있다. 역설적이게도 관념연합론의 심리학은 지각과 기억 사이 또는 순수 내적 상태 사이에 등급 개념을 도입하는 듯 보이면서도, 정신이 머무는 서로 다른 높이를 결국 간과한다. 그 주된 오류는 질적으로 다른 질서가 존재하는 영역에 양적 등급을 설정하고, 질적 위계가 문제되는 영역에서 등급을 제거하는 데 있다. 이것이 연합론의 법칙이 기억의 소환에 적용되기 어려운 이유이다.

베르그손은 동물의 뇌와 인간의 뇌 사이에 존재하는 근본적인 차이를 여러 차례 강조하며, 두 가지 핵심적인 논점을 전개한다. 『창조적 진화』의 저자에 따르면, 인간의 뇌는 무엇보다도 참으로 무한한 선택의 가능성을 실현할 수 있는 능력에 의해 동물의 뇌와 구별된다. "제한된 것과 무제한의 것 사이에는 닫힌 것과 열린 것 사이에 존재하는 것만큼의 거리가 있다."⁹¹ 인간의 의식은 말 그대로 불확정성의 영역임이 드러난다. 그러므로 오직 인간에게서만 생명은 물질의 필연성으로부터 완전히 해방된다. 기억의 관점에서 볼 때 더욱 주목할 만한 차이는, 동물의 뇌가 "주의를 흡수하는 기제"인 반면, 인간의 뇌는 "우리가 주의를 다른 데로 돌릴 수 있는 기계"

---

90 V. Jankélévitch, *Henri Bergson*, PUF, 1959, p. 103.
91 *EC*, p. 264. 인간의 개방성과 동물의 폐쇄성 사이의 본성적 차이는 『두 원천』에서 사라질 것이다.

라는 사실에 있다.⁹² 이런 의미에서 동물은 삶에 지나치게 진지하고, 지나치게 몰두하는 존재이다. 지나친 진지함 때문에 동물의 기억은 언제나 현재의 지각에 사로잡혀 있어서 과거의 진정한 인식과는 거리가 멀다. 예컨대, 개가 주인을 알아보는 것은 오히려 신체에 새겨진 특수한 기제의 결과로써, 오직 주인의 지각만으로 자동적으로 유발된다. 여기에는 과거의 이미지를 불러와 현재의 지각과 결합시키는 기억의 역동성이 존재하지 않는다.

베르그손은 다음과 같이 말한다. "동물 자신에게도 과거의 모호한 이미지들은 아마 현재의 지각을 벗어날 것이다. 심지어는 동물의 과거 전체가 그의 의식 속에서 잠재적으로 그려진다고 생각할 수도 있다. 그러나 이 과거는 그를 매혹하는 현재로부터 그를 분리시키기에 충분할 정도로 그의 관심을 끌지는 못한다. 그리고 그의 식별은 사유되기보다는 오히려 체험되기 마련이다. 과거를 이미지의 형태 아래 떠올리기 위해서는 현재적 행동으로부터 초연해질 수 있어야 하고, 무용한 것에 가치를 부여할 줄 알아야 하고, 꿈꾸려고 해야 한다. 아마도 인간만이 이런 종류의 노력을 할 수 있을 것이다."[93] 삶에 주의를 기울인다는 것은 물론 생명을 유지하는 데 필수적인 덕목이지만, 이는 어디까지나 생명, 즉 생물학적 의미에서의 생존 투쟁에 국한된다. "주의를 기울이지 않는 것"은 덕목이라기보

---

92 *EC*, p. 185.
93 *MM*, p. 87.

다 삶을 살아가는 예술이다. 실용적 삶에 대한 무관심[무사심함]의 독특한 힘 덕분에 우리는 역설적으로 삶의 즐거움을 되찾을 수 있다. 이것은 자연으로부터 벗어나는 또 다른 종류의 자유를 의미한다. 따라서 삶에 지나치게 집착하는 동물은 환상적 놀이도, 상상력의 작업도, 궁극적으로 예술도 알지 못한다.94

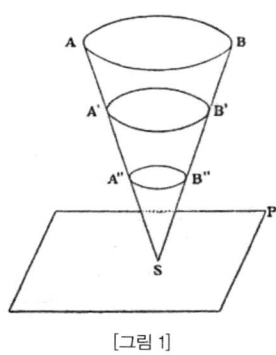

[그림 1]

상징적 원뿔은 실제로 정신의 두 가지 가능한 운동, 즉 서로 반대 방향의 운동을 나타낸다. 한편으로 우리는 행동을 향해 나아가면서 점점 더 점 S에 가까워질 수 있으며, 이때 우리는 습관에서 비롯된 자동적 운동을 통해 현재의 행동에 반응하는 데 그칠 수도 있다. 최

---

94 *MM*, p. 200. M. Pradines, *Principes de toute philosophie de l'action*, Alcan, 1909, p. 121 참조.

종적으로 이는 순전히 감각-운동적 상태에 불과한 행위의 엑스타시스이다. 다른 한편으로, 현실에 관한 관심을 거두면 우리는 그것을 이용하는 대신, 개별적 이미지들 속에서 우리의 정신적 삶을 꿈꿀 수도 있다. 따라서 도형에서 AB의 끝은 신체적 운동의 기저 없이 상상적 삶만이 존재하는 과거의 엑스타시스를 의미한다. 우리의 정상적인 심리적 삶은 이 두 극단 사이에서 진동한다. 그 결과, 기억의 무한히 다양한 형태 속에서 정신적 삶 역시 그만큼 다양하게 존재한다.[95] 우리가 행동에 몰두할수록 기억은 점점 더 수축하고 정제되어, 유용한 양상을 띠게 되며, 따라서 현재의 상황과 유사한 형태를 취한다. 이때 현실화된 기억은 보다 평범한 형태를 띤다. 반대로 현재에 대한 관심을 거두면, 과거는 더욱 개별적이고 고유한 모든 색채가 되살아난다.[96]

심리적 삶의 다양한 평면에서 정신의 운동은 우리로 하여금 관념의 연합을 이해할 수 있게 해 준다. 서로 결합하고 서로를 호출하는 심리적 원자들을 상상하는 것은 다시 한번 오류를 범하는 것이다. 이러한 응집력과 인력은 공간에서는 이해될 수 있지만, 기억의 전개에 이를 적용하는 것은 순전한 착각에 불과하다. 이미 살펴본 바와 같이 우리의 과거 전체, 즉 분할되지 않은 모든 기억이 현재의 지각 속으로 스며든다. 따라서 환기란 하나의 분할되지 않은 전체

---

[95] *MM*, p. 187.

[96] *MM*, p. 116.

가 다수의 분할된 요소로 향하는 분해^{dissociation}의 운동을 의미하며, 연합은 원초적 사실을 구성하지 않으며, 오히려 분해의 과정을 통해 기억이 완성되는 것이다.[97] 유사성^{ressemblance}에 의한 연합은 과거가 현재의 지각과 닮은 것을 지각 쪽으로 돌리는 해체의 운동에 있다. 인접성에 의한 연합은 각 단편적 기억이 그것이 속했던 전체를 다시 불러오려 하는 데서 비롯된다.[98] 그러므로 우리는 정신적 삶의 어느 수준에 위치하느냐에 따라 서로 다른 연합 체계가 발생함을 명확히 이해해야 한다. 보다 이완된 상태에서는 과거가 연속적인 이미지로 펼쳐지며, 인접성의 법칙에 따른다. 반면, 더 긴장된 상태에서는 과거가 현재의 행동에 삽입되려는 노력 속에서 응축되고, 유사성의 법칙에 복종한다.[99]

이전의 고찰을 바탕으로, 우리는 연합주의가 빠지는 오류를 짐작할 수 있다. 연합의 법칙들은 실제 연합의 운동에 대해 아무런 정보를 주지 못하며, 관념연합의 실재에 전혀 접근하지 못하고, 단지 분류의 가치만을 지닐 뿐이다. 실제로, 유사성이 지각될 수 없는 사물은 거의 없다. 예를 들어, 내 앞에 놓인 책은 내 정신의 방향에 따라 형태, 무게, 내용, 사용 언어 등 어떤 특성에 의해서든 무한히 많은 사물과 연합될 수 있다. 결국 무엇이든 무엇과도 연합될 수 있으며,

---

[97] *MM*, p. 184.
[98] *MM*, p. 186.
[99] *MM*, p. 190.

우리는 언제나 사후적으로 어떤 경로를 통해 연쇄가 이루어졌는지 설명하거나 파악할 수 있다. 따라서 중요한 것은 연합이 있었는가가 아니라, 무한히 가능한 연합들 중 어떤 것이 실현되었는가를 밝히는 일이다.[100]

리보 역시 많은 연합의 경우, (지속적이든 순간적이든) 정서적 배치가 결정적으로 중요함을 타당하게 지적한다.[101] "어떤 외국어의 한 단어 하나가 내 귀에 발성되었을 때, 그것은 나에게 이 언어 일반을 생각하게 하거나 또는 이전에 어떤 방식으로 발성했던 어떤 목소리를 생각하게 할 수 있다. 유사성에 의한 이 두 연합은 우연에 의해 현재적 지각의 인력의 영역으로 차례로 이끌려 가게 될 두 상이한 표상들의 우발적인 만남에 기인하는 것이 아니다. 그것들은 두 상이한 정신적 성향들에 전체 기억의 긴장의 두 상이한 단계에 답하는 것으로서, 이쪽에서는 순수 이미지에 더욱 접근하고, 저쪽에서는 직접적 응답 즉 행동을 위해 더욱 잘 준비되어 있다."[102] 확실히 기억을 삶의 다양한 기조에 연결하는 법칙을 세우는 일은 매우 어려운 과제일 것이다. 그러나 이것이 어떠한 법칙도 존재하지 않는다는 것을 의미하지는 않는다.[103]

---

[100] *MM*, p. 182.

[101] Th. Ribot, *La psychologie de sentiment*, Alcan, 1897, p. 172.

[102] *MM*, pp. 188~189.

[103] 『경험주의와 주체성(*Empirisme et subjectivité*)』, p. 115. 사실상 많은 철학자에게 공유되는 견해이지만, 베르그손이 관념 연합의 법칙에 대해 가한 비판에 대해 들뢰즈

의식의 다양한 평면에 관한 베르그손의 이론은 해석자들이 대체로 가볍게 넘기는 중대한 난점을 내포한다. 이 이론은 분명히 주목할 만한 독창성을 지니고 있지만, 엄밀히 구분되어야 할 일련의 관점을 혼동한다는 점에서 한계가 있다.[104] 베르그손에 따르면 기억의 환기와 관련하여 우리가 현실에 더욱 몰두할수록 기억은 더욱 비인격적으로 변한다. 그러나 현실에 몰두하는 것이 반드시 평범한 기억을 사용하는 것을 뜻하지는 않는다. 오히려 진지한 행동, 주의 깊은 지각 속에서는 창조적 행위에 의해 기억이 개별화되는데, 이 창조적 행위는 언제나 정신적 긴장을 요구한다. 의식의 다양한 평면이라는 개념이 내포하는 불충분함, 심지어 모순은 충동적인 인간과 몽상가의 대립에서 두드러지게 드러난다. "완벽하게 순수한 현재 속에서 사는 것, 자극에 대해 그것을 연장하는 직접적인 반응으로 응답하는 것은 하등 동물의 고유한 특징이다. 이렇게 처신하는 인간은 충동인^{impulsif}이다.

그러나 과거 속에 사는 즐거움을 위해 거기서 사는 그런 사람은 행동에 그다지 잘 적응하지 못한다. 그에게 기억들은 현재 상황에

(Deleuze)는 흄(Hume)이 최초로 연합 법칙의 형식적 성격에 대해 사유했다고 반박한다. "프로이트와 베르그손이 관념 연합이 우리 내면의 피상적인 것, 즉 의식의 형식성만을 설명한다고 지적할 때, 그들은 본질적으로 오직 정동성(affectivité)만이 특수하고 심층적이며 개별적인 내용을 정당화할 수 있다고 말한다. 물론 그들은 옳지만, 흄 역시 결코 다른 말을 한 적이 없다. 그는 단지 피상적이고 형식적인 것 역시 설명되어야 하며 바로 이 과제가 가장 중요한 의미를 가진다고 생각했다."

104 R.E. Lacombe, *La Psychologie bergsonienne*, Alcan, 1933, p. 81.

대해 별 이득도 없이 의식의 빛으로 나온다. 그는 더는 충동적인 사람이 아니라 몽상가^{rêveur}이다. 이 두 극단 사이에 현재 상황의 윤곽들을 정확히 따르기에 충분히 유연한, 그러나 모든 다른 호출에 저항할 수 있는 충분한 힘을 가진 다행스러운 성향이 위치한다. 양식 또는 실천적 감각이란 진정으로 이와 다른 것이 아니다."[105] 베르그손에 따르면, 충동적인 사람과 몽상가는 행동에 대한 우리의 도덕성의 두 극단을 대표한다. 만약 정신적 삶을 평가하는 유일한 기준이 삶에 대한 주의라면, 행동에 가장 주의를 기울이는 자가 곧 충동적인 사람일 것이다. 그러나 실제로 충동적인 사람은, 말하자면, 행동에 대해 전적으로 무관심하고 이완된 방식으로 집착하는 것이 아닌가? 주의의 관점에서 보면, 충동인은 몽상가의 정반대에 위치하지 않는다. 그는 단지 행동에 대한 또 다른 형태의 초연한 태도를 보여줄 뿐이다. 자유로운 행위에 대한 연구, 즉 충분히 행동에 주의를 기울일 때 심층 자아로부터 비롯되는 행위에 대한 고찰은 바로 이러한 점을 분명히 보여준다.[106]

---

105 *MM*, p. 170.
106 [역주] 이 책 1부 1장 「진정한 자유의 의미는 무엇인가」 참조.

2부_ 무관심과 삶에 대한 주의

6. 꿈, 잘못된 식별
그리고 죽어가는 사람의 파노라마적 비전

　베르그손이 자신의 철학을 구체적 경험에 근거하여 구축할 때, 그의 야심은 "일반 이론뿐만 아니라, 개별적 사실들에 대한 구체적 설명도 제공할 수 있는 철학"의 정립을 목표로 한다. 이로써 그는 표면적으로는 반(反)과학주의를 표방함에도 불구하고, 철학을 일종의 과학적 방향으로 재구성하려는 시도를 한다. 이러한 점은 기억 이론에서 두드러지게 드러난다. 삶에 대한 주의와 무관심, 기억 일반을 설명하는 개념들은 꿈, 잘못된 식별, 죽음이 임박한 사람들의 파노라마적 영상 vision panoramique 이라는 매우 특수한 문제들에 새로운 조명을 던진다. 이 세 주제는 베르그손의 기억 이론에서 주변적인 위치를 차지하는 듯 보이지만, 삶에 대한 주의와 무관심의 성격을 정확히 파악하기 위해서는 세밀한 분석이 필요하다.

　이 주제들에 접근하기에 앞서 베르그손의 방법론에서 독창적인 한 특징을 강조할 필요가 있다. 그것은 바로 사실을 위에서 바라보는 관점이다. "그의 시선을 점점 더 높이 들어 올릴수록"[107], "우리가 우선 가능한 한 가장 높이 자리 잡고"[108], "같은 방법을 사용하

---

[107] *DI*, p. 105.
[108] *EC*, p. 208.

여, 더 이상 아래에서가 아니라 위로 나아갈 것이다"[109], "위에서 바라보는 신과 같은 존재에게로"[110], "그렇다면 우리도 위로 올라가자"[111]와 같은 표현들은, 베르그손이 실재들을 위에서 바라보려는 경향을 잘 보여준다. 사실을 위에서 바라본다는 것은 곧 상위의 실재를 출발점으로 삼아, 점차 감소 또는 하강의 경로를 통해 하위의 실재에 도달하는 것을 의미한다. 반대로, 아래에서 바라본다는 것은 하위의 요소들에서 출발하여, 복잡화와 심화의 과정을 거쳐 상위의 실재에 이르는 것이다. 베르그손에 따르면 원자론적 기계론, 관념연합론, 스펜서의 진화론, 그리고 과학적 세계관Weltanschauung이 바로 이러한 하향적 관점에 속한다.

여기서 오귀스트 콩트의 탁월한 정의도 상기할 필요가 있다. 즉, 물질주의는 상위의 것을 하위의 것으로 설명하는 학설이라는 것이다.[112] 그러나 상위 질서에서 하위 질서로의 이동은 연속적이지만, 그 반대 방향의 이동은 불연속적임을 파스칼이 명확히 지적한 바 있다.[113] 운동에서 정지로, 선에서 점으로의 이행은 감소의 경로로 가능하지만, 그 역방향은 불가능하다. 이것이야말로 지성적 사유가 사실을 잘못 합리화하게 되는 진정한 이유이다. 베르그손의 설

---

109 *MR*, p. 29.

110 *MR*, p. 220.

111 *MR*, p. 281.

112 A. Lalande, *Vocabulaire technique et critique de la philosophie*, PUF, 1972, p. 596.

113 J. Chevalier, *L'idée et le réel*, Arthaud, 1940, p. 76에서 재인용.

명 또는 존재론적 위계는 항상 하강의 방향으로 이루어지지 결코 상승의 방향으로 이루어지지 않는다. 『시론』의 저자는 자유에 관한 선천적 관념에서 자유로운 행위를 근원적 사실로 설정하고 그 안에서 능동적이고 자발적인 요소를 감소시킴으로써 타성^{inertie}의 개념에 이른다. 존재론에서 베르그손은 생명에서 출발하여 어원적으로 연장에 불과한 물질에 도달한다.[114] 인식론에서는 개념적 설명이란 단순한 직관의 분산에서 그 존재 이유를 찾는다. 도식적으로 표현하자면 하나에서 다수로, 긴장에서 이완으로, 전체에서 부분으로의 이행이다.

지금부터 세 가지 주제를 분석하려는 방식은 동일하게 유지된다. 이 세 가지 심리적 현상은 모두 원뿔의 AB 수준에서 동시에 나타나며, 이들은 몇몇 새로운 실증적 요소의 추가나 출현에 의해 결정되는 것이 아니라, 오히려 통상적으로 정신 안에 존재하고 활발히 작용하는 것의 약화나 부재에 의해 결정된다. 따라서 이 현상들은 우리가 원뿔의 S 수준에 머무르게 하는 그 기제에 대한 언급을 통해서만 설명될 수 있다. 한마디로 겉보기에 새롭게 보이는 현상들은 모두 삶에 대한 주의의 감소라는 외적 양상에 불과하다.[115]

잠의 본질은 무엇인가? 수면의 본성에 관한 이론들은 매우 다양하다. 순환설(뇌 빈혈에 의한 것), 신경역동설(뉴런의 돌기가지 수축에

---

[114] *PM*, p. 279 참조.
[115] *ES*, p. 136.

의한 것), 생화학적, 생물학적 에너지 이론 등이 있다. 이 중에서 가장 널리 받아들여지는 것은 에너지 이론으로, 잠은 각성 상태에서 소모된 신경 에너지가 고갈되어 나타나며, 수면 중에 그 에너지가 재구성된다는 것이다. 이러한 생각에 자연스럽게 결합되거나 추가된 것이 생화학적 이론들로, 잠은 뇌의 주기적 산소 부족이나, 뇌의 특정 물질에 의한 신경 중추의 중독에서 비롯된다고 본다. 베르그손의 심리학은 이러한 학설들의 견해를 부분적으로 공유한다.[116]

과거와 현재의 정밀한 조응은 우리로 하여금 끊임없는 노력을 요구한다. 각성 상태의 삶은 우리가 인식하지 못하는 사이에 지속적인 긴장 속에서 유지된다. 예를 들어, 우리가 개 짖는 소리를 듣고 그것이 개가 짖는 것임을 이해할 때, 일반적으로 생각하듯이 아무런 심리적 노력 없이 그러한 이해가 이루어지는가? 베르그손은 다음과 같이 단언한다. "심각한 오류이다! 너는 자신도 모르게 상당한 노력을 기울이고 있다. 너는 너의 기억 전체, 축적된 모든 경험을 붙잡아야 한다. 갑작스러운 압축을 통해 들은 소리에 오직 한 지점, 즉 이 감각과 가장 유사하고 그것을 가장 잘 해석할 수 있는 기억만을 제시하도록 이러한 조정은 오직 주의, 혹은 오히려 감각과 기억의 동시적 긴장을 통해서만 보증될 수 있다."[117] 이런 정확한 적응을 위한 노력은 결국 우리를 피곤하게 만든다. "양식$^{\text{bon sens}}$을 갖는 것

---

116 *MM*, p. 194.
117 *ES*, p. 102.

은 매우 피곤한 일이다"라고 베르그손은 여러 차례 선언한다.[118] 따라서 잠은 일종의 유기적 휴식의 필요에 의해 요구되고 실행된다. 이는 각성된 삶에 필요한 에너지를 회복하기 위한, 생명에 있어 중대한 이해관계를 지닌 행위이다. 실제로 잠자는 이는 자는 일에 몰두해 있으며, 누군가가 그를 깨우려 하면 저항한다.

그러나 우리는 순전히 심리적인 또 다른 원인을 드러내는 사실들로부터 이러한 관념들의 불충분함을 쉽게 인식할 수 있다. 즉, 자발적인 노력이나 어떤 것에 대한 강한 관심은 잠을 몇 시간이나 지연시킬 수 있는 반면, 주변 사물에 대한 단순한 무관심과 자발적인 동의만으로도 수면을 유발하기에 충분하다. 그리고 꿈은, 오히려 앞서 언급된 이론들이 배제해야만 하는, 수면 중에 활발한 심적 활동이 존재함을 우리에게 보여주지 않는가? 베르그손이 주장하듯 "잔다는 것은 무관심해지는 것이며 우리는 정확히 무관심해지는 만큼 잠든다. 아이 곁에서 자고 있는 어머니는 천둥소리는 듣지 못할 수 있지만, 아이의 숨소리에는 깨어날 것이다. 그녀는 과연 아이에 대해 실제로 잠들어 있었던 것인가? 우리는 여전히 관심을 두는 것에 대해서는 잠들지 않는다."[119] 잠의 가장 두드러진 특징은 우리 주변에서 일어나는 일들에 대한 무관심에 있다. 만약 크레틴병 장애인들이 과도하게 잠을 잔다면, 그것은 바로 그들이 주변에서 일

---

[118] *ES*, p. 103.
[119] *ES*, p. 103.

어나는 어떤 일에도 전혀 관심을 두지 않기 때문이다. 어머니가 자장가의 의성어로 아이를 재우는 역할도 이 관점에서 쉽게 이해된다. 그것은 아이의 관심을 노래로 이끌어 다른 욕망의 대상, 예를 들어 젖을 빠는 데서 멀어지게 하고 노래의 단조로운 반복을 통해 그렇게 독점된 관심을 점차 약화시키는 데 있다.

잠은 정상적인 삶에 대한 주의의 감소로서, 심리적으로는 일종의 부정주의적 위기라 할 수 있다. 그러나 이러한 수면의 부정성은 우리가 외부 세계로부터 물러나 자기 자신으로 되돌아가는 한에서 오히려 긍정적 기능을 획득한다. "각성 상태에서 우리는 스스로에 대해 외적으로 살고 있었고, 잠은 우리를 우리 자신의 내부로 들어가게 만들었다."[120] 잠 속에서 우리는 내밀한 삶을 살며, 우리 과거의 전체성과 마주하게 된다. "우리의 과거는 현재적 행동의 필요에 의해 억제되기 때문에 거의 전적으로 숨겨진 채로 있는 반면, 우리가 꿈의 삶이라 할 수 있는 것에 다시 위치하기 위해 유효한 행동에 무관심해지는 모든 경우들에서 의식의 문턱을 넘어설 힘을 회복할 것이다. 자연적이건 인위적이건, 수면은 바로 이런 종류의 분리를 야기한다."[121]

깨어 있는 중에 소환되는 기억들은 비록 현재의 관심사와는 종종 이질적으로 보일지라도, 실제로는 유용성의 원리에 의해 선택된

---

[120] *ES*, p. 91.
[121] *MM*, p. 171.

다. 반면 행동에서 이탈한 의식은 "과거의 어떤 다른 부분이 아니라 바로 이 부분에 고정될 어떤 이유도 갖지 않을 것이다.¹²²" 이로부터 잠의 주요 특징이 도출된다. 즉, 행동의 요구로부터 해방된 의식은 "삶에 대한 아무런 염려 없이 기억하기 위해 기억하기를 즐긴다."¹²³ 잠의 쾌락은 부인하기 어려운 사실이다. 그러므로 우리는 프로이트와 함께 깨어 있음은 현실 원리에, 잠의 삶은 쾌락 원리에 지배된다고 말할 수 있을 것이다. 잠자는 사람은 과거의 삶을 살아가는 대신 관조하며, 그리하여 잠에는 고유한 미학이 존재한다. 온전히 기억의 경이로운 세계를 향유하느라 침대에서 일어나지 않았던 이가 바로 프루스트가 아니었던가!

임의적 선택에 의해 소환된 기억^{souvenir}은 실제 감각과 결합하여 꿈을 구성한다. 꿈의 허구적 구성은 비록 희미하더라도 지각을 요구한다. 꿈은 무無로부터 아무것도 만들어내지 않으므로, 우리가 꿈속에서 소리를 듣기 위해서는 일반적으로 실제의 소음이 인지되어야 한다.¹²⁴ 수면 중 감수성은 일반적으로 생각하는 것처럼 완전히 감소하지 않는다. 오히려 역설적으로, 우리의 지각은 "적어도 몇몇 방향으로는 그 작용 범위를 확장한다."¹²⁵ 깨어 있는 중에는 행동에

---

122 *MM*, p. 186.
123 *ES*, p. 128.
124 *ES*, p. 89.
125 *ES*, p. 92.

쓸모없어 인식되지 않던 주관적 인상들이, 주의가 분산된 자아에 의해 포착될 수 있다. 따라서 꿈의 본질은 이러한 내적 혹은 외적 지각의 잘못된 해석에 있다. 이 사실을 밝히기 위해 잠이 심리적 활동에서 실제로 정지시키는 것이 무엇인지 명확히 할 필요가 있다.

심리적 활동을 크게 두 범주, 즉 정동적·의지적 활동과 순전히 지적인 활동으로 구분한다면, 잠이 비활성화시키는 것은 오로지 전자이며, 후자는 아니다. "깨어 있는 것과 바라는 것은 하나이며 동일한 것이다."[126] 삶이란 무엇보다 의지적·정동적 삶을 영위하는 것이며, 우리는 계획과 욕망을 실현하기 위해 행동하고 사고한다. 그리고 바로 이러한 목적에 따라 지각, 기억, 추론이 조직된다. 이런 이유로 "중요한 사실이 아니라 중요하지 않은 사건들이 수면 중에 다시 나타날 가능성이 가장 높다."[127] 깨어 있는 동안 우리를 사로잡았던 걱정거리들은 꿈에서 거의 반복되지 않는다. 이와 관련해 프로이트는 흥미로운 예를 제시한다. 가족의 죽음으로 오랫동안 슬퍼하며 지친 상태로 힘들게 잠든 사람이 꿈에서 보는 것은 죽음이 아니라, 예를 들면 삶의 어느 순간에 만났는지도 모르는 낯선 이의 얼굴에 난 사마귀 같은 것이다.

잠이 지적 활동의 마지막 흔적까지 완전히 소멸시키지 않기 때문에, "우리는 종종 꿈에서 논리에 무관심해지지만 논리적일 수 없

---

[126] *ES*, p. 104.
[127] *ES*, p. 107.

는 것은 아니다."[128] 몇몇 꿈들은 오히려 어떤 측면에서 깨어 있을 때보다 논리적 활동이 더 뛰어남을 보여주기도 한다. 그럼에도 불구하고 꿈의 가장 큰 기이함은 그 비일관성과 비논리성에 있다. 이런 의미에서 꿈은 모든 면에서 정신착란^{aliénation}을 모방한다.[129] 꿈과 광기 사이의 유사성은 분명 그 공통된 원인에 근거한다. 깨어 있는 상태에서는 사고와 행동이 동일한 방향을 지향하며, 이는 곧 적응의 목적성, 즉 외부 사물의 실제 질서와 연관되어 우리의 추론이 이루어진다. 올바르고 논리적인 반성은 현재 주어진 것을 경험의 실재적 체계, 곧 진리의 범주로 이해되고 확증된 체계에 맞추는 하나의 경로에 불과하다. 이 지적 활동의 근저에는 정신의 긴장이 놓여 있다. 반면 꿈속의 추론은, 이를 이끄는 긴장이 느슨해짐에 따라 아무런 통제도 목적도 없이 작동한다. 그러므로 꿈은 외부 현실에 등을 돌린 내향적 사유라 할 수 있다. 순수하게 자기 자신이 된 정신은 마침내 완전한 무정부 상태에 빠진다.

베르그손은 잘못된 식별$^{fausse\ reconnaissance}$에 관한 한 논문에서[130], 삶에 대한 주의라는 개념을 경험이 우리를 당혹스럽게 할 때 어떻게 적용할 수 있는지를 탁월하게 보여준다. 우리는 분명히 새로운 상황에 처했음에도 불구하고, 이미 그것을 경험한 적이 있다는 느낌

---

[128] *ES*, p. 100.

[129] *MM*, p. 194.

[130] "Le souvenir du présent et la fausse reconnaissance"(1908), *ES*, pp. 110~152.

을 받곤 한다. 마치 우리 삶에서 어떤 재현이 일어나는 듯한 인상이다. 이러한 기이한 느낌을 일반적으로 "데자뷔déjà vu"[131]라고 부르지만, 실상은 상황 전체가 반복되는 듯 보이기에 "이미 체험한déjà vécu" 것이라 부르는 편이 더 정확할 것이다.

이 독특한 경험의 기원은 무엇인가? 이 문제에 관한 여러 학설을 검토하는 것은 본 논의의 범위를 벗어나므로 베르그손과 마찬가지로 심리적 긴장이라는 개념이 중요한 역할을 하는 자네[P. Janet]가 제시한 견해의 불충분함을 지적하는 데 그치겠다. 자네는 이 잘못된 식별의 원인을 정신적 기조[on]의 저하에서 찾는다. "이러한 감소는 모호한 기억이나 꿈의 모습을 취할 정상적인 지각에 동반되는 종합의 노력을 감소시킴으로써 직접적으로 잘못된 식별의 현상을 발생시킬 것이다."[132] 실제로 잘못된 식별은 종종 꿈의 느낌을 동반한다. 그러나 그 본질은 (이미 존재했었던 느낌인) 선재감, 즉 곧 이어질 것에 대한 예감에 있다.[133]

저명한 정신과 의사가 명확히 했듯이 여기서 식별은 불완전하거나 의심스러운 성격을 띠지 않으며, 오히려 숙명적이라는 감정이

---

[131] [역주] "이미 본 것"이라는 의미의 이 용어는 처음 겪는 상황이나 장면임에도 불구하고 마치 이전에 이미 경험한 적이 있다고 느끼는 심리적, 뇌과학적 현상. 예를 들어 처음 방문한 장소에서 왠지 익숙하다는 느낌이 들 때 나타난다.

[132] *ES*, p. 122.

[133] H. Delacroix, "Les souvenirs", *Traité de psychologie* de Dumas, t. II, Alcan, 1924, pp. 103~104.

동반된다. 모든 것이 이미 주어진 것처럼 보인다. 더구나 이 착각은 갑작스럽게 주체에게 찾아왔다가 순간적으로 사라진다. 우리가 점진적으로 빠져드는 꿈에서처럼 현재가 동일한 과거와 서서히, 모호하게 혼동되는 과정과는 전혀 다르다. 결국, "이미 체험한déjà vécu" 것이라는 착각은 단순히 현재화 기능의 장애만으로는 충분히 설명될 수 없다. 우리의 철학자가 말하듯, "지각이 요구하는 종합의 노력이 단지 이완되기만 한다면 실재는 꿈의 모습을 보일 수 있을 것이다. 그런데 왜 이 꿈이 이미 체험된 순간의 전체적 반복처럼 나타나는가?"[134]

이 현상을 이해하기 위해서는 먼저 단편 기억souvenir의 본질을 강조할 필요가 있다. 『물질과 기억』의 핵심 이념 중 하나는 기억과 지각의 근본적 이원성에 있으며, 베르그손에 따르면 이 점을 오해함으로써 기억에 관한 많은 문제가 왜곡된다. 우리는 일반적으로 지각을 외부적 실재의 불필요한 복제로 여기며, 지각은 순수한 정신을 대상으로 하는 순전히 사변적 관심의 지식처럼 보인다. "그리하여 순수 기억souvenir pur은 그 자체가 본질적으로 그런 종류의 인식이다. 왜냐하면 그것은 더 이상 대상을 가지지 않기 때문이다. 사람들은 … 지각과 기억 사이에는 단지 정도의 차이만을 발견할 수 있게 된 것이다."[135] 이로부터 지각은 강화된 기억이 되고, 기억은 약화

---

[134] *ES*, p. 124.
[135] *MM*, p. 152.

된 지각이 된다. 그러나 만약 기억이 단지 낮은 강도의 지각에 불과하다면, 어떻게 약한 지각과 강한 상태의 기억을 구별할 수 있겠는가? 실제로는 순수 기억, 즉 무관심한 지식과 삶에 주의를 기울이는 인식인 순수 지각 사이에는 절대적인 이질성이 존재한다. "순수 기억은 대상이 없다"고 베르그손은 말한다. 순수 기억은 전적으로 사변적이며, 그로 인해 우리가 앞서 보았듯이, 현재라는 행위와는 구별된다.

반면, 지각은 행위를 준비하기 위해 존재하며, 전체 이미지 중에서 우리의 활동이 작용할 일부분을 분리해낸다. 이로부터 지각과 운동 반응 사이의 밀접한 친연성과 내적 결합이 분명해진다. 이러한 순수 지각과 순수 기억의 이질성은 『물질과 기억』의 저자가 두 요소의 동시적 구성이라는 주장을 할 수 있게 한다. 우리는 기억이 지각을 뒤따른다고 생각하는데, 이는 두 현상 간에 단지 정도의 차이만을 상정하기 때문이다. 기억이 지각의 약한 잔재에 불과하다면, 기억이 무의식 속에 지각을 기록하기 위해 기다려야 했던 것처럼 보인다. 하지만 그렇다면 왜 다른 순간이 아니라 어느 특정한 순간에 지각이 기억으로 전환되는가? 기억의 형성은 결코 지각 이후에 이루어지는 것이 아니라, 지각과 동시적으로 이루어진다[136]. 만약 과거가 더는 존재하지 않기를 기다려야만 한다면, 과거는 결코 과거로서 존재할 수 없으며, 결코 순수하게 존재론적인 이러한 과

---

[136] *ES*, p. 130.

거일 수 없을 것이다.

"우리 삶의 모든 순간은 두 측면을 제공한다. 그것은 현실적이면서 잠재적이다. 즉, 한편으로는 지각이고 다른 편으로는 기억이다."[137] 여기서 현재의 기억이라는 개념이 도출된다.[138] 형식에 있어서는 과거이지만, 내용에 있어서는 현재인 것이다. 과거 즉 순수 기억은 우리가 살아가는 현재를 그림자가 우리의 행동을 따르듯이 동반한다. 만일 우리가 이 기억을 의식한다면, 우리는 현재의 전체성을 포착하게 된다. 그러나 우리는 이 과거를 인식할 수 없다. 삶에 대한 주의가 의식으로 하여금 현재의 이 절반을 바라보지 못하게 하기 때문이다. 우리가 현실에 편입되도록 하는 뇌의 기제는, 다시 한번 쓸모없는 기억들이 의식의 빛 아래 드러나는 것을 막는다. 본질적으로 현재의 기억은 현재의 행위에 가장 쓸모없는 것이기에, 이 기억에 관심을 기울인다는 것은 헛것을 잡으려다 진짜를 놓치는 것과 같다.

행위에 집중된 주의는 의식이 앞을, 즉 미래를 바라보게 하며 과거로부터는 완전히 눈을 돌리게 한다. 결국 잘못된 식별은 주의력 약화에서 비롯되는 현상이다.[139] 이는 현재의 기억이 자연스럽게 작동하는 순간 이를 즉각 지워버리는 특수한 기제가 개입하지 않을

---

[137] *ES*, p. 136.
[138] *ES*, p. 137.
[139] *ES*, p. 146.

때 발생한다. 그리하여 우리는 현재를 "불확정적 과거 속에서" 이미 체험한 것처럼 식별하게 된다. 이처럼 우리가 모르는 사이 주의가 흐트러진 순간에 찾아오는 이 기이한 경험의 진실이 드러난다. 주목할 점은, 여기서 말하는 주의란 개인적 주의가 아니며, 그 약화가 우리를 꿈의 수준으로 이끄는 그런 주의가 아니다. 오히려 이는 본성적으로 우리 안에 미리 마련된, 일종의 특수한 주의이다. 이러한 특수한 주의의 모든 형태의 결함은 병리적 효과를 초래한다. 바로 이 점에서, 잘못된 식별은 삶에 대한 부주의가 초래하는, 드문 무해한 형태 중 하나라 할 수 있다.140

죽음이 임박한 사람의 파노라마적 영상141이라는 주제는 시간의 관점에서 무관심 개념을 탐구할 수 있게 해준다는 점에서 특히 우리의 주의를 끈다. 앞선 논의에서 우리는 지속과 기억의 사유에서 무관심이 차지하는 중대한 의미를 충분히 살펴보았다. 그러나 베르그손의 텍스트를 면밀히 읽어보면, 이와 관련하여 베르그손 철학의 내부에 미묘한 사상의 변화, 근본적인 변동이 있음을 알 수 있다. 따라서 이 중 하나의 관념에만 집착한다면, 무관심의 올바른 의미, 나아가 베르그손 철학 자체를 오해할 위험에 노출될 수 있다.

죽음의 위기에 처한 이들이 경험하는 기억 이상 증진^{hypermnésie}은

---

140 *ES*, p. 151.
141 [역주] 극한의 생명 위협, 특히 추락과 같은 위기 상황에서 자신의 인생 전체가 영화의 파노라마처럼 스쳐 지나가는 현상을 가리키는 심리현상.

베르그손이 깊이 몰두해 있던 문제로 보인다.[142] 이는 기억에 관한 중대한 시사점을 제공한다. 즉, 어떤 기억도 영원히 망각 속에 묻히지 않으며, 어떤 경우에 우리는 과거 전체의 잃어버린 시간을 되살릴 수 있을 것이다. "사람들이 소멸되었다고 믿었던 기억들은 그때 놀라운 정확성을 가지고 다시 나타난다. 우리는 완전히 망각한 유년기의 장면들을 그 모든 세부사항까지 되살린다. 우리는 언제 배웠는지 더는 기억조차 못 하는 언어를 통해 말하기도 한다. 그러나 이 점에 관해서 익사자들과 교수형을 받는 사람들에게서 나타나는 갑작스러운 질식의 특정한 사례에서 일어나는 것보다 더 교훈적인 것은 없다. 다시 살아나게 된 주체는 짧은 시간에 그의 앞에 자신의 삶의 역사에서 망각된 모든 사건이 그 가장 미세한 상황들과 함께 일어났던 순서대로 펼쳐지는 것을 보았다고 한다."[143]

그렇다면 우리는 과연 죽음 직전의 그 특권적 순간에 우리 과거 전체를 회고하게 되는가? 베르그손이 그의 논문을 인용하는 에거 V. Egger는 과거 "전체의 삶"이라는 표현이 과장임을 지적한다.[144] 들라크루아 Delacroix는 파노라마적 영상이란 임박한 죽음이라는 관념에서 비롯된 과거 삶에 대한 종합적 감정과 빠르게 스쳐가는 이미지

---

142   *MM*, p. 172; *PM*, p. 171; *ES*, pp. 76~77.
143   *MM*, p. 172.
144   V. Egger, "Le moi des mourants", *Revue philosophique*, janv., 1896, p. 31.

들이 결합된 것처럼 보인다고 강조한다.[145] "과거 전체"라는 표현의 진실성을 의심하는 것은 여기서 우리의 관심사가 아니다. 다만, 베르그손이 이를 믿거나 적어도 그 가능성을 배제하지 않는다는 점을 강조하는 것으로 충분하다. 이는 그의 기억 이론과도 완전히 양립 가능하다.

이 주제에 관심을 가진 대부분의 심리학자들은 이를 생리학적으로 설명한다. 예를 들어, 리보에 따르면 이러한 현상이 뇌의 혈액순환이 급격히 빨라지는 데서 비롯된다고 보았으며, 이는 어떤 최면 상태의 급성 발열에서 관찰되는 것과 유사하다고 말한다.[146] 반면 베르그손은 순전히 심리학적인 해석을 제시한다. 이 현상은 삶에 대한 주의가 거의 완전히 감소하여 기억의 대부분이 망각의 어둠 속에 잠기는 데서 비롯된다는 것이다. 이러한 절대적 감소는 의심할 여지없이 오직 죽음을 앞둔 이들에게서만 가능하다. 곧 죽을 것이라는 확신, 더는 삶에 주의를 기울이거나 관심을 유지하는 것이 무의미하다는 확신이 들 때, 그들은 일종의 순수한 무관심 상태에 빠질 것이다. 모든 억제에서 벗어난 기억 전체는 갑작스럽게 의식에 떠오를 수 있게 되며, 주체는 지금까지 망각 속에 있던 자기 전체를 어떤 노력도 없이 되찾게 된다. "과거에 대한 파노라마적 영상은 곧 죽음을 맞으리라는 갑작스러운 확신에서 비롯된 삶에 대한

---

145 *MM*, p. 87.
146 Th. Ribot, *Les maladies de la mémoire*, p. 140.

전격적인 무관심에 기인한다."[147]

기억 이상 증진의 놀라운 경험은 베르그손이 주장하는 바와 같이 단순히 심리적 긴장의 이완으로 인한 결과인가? 우리는 융[C.G.Jung]에게서 이러한 베르그손의 관념과 상반된 주장을 발견한다. "이러한 성격의 종합적 표상은 사고 발생 시와 같은 극도의 긴장 상태를 전제한다. 하임[Heim] 교수는 산악 사고 중 어떻게 몇 분의 일 초만에 자신의 전 생애가 눈앞에 펼쳐졌는지 이야기한다. 이는 말로 표현할 수 없는 긴장의 순간에 의식이 폭발적으로 확장되어 그 광속(光束)이 갑자기 비정상적인 범위를 획득함으로써 기억과 표상을 포괄하게 되는 현상이다."[148] 만약 과거 전체의 포착이 융이 주장하듯 극단적 긴장을 통해서만 가능하다면, 의식을 원뿔의 정점으로 이끄는 긴장과 원뿔의 AB 수준에서 무한한 다수의 기억과 접촉하게 하는 긴장 사이에 어떤 차이가 존재하는지 알아야 한다.

이 문제에 접근하기 전에 "자신의 실존을 체험하는 대신에 꿈꾸는 인간"이 포착하는 "과거 역사의 무수히 많은 세부사항들"의 본성을 명확히 할 필요가 있다.[149] 우리의 연구 목적은 이 다수성이 질적 다수성인지, 아니면 양적 다수성인지를 규명하는 데 있다. 놀랍게도 이에 대해 두 가지 상반되는 해석이 존재한다. 『시론』과 『창

---

147 *ES*, p. 77.

148 C. G. Jung, *L'homme à la découverte de son âme*, Albin Michel, 1943, p. 108.

149 *MM*, p. 172.

조적 진화』 사이에는 근본적인 단절이 있다. 조르주 풀레^(Georges Poulet)는 이 점을 명확히 지적하며, 두 그룹의 텍스트를 고려해야 한다고 지적한다. 하나는 행동에서의 이탈이 지속의 멜로디적 연속성에 대한 의식으로 귀결되는 텍스트들이고, 다른 하나는 동일한 이탈이 이 연속성의 정반대로 이끄는 텍스트들이다.[150]

지속은 『시론』의 2장에서 주로 논의되며 이때의 지속은 과거지향적 성격을 띠는 반면, 『창조적 진화』에서는 미래를 향한다. 전자의 지속은 실천적 삶의 요구에서 해방된 긴장이 풀린 자아의 시간이다. "꿈이 우리를 바로 그런 조건 아래에 놓는다. 잠은 유기적 기능들의 작동을 늦춤으로써 자아와 외부 사물들 사이의 소통의 표면을 완전히 변형시키기 때문이다. 우리는 그때 더 이상 지속을 측정하는 것이 아니라 그것을 느낀다. 지속은 양으로부터 질의 상태로 되돌아온다."[151] 지속 즉 유기적 시간의 형성은 오직 수면 상태에서만 가능할 것이다! 이를 확신하기 위해 『시론』에서 지속의 유명한 정의를 읽어보자. "순수 지속이란 우리의 자아를 그냥 살아가도록 내버려 두었을 때 우리 의식의 상태들의 계기가 취하는 형태이다."[152]

---

150 "Bergson, le thème de la vision panoramique des mourants et la juxtaposition", *L'espace proustien*, Gallimard, 1963, pp. 139~177.
151 *DI*, p. 94.
152 *DI*, p. 75.

그렇다면 의식 상태들이 질적 다수성을 이루는 그저 살아가도록 내버려두는 자아란 구체적으로 어떤 상태인가? 이 질문에 답하려면, 「지적 노력L'effort intellectuel」에서 동일한 표현을 상기하면 충분하다. "… 그저 살도록 내버려 두는 사유와 집중하고 노력하는 사유를 구별한다."[153] 이 두 표현을 비교해 보면 살아가도록 내버려 두는 자아란 이완된 채 꿈의 상태로 미끄러져 들어가는 자아임을 쉽게 알 수 있다. 이러한 관점에서 본다면, 내적 지속을 파악하기 위해서는 "졸고 있는 목동이 흐르는 물을 바라보듯" 수동적으로 자신을 관조해야 하는가?[154] 베르그손 철학은 과연 비활동의 철학, 일종의 정적주의quiétisme인가? 이러한 잘못된 해석에 대해 베르그손 자신이 단호히 반박한다. 지속의 철학은 무엇보다도 행동과 긴장의 철학이다. 우리가 이미 충분히 살펴보았듯이, 삶에 대한 주의가 지속의 존재론적 근거이며, 주의는 의식과 기억의 존재 자체를 가능하게 한다. 만약 주의가 완전히 결여된다면, 지속은 완전히 소멸하고 베르그손이 순수 지각이라 부르는 두께 없는 현재만이 남게 된다.

베르그손 철학의 진정한 특징은 『물질과 기억』 이후의 저작들에서 더욱 두드러진다. 이 책은 두 대립적 사유 사이의 경계를 이룬다. 『창조적 진화』의 저자에 따르면, "우선 우리를 우리 자신의 의식에서 가능한 한 가장 높은 곳에 위치시키고 다음에 조금씩 조금씩 떨

---

153 *ES*, p. 153.
154 *PM*, p. 206.

어트려 보자. 우리는 자아가 불가분적이고 행동하는 의지로 긴장하는 대신 상호 외재적인 타성적 기억들로 확장되는 느낌을 갖게 된다."[155] 꿈은 기억들이 정신적 힘을 되찾는 영역이 아니라, 오히려 정신에 물질성이 침입하는 현상에 해당한다. 수면 중에 우리가 느끼는 시간은 살아 있는 지속이 아니라 공간화되고 거의 물질화된 시간이다. 이런 관점에서 볼 때 죽음을 앞둔 자아가 붙들고 있는 무한한 세부의 다수성은 질적 다수성이 아니라 양적 다수성, 즉 단순한 수적 집합에 불과하다.

그래서 우리에게 더 본질적인 것은 꿈의 '나'가 실제로 엄청난 다수의 것들을 눈앞에 두고 있는지 여부이다. 베르그손은 다음과 같이 선언한다. "꿈이란 정신적 삶 전체에서 집중의 노력을 뺀 것이다." 그렇다면 정신적 삶 전체란 무엇을 의미하는가? 우리는 매 순간 우리의 과거 전체가 반복되기에, 정신적 삶의 모든 층위에서 과거 전체와 함께 살아가는 것이 아닌가? 이어지는 부분을 읽어보자. "꿈꾸는 자에게도 지각, 기억, 추론은 풍부할 수 있다. 정신의 영역에서 풍부함이란 노력을 의미하지 않기 때문이다."[156] 오히려 그 반대가 진실이 아닐까? 꿈에서는, 오직 자신에게 흥미로운 것만을 불러일으키는 제한된 감정이 결여되어 있기 때문에, 이미지의 연합이 깨어 있을 때보다 훨씬 더 다양하고 풍부하다는 것은 부정

---

155 *EC*, p. 208.
156 *ES*, p. 104.

할 수 없다.

그러나 이러한 증가와 풍요로움의 외양 아래 꿈의 나는 실제로는 분산된다. 바로 주의, 내적 긴장이야말로 과거의 가능한 한 많은 부분을 현재로 밀어내는 것이다. 이는 주의 깊은 지각의 사례가 잘 보여준다. "사람들은 주의의 진보가 단순히 지각된 대상뿐만 아니라, 그 대상이 관련될 수 있는 점점 더 커다란 체계들을 새로이 창조하는 효과를 갖는다는 것을 보게 된다. 따라서 BCD라는 원이 기억의 점점 더 높은 확장을 나타냄에 따라, 그것들의 반영은 실재의 더욱 깊은 층들인 B′C′D′에 더 도달한다."[157] 그러므로 우리는 원뿔의 공간적 은유에 속아서는 안 된다. AB 방향으로 점점 넓어지는 영역은 주의가 분산된 '나'가 단순한 인지 속에서 포괄한다고 할 수 있는 기억의 점점 더 넓은 범위를 의미하지 않는다. 확실히 AB에 가까워질수록, 깨어 있을 때는 인지되지 않았던 수많은 기억들을 포착할 수 있을 것이다. 그러나 실제로 우리는 극히 제한된 수의 산산이 흩어진 기억의 흐름 앞에 서게 된다. 의식의 다수성은 결코 의식의 본질이 아니다. 그것은 정신적 질서가 어떻게 형성되는지 알려주지 않고 오히려 어떻게 분해되는지를 보여준다. 주의가 분산된 나는 결코 자신의 심리적 내용을 온전히 유지할 수 없다는 것은 자명하다.

---

[157] *MM*, p. 115.

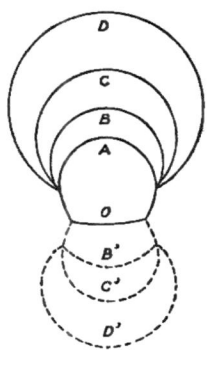

[그림 2]¹⁵⁸

이렇게 우리는 약간의 우회를 거쳐 다시 파노라마적 시각이라는 주제로 돌아오게 된다. 만약 죽음에 임박한 어떤 사람들이 특정한 상황에서 자신의 과거 전체를 보게 된다면, 그것은 단순한 심리적 무관심 때문은 아닐 것이다. 그런데 지금까지의 검토는 삶에 대한 주의가 의식의 영역을 축소시킨다는 점을 가르쳐 준다. 그렇다면 기억 이상 증진은 어떻게 해석할 수 있을까? 베르그손은 결국 1911년 강연에서 "주의의 전환conversion de l'attention"이라는 개념을 도입함으로써, 『물질과 기억』 출간 15년 후에 해답을 찾는 듯하다.[159] 그의

---

158 [역주] *MM*, p. 115. 이 그림은 학위 논문에는 포함되지 않았지만, 이해를 돕기 위하여 삽입하였다.

159 [역주] 「변화의 지각La perception du changement」, *PM*, pp. 143~176.

기억에 관한 주요 이념에 부합하며 정확한 내용을 담고 있는 다음 텍스트를 읽어보자. "만약 삶에 대한 주의가 충분히 강력하고, 실용적인 이해관계로부터 충분히 벗어나 있다면, 그것은 나누어지지 않은 현재 속에서 의식하는 개인의 과거 전체 역사를 포괄할 것이다. 이는 순간적인 것이나 동시적 부분들의 집합으로서가 아니라, 계속해서 현재이면서 또한 계속해서 움직이는 것으로서의 과거이다. 이것은 가설이 아니다. … 예외적인 경우에, 주의가 갑자기 삶에 대한 관심을 포기하는 일이 발생한다. 그러자 마법처럼 과거가 다시 현재가 된다. 갑작스러운 죽음의 위협이 불쑥 다가오는 사람들 사이에서 … 주의의 급격한 전환, 즉 지금까지 미래를 향해 있었고 행동의 필요에 몰두해 있던 의식의 방향이 갑자기 무관심해지는 것과 같은 어떤 변화가 일어나는 것 같다. 이것만으로도 수많은 잊힌 세부 사항들이 회상되고, 개인의 전체 역사가 움직이는 파노라마처럼 눈앞에 펼쳐진다."[160]

여기서도 단순한 무관심이 아니라 주의의 방향 전환이 문제이다. 이것이 인식론에서 매우 중요한 '주의의 전환' 개념이다. 정신은 언제나 긴장된 노력 속에서 온전히 자신을 드러낸다.[161] 반면, 행동을 향하는 일상적 주의 속에서 의식은 우리의 과거 전체를 단순화하여 포괄한다. 의식은 과거를 관조하는 대신에 살아가는 것이다. 이렇

---

160 *PM*, pp. 170~171.
161 *MM*, p. 115.

게 말할 수 있다면 극한의 전환된 주의는 우리의 기억 전체를 증가시키며 포착한다. 이것이 우리 자아 전체를 포착하는 두 가지 다른 방식일 것이다.

 이 장을 마무리하기에 앞서, 베르그손의 기억 이론이 제기하는 극복하기 어려운 난제들을 반드시 숙고해야 할 것이다. 베르그손의 심리학은 행동과 주의라는 개념을 중심으로 끊임없이 움직이는 일종의 행동주의를 제시한다. 『물질과 기억』의 저자에 따르면, "정신을 위해 산다는 것은 수행해야 할 행위에 집중하는 것이다." 따라서 지금까지 충분히 살펴본 바와 같이, 이제 설명해야 할 것은 기억 자체의 존재가 아니라, 적응에 의해 목적화되는 그 운동이다. 그러나 순수 기억은 다시 한번, 신체와 아무런 관련이 없는 존재론적 실재와 혼동된다. 그렇다면 왜 이 신체와 완전히 무관심한 정신적 실재가 신체성으로 향해 심리적 존재로 변모하는가? 사르트르Sartre는 이 점에서 베르그손이 완전히 틀렸다고 할 수 없다고 지적한다. "그렇다면 이 본성에 낯설고 존재하기 위해 전혀 필요하지 않은 신체에 자신을 구현하려는 열정은 어디서 오는가? 왜 기억들은 무기력하거나 무관심한 대신, 주의 깊다고 할 수 있을 정도로 기다리고 있는가?"162 우리는 자연스럽게, 그것이 빛을, 즉 현재에 유용한 앎을 투사하기 위한 것이라고 답할 수 있을 것이다. 그러나 이 가설은 엄밀히 말해 순수 기억이 물질화되려는 그 열정의 존재 이유를 충분히

---

162 J.-P. Sartre, *L'imagination*, PUF, 1965, p. 55.

설명하지 못한다.

결국 베르그손의 기억 개념에는 두 가지 측면이 구분되어야 한다. 하나는 신체적 질서에 종속되지 않는 정신적 실재를 구원하려는 정신주의의 측면이고, 다른 하나는 적응의 관점에서 정신의 의도성을 고찰하는 실재론의 측면이다. 이 두 관점 사이에는 분명한 불연속성이 존재하며 베르그손은 이를 만족스럽게 해소하지 못하고 있다. 그의 주장에 따르면 순수 기억은 무감각하고 비활동적인 존재론적 무의식이다. 그러나 전체 과거, 곧 순수 기억 전체가 현재를 향한 자발적 운동을 촉발하는 역할을 맡는다. 그리고 이 초기 운동 덕분에 기억 행위가 가능해진다. 그렇다면 순수 기억이 가상적이며 현재와 완전히 분리되어 있다고 정확히 말할 수 있는 의미는 무엇인가? 들뢰즈는 존재론적 무의식과는 구별되는 기억이 실제화되는 운동을 나타내는 심리적 무의식을 구분한다.[163] 물론 역동적 도식이 이 구분의 기준을 제공하는 것처럼 보인다. 그러나 베르그손이 '본성의 존재'와 '의도적 존재' 사이의 근본적 구분을 명확히 하지 않기 때문에 그 모호성은 여전히 남아 있다.[164]

베르그손 심리학의 난점 중 하나는 '주의의 전환'이라는 개념에서 뚜렷하게 드러난다. 죽음을 앞둔 사람들의 기억 이상 증진hypermnésie은 기억의 완전한 보존이라는 베르그손 자신의 이론과 밀접하

---

[163] G. Deleuze, *Le bergsonisme*, p. 69.
[164] J. Maritain, *La philosophie bergsonienne*, Rivière, 1930, p. 282.

게 연관되어 그에게 큰 관심을 불러일으킨다. 그러나 의식의 다양한 평면에 관한 그의 이론은 이와 관련하여 결코 충분한 설명을 제공하지 못한다. 오히려 이 이론은 기묘하면서도 치명적인 모순에 빠진다. 즉, 정신이 가장 영적인 차원은 동시에 꿈의 차원이기도 한데, 이곳에서 정신은 오히려 가장 비정신적으로 흩어지고 만다. 반대로, 정신이 물질적 운동으로 구체화되어 가장 비정신적인 차원에 이르렀을 때, 오히려 정신은 가장 적극적으로 신체를 지배하고 목적을 실현한다. 결국 정신이 자신의 목적을 가장 완벽하게 성취하는 순간은, 거의 자기 자신 전체를 망각함으로써 스스로를 부정하는 순간이 아니겠는가? 이러한 내재적 모순을 조정하기 위해 베르그손은 주의의 전환이라는 개념을 고안한다. 그러나 이 주의의 전환은 실상 무로부터의 창조이다.

『물질과 기억』에서 정신에는 오직 외부 세계를 향한 단일한 방향성만이 허용된다. 내적 긴장은 이러한 근본적 지향성에 의해 유지된다. 그렇다면 우리의 정신은 어떻게 행동으로부터 멀어지면서도, 내적 긴장을 유지하여 기억 전체를 단순한 인지 속에 포착할 수 있는가? 실제로『창조적 진화』의 인식론에서는, 주의의 전환의 근거가 생명 일반에 대한 생물학적 연구를 통해 상대적으로 마련된다. 인간의 의식은 지성을 넘어서 확장되며, 삶에 대한 지적인 주의에서 소진되지 않는다. 어쩌면 베르그손은 이러한 생각에 사로잡혀 자신의 기억 이론을 완결하지 않았던 것일지도 모른다. 그러나 그의 해결책은 근거가 부족하며 오히려 의식의 평면이라는 자신의 생각과 모순된다.

3부

Répétition du numéro et de la devise.

베르그손과 프랑스 철학

1
베르그손의 무관심과 삶에 대한 주의

　이 논문에서 고찰하고자 하는 무관심^{désinteressement}의 개념은 앙리 베르그손 철학에 있어서 고유한 의미와 중요성이 있다. 이 개념은 베르그손 철학의 핵심이 되는 이론 — 지속과 기억과 인식의 이론 — 을 정확히 숙지하고, 나아가서 그의 철학의 전체적인 방향을 이해하는 데 하나의 열쇠가 되는 개념이라 할 수 있다. 그러나 이 무관심이 정확히 무엇을 지시하고 있는가 하는 문제는 그리 간단하지 않다. 그 이유는 놀랍게도, 베르그손 자신이 여러 저서에서 이 개념에 대하여 상이한 진술을 하고 있다는 사실에 있다. 따라서 우리가 만일, 그의 일부 저서에 의거해서 이 개념을 해석한다면, 자칫 그의 철학에 대한 잘못된 견해를 가질 수도 있다.

　우리는 일반적으로, 베르그손 철학이 전기와 후기 사상 등으로 나눌 수 있을 만큼 눈에 띄는 변모나 결정적인 발전을 보여 주고 있다고는 생각하지 않는다. 그의 철학은 첫 저서인『의식에 직접 주어진 것들에 관한 시론』에서 마지막 역저인『도덕과 종교의 두 원천』에 이르기까지 놀라울 만큼 치밀하고 일관된 체계를 유지하고 있다. 그러나 무관심의 개념에 있어서는, 저서에 따라 의미의 미묘한 차이점이나 때로는 모순점까지 찾아볼 수 있다.

이 논문의 목적은, 그의 원전에 대한 가능한 한 충실한 조회를 통해 무관심의 개념을 분석, 검토하여 그 정확한 의미를 규정하는 데 있다. 이러한 목적을 위해 우리는 무관심에 대한 베르그손의 상반된 두 견해를 살펴보고, 무관심의 참뜻이 주의의 전환$^{\text{conversion de l'attention}}$에 있음을 고찰한다.

I. 무관심과 삶에 대한 주의

베르그손은 『물질과 기억』에서 우리가 근본적으로 다른 두 가지 형태의 기억 현상을 함께 기억이라는 이름으로 부르고 있음을 지적하고, 이 두 형태의 구별을 강조하고 있다. 그는 기억을 습관 기억$^{\text{mémoire-habitude}}$과 순수 기억$^{\text{mémoire-pure}}$으로 구분한다.[1] 습관 기억은 예컨대, 우리가 학습한 것을 암기해서 얻은 기억과 같은 것이다. 우리는 학습 내용을 여러 번 읽어 그것을 보지 않고, 이전에 읽을 때와 같은 운동을 기계적으로 반복할 수 있는 어떤 습관 내지 기제를 획득했을 때, 그 학습을 기억했다고 말한다. 이처럼 암기에 의해 습득된 기억은, 습관의 여러 특성을 지니고 있다. 그것은 습관과 마찬가지로, 동일한 노력의 반복에 의해 이루어지며 습관적 연습처럼, 동

---

1 *MM*, p. 83.

일한 질서와 시간을 갖는 기계적인 운동성을 갖는다. 그리고 우리는 논리적으로 그 학습 내용을 읽을 때 일어난 사건이나 심상을 조금도 상기하지 않고 그것을 임의로 환기할 수 있다. 즉 습관 기억은 기계적 운동에 의해 반복된 과거 사실 중에서 공통적인 것만을 보존하고 있기 때문에, 시간이 갖는 일회적인 뉘앙스와 질을 간직하고 있지 않다. 따라서 습득된 기억은 학습 내용을 잘 알게 되면 될수록 시간 밖으로 나와 점점 비인격적impersonel인 것이 되고, 우리의 과거의 삶에 낯선étranger 것이 된다.[2] 이 기억은 엄밀히 말하면 과거의 표상représentation이라기보다는 행동action에 가깝다.

이에 반해 반복해서 읽을 때의 개별적인 읽기lecture에 대한 기억은 습관적인 아무런 특성도 갖고 있지 않다. 바꾸어 말하면, 두 번째, 세 번째의 읽기 자체에 대한 기억은 모두 한 번만 일어나는 것이며, 그 인상은 순간순간 새로워진다. 이 기억은 과거 사건에 대한 고유한 날짜와 장소를 보존하고 있다는 점에서 전자와는 본질적인 차이가 있다. 이 순수 기억은 이미지-기억image-souvenir[3]의 형태로, 고유한 초점과 그것을 중심으로 해서 일회적인 지평 구조를 갖고 있는 생의 모든 사건을 어떠한 작은 것도 경시하지 않고 순수히 보존한다. 그것은 실용성을 위한 습관 기억과는 달리 유용성이나 실천적인 적

---

[2]   *MM*, p. 88.

[3]   베르그손은 이미지image를 관념론자가 표상représentation이라고 부르는 것과 실재론자가 사물chose이라고 부르는 것의 중간에 위치하는 것으로 파악한다.

응에 대한 아무런 저의 없이 과거를 다만 자연스러운 필연성의 결과le seul effet d'une nécessité naturelle에 의해 저장된다. 이러한 순수 기억은 아무런 의지의 개입 없이, 지속의 모든 순간에 일어나기 때문에 정신의 어떤 특정한 기능이 아니라 한 측면이며 또한 의식 자체라 할 수 있다. 베르그손에 있어서 의식은 무엇보다도 먼저 기억을 의미한다. 과거를 보존하고 있지 않은 의식은 순간순간 죽었다가 다시 태어나는 의식이어야 하며 이런 의식은, 현실적으로 존재하지 않기 때문이다. 따라서 순수 기억이야말로 우리가 살아온 과거의 전체성을 의미하며 자아의 진정한 실재réalité를 이룬다.[4]

베르그손은 이러한 두 형태의 기억을 구분하는 것은 물론 원칙적이고 이론적으로만 가능하다고 말한다. 그 이유는 이 두 극단적인 기억 사이에는 무수한 중간적 형태가 존재하기 때문이다. 그러나 순수 기억의 존재는 베르그손 철학의 전 원천이 되는 지속의 이론에 필연적으로 연결되어 있다. 의식 존재에 있어서 존재한다는 것은 지속한다는 것이며, 지속한다는 것은 기억한다는 것을 의미하기 때문이다.

그러므로 엄밀히 말해, 물질은 지속하지 않는다. 물질은 라이프니츠가 적절히 정의했듯이, 순간적인 정신esprit instantané이라고 할 수 있기 때문이다. 지속은 바꾸어 표현하면, 과거를 현재 속에 연장시키는 기억의 연속적 삶vie continue d'une mémoire이다. 지속은, 그러므로 각

---

4   *EC*, p. 6.

자 고유한 리듬을 갖고 있는 기억의 두께épaisseur를 지니고 있으며, 이런 의미에서 수학적이고 자연과학적인 동질적 시간temps homogène과 구별된다. 그러나 이처럼 우리의 의식, 자아의 전체성을 이루는 기억의 대부분은 현재의 삶에 관계해서 볼 때 무용한 풍부함richesse inutie이다. 우리는 일반적으로, 의식이 비록 육체적인 기능에 연결되어 있다 해도, 일시적으로만 실천적이고 본질적으로는 사변을 지향하는 것으로 생각한다. 그러나 베르그손에 의하면, 의식은 언제나 실천적인 삶에 주의하고 있으며, 우리의 현재는 본질적으로 감각 운동적sensori-moteur인 것이다.[5] 삶에 주의하고 있는 의식은 무엇보다도 행위와 밀접히 관계하고 있다. 그리고 의식이 끊임없이 행위와 그 결과에 유의하고 있다는 사실은, 우리가 무엇인가를 항상 욕구하고 있으며, 우리에게 결핍된 어떤 것이 있다는 의미이다. 바꾸어 표현하면, 우리는 언제나 듀이J. Dewey의 표현처럼 문제 상황problematic situation에 처해 있는 것이다. 만일 우리가 완전한 존재라면, 우리의 모든 욕구가 충만되어 있다면, 우리의 의식은 삶에 주의하지 않고 무관심해질 수 있을 것이다. 예를 들면, 배가 고파서 먹는 것에 주의한 의식이 배가 부르면, 더는 음식에 관심을 두지 않는 것과 같다. 우리가 이처럼 영원한 결핍 존재로서 끊임없이 행동해야 한다는 사실은, 우리가 시간 속의 존재라는 의미이다. 시간이 존재한다는 것은 이 세상의 모든 것이 공간처럼 한꺼번에 동시적으로 주어지지 않았으

---

5   *MM*, p. 153.

며, 우리는 자신을 실현하기 위해 문자 그대로 기다려야 함을 뜻하기 때문이다. 그리고 기다림은 단순한 사고에 의해서가 아니라 활동을 통해 이루어져야 한다. 따라서 행동의 법칙은 인간 존재의 가장 근본적인 법칙이며, 의식은 현재의 절박한 상황을 해결하고 행해질 행위에 빛을 줄 수 있는 실용적인 기억만을 떠올린다. 즉 살아 있는 존재의 관심은, 결국 현재 상황에서 과거에 유사한 것을 찾아내 경험된 과거를 이용하기 위해 그것을 현재에 접근시키는 데 있는 것이다.

"일상적인 대상을 회상하는 것은 우선 그것을 이용하는 것을 아는 데서 기인한다."[6] 베르그손은 이러한 의식의 현재에 대한 집중을 거꾸로 놓은 원추 도형으로 보여 준다.(190쪽 원추도형 그림 참조) 원추 ABS가 우리의 기억의 총량이라면, 기저 AB는 과거에 위치해서 움직이지 않는 기억을 나타낸다.[7] 그리고 정점 S는 우주에 대한 나의 표상 P라는 면에 접해 끊임없이 유동하는 현재를 표현한다. 우리가 현재의 생에 주의하면 할수록 의식은 기억의 최대의 집중과 최소의 공간을 점유하는 S라는 현재의 한 점에 향하게 된다. 반면에 의식이 현재의 생에 부주의할수록, 즉 감각 운동적인 의식 상태에서 벗어나면 벗어날수록 A″, B″, AB로 향하게 된다. 이러한 도형의 양면은 무의식과 의식으로 해석될 수도 있으며, 베르그손이 구별한

---

6   *ES*, p. 101.
7   *MM*, p. 181.

심층 자아와 표층 자아를 나타낸다고 할 수도 있다. 따라서 행위에 밀착해 있는 현재의 의식은, 기억의 거의 총량에 대해 무관심하며 유용한 기억이 되어 의식에 떠오르기를 원하는 순수 기억을 억제한다. 그리고 이러한 억제를 통해서 우리의 자아는 통일성을 확보하고 현재의 생에 적절히 대처할 수 있는 것이다.

그러면 의식이 어떻게 유용한 기억만을 떠올릴 수 있는가? 베르그손은 실어증 환자와 기억 상실증 환자에 대한 면밀한 연구를 통해서 뇌가 서류를 담는 캐비닛처럼 우리의 기억을 보관하고 있지 않다는 사실을 증명하고 있다.[8] 그가 뇌를 중앙전화국에 비유한 것은 널리 알려진 사실이다. 전화국은 외부의 요청에 따라 선을 연결해 주고, 통화 중인 경우에는 순번을 대기하도록 하는 기능만을 수행한다. 마찬가지로 뇌는 신경근육적 연접기의 작용을 한다. 그것은 운동 감각 기관의 제재 아래 현재에 불필요한 기억을 제거하고 유용한 기억만을 선택해서 방출하는 차단기와 선별기의 역할을 한다. 즉 뇌는 '삶에 대한 주의의 기관organe de l'attention à la vie'[9]인 것이다. 따라서 삶에 주의하고 있는 의식은, 우리의 본질적이고 실재적인 자아를 구성하는 기억을 거의 전적으로 무시하며 생의 근본 법칙인 행위의 법칙은 그 자체 내적 자아에 대한 인식을 제어하는 부정적 측면을 지니고 있는 셈이다. 무관심의 개념은, 여기서 '삶에 대한 주

---

8 *MM*, 2장.

9 *ES*, p. 47.

의'에 대한 반대개념으로 명확한 의미 연관을 가지고 등장한다. 즉 현실적 삶에 무관심한 정신은 이제까지 감추어져 있던 과거의 모든 기억, 참된 자아를 대면할 수 있다는 것이다.

II. 무관심이란 무엇인가 (1)

베르그손은 우리의 모든 과거 사실의 기억이 비록 현재에 유용한 것이 못 되어 대부분의 경우 의식의 표층에 떠오르지 못하지만, 하나도 손상됨이 없이 보존되어 있으며, 이러한 기억은 의식이 현재의 생에 무관심해졌을$^{se\ désintéresser}$ 경우에 되살아나는 힘을 갖게 된다고 말하고 있다. 그리고 그는 현재의 삶에 무관심해질 수 있는 것은 인간만이 지니고 있는 특성 내지 능력으로 파악한다. 식물계나 동물계에 있어서 무관심은 존재하지 않거나 의식되어 있지 않다. 식물의 의식은 혼수상태에 빠져 있으며 동물은 오직 본능적 지각에 의해 현재의 삶에 매여 있기^{attaché} 때문이다.[10] 그러나 인간은 비록 현재의 삶에 밀착되어 있다고 하나, 그 밀착의 정도에 따라 상이한 차원에서 살며 또 의식적으로 삶에 무관심해질 수도 있는 것이다. 그리고 베르그손에 의하면, 삶에 무관심해질 수 있다고 하는 것은, 무용한 것, 비실용적인 것을 생각하고 소중히 여길 줄 아는 것과

---

10 *MM*, p. 80.

통한다.[11]

그러나 어떤 주어진 순간에 내가 현재적 상황, 절박한 행위, 즉 기억의 모든 활동을 한 점에 집중시키게 했던 것에서부터 무관심해졌다고 가정해 보자. 다른 말로 표현하면, 내가 잠을 잔다고 가정해 보자. 그러면 이 부동의 회상들이 내가 이제까지 그들을 의식의 지하에 얽매 놓았던 뚜껑을 열어 장애물을 제거했음을 느끼고 움직이기 시작한다.[12]

이런 무관심한 순간에 있어서 우리는 살기보다 나의 존재를 꿈꾸는rêver mon existence au lieu de la vivre [13] 입장에 처하게 되며, 이때 이제까지 까맣게 잊고 있던 과거 전체totalité de passé를 지각할 수 있다. 행위에서 멀어진 의식은 과거의 어느 일정한 부분에만 집중할 아무런 이유도 갖지 않기 때문이다. 이처럼 행위의 세계에서의 분리를 의미하는 무관심은 방심, 몽상, 잠, 꿈 등 여러 단계가 있다. 이 중에서 베르그손이 무관심의 대표적 계기로서 흔히 지적한 것은 잠이나 꿈의 순간과 갑자기 죽음에 임박한 사람, 즉 갑작스런 질식자, 익사자, 교수형을 받는 사람이 경험하는 특정한 순간이다.

그는 꿈을 '정신적 삶 전체vie mentale tout entier'로 집중의 노력이 적은

---

11   *MM*, p. 189.
12   *ES*, p. 96.
13   *MM*, p. 168.

상태라고 말하고, 꿈을 꾼다는 것은 인간만의 현상이라고 말한다. 또한 잔다는 것은 외부 세계와의 단절, 타자와의 매개를 의식하지 않는 상태이다. 우리는 현재의 삶에서 무관심해지는 정도만큼 잠을 잔다. 예컨대, 아기 옆에서 잠을 자는 어머니는 우렁찬 천둥소리에는 깨어나지 않으면서도 아주 미약한 어린애의 신음 소리에는 잠을 깬다고 한다. 이 경우 어머니는 어린애와의 관계에서 실제로 잠을 잔 것이 아니며 우리는 우리의 관심을 요구하는 것에 관해서는 무관심하게 잠을 잘 수가 없는 것이다. 그러나 자기의 삶에 가장 무관심한 사람은 두말할 나위 없이 어쩔 수 없는 상황에서 죽음에 직면해 있는 사람이라 할 수 있다.[14] 이들은 문자 그대로 순수한 무관심 상태에 머문다. 이들은 현재의 자기 삶에 대한 주의와 배려, 행동이 더는 무의미하고 불가능하다고 판단하고, 무관심의 극점에 위치해서 과거의 자기 존재를 순수히 꿈꾸고, 자기의 내부에 있는 기억의 무한한 복수성multiplicité infinie을 지각한다고 한다.

베르그손은 또한 우리의 참다운 실재를 파악하는 사람은 평소 행위의 세계에 매여 있지 않은 명상이나 예술가의 소관임을 여러 곳에서 밝히고 있다. 그들은 죽어가는 사람처럼 삶에 무관심한 환상가들이다.[15] 그들은 따라서 행동인의 좁은 관점을 세계와 그 자

---

14 베르그손은 이 문제를 『물질과 기억Matière et mémoire』, 「변화의 지각la perception du changement」, 「살아있는 사람들의 환영과 심령연구fantômes de vivants et recherches psychiques」에서 다루고 있다.

15 *RI*, p. 154.

신에게 적용하는 대신, 사물과 그들의 영혼을 본원적인 순수성 속에서 지각한다. 그리고 베르그손은 만일 우리도 그들처럼 절대적으로 무관심한 존재가 된다면, 때론 즐겁고 때론 슬픈 음악처럼 언제나 독창적인 내적 생의 끝없는 멜로디를 감지할 수 있으리라고 말한다.16 베르그손이 자아의 지속을 음악의 멜로디에 비유하고 있는 것은 여러 곳에서 발견된다. 따라서 위에서의 '내적 삶의 멜로디'는 바로 우리의 지속의 상태를 의미하는 것이다. 그는 『시론』에서 지속에 대한 다음과 같은 유명한 정의를 하고 있다.

> 아주 순수한 지속은 우리의 자아가 그 스스로 살도록 se laisse vivre 되었을 때 의식 상태의 연속이 취하는 형태이다. … 그리고 [멜로디의] 전체는 살아 있는 존재 ─그의 여러 요소들이 비록 구별될지라도 그들의 연대성의 결과에 의해 서로 침투되어 있는─에 비유될 수 있다고 할 수 없는가?17

순수 지속의 상태에 있는, 스스로 살도록 된 자아는 구체적으로 어떤 자아인가? 베르그손이 위 저서의 2부 「의식 상태의 복수성에 관하여」에서 진술한 여러 부분은, 이 자아가 잠자는 자아, 또는 꿈꾸는 자아와 유사한 상태에 있음을 보여 준다. 우리의 의식이 각성

---

16 *RI*, p. 154.
17 *DI*, p. 75.

되어 있을 때에는 우리 인간만이 지니고 있는 동질적인 공간espace homogène 표상에 의해 상호 침투되어 분리할 수 없는 내적 지속을 분리할 수 있는 요소의 병렬로 생각하는 경향이 있기 때문이다. 그리고 이러한 일상적인 지속의 이해는 행위에 매여 있는 지성적 사고의 산물이기도 하다. "우리의 지속에 대한 일상적인 개념은 순수의식의 영역에 공간 개념이 적용된" 잘못된 견해이다.[18] 그러므로 베르그손은 동질적인 시간이 아니라 지속을 이해하기 위해서는 잠의 상태에 이르는 것만으로 족하다고 말한다.

> 잠의 세계에서는 우리는 지속을 더 이상 계산하지 않고, 그것을 느끼기 때문이다. 이때 지속은 양에서 질의 상태로 이전한다. 흘러간 시간에 대한 수학적 이해는 꿈에서는 더 이상 이루어지지 않는다.[19]

그는 또한 제임스W. James에게 보내는 서한에서 깊게 그리고 완전히 스스로를 인식하기 위해서는 행해야 할 어떤 적극적인 것이 있어서는 안 되고, 오직 파기défaire해야 할 것만이 있을 뿐이라고 말하고 있다.

지금까지의 고찰을 통해서 우리는 베르그손이 무관심의 상태를 잠이나 꿈과 거의 동의어로 사용하고 있으며 내적 자아의 인식도

---

18   *DI*, p. 82.
19   *DI*, p. 94.

잠과 같은 무심한 상태에서 가능한 것처럼 말하고 있는 것을 알 수 있다. 이러한 관점에서는 지속하는 자아에 대한 인식은, 생에 대한 초탈이나 포기의 결과가 되어 버린다. 그렇다면 베르그손의 철학은 흘러가는 물을 졸음 상태에서 물끄러미 바라보는 목동[20]의 철학, 일종의 정적주의quiétisme, 현실 도피의 철학인가? 분명히 그렇지는 않다. 그의 철학은 다른 어느 철학보다도 행동과 생의 철학이며 무활동과 무기력을 철저히 배제하는 입장에 있다.

이러한 그의 철학의 성격이 무관심의 개념과 관계해서 제일 잘 드러나 있는 논문은 「살아있는 사람들의 환영과 심령연구Fantomes de vivants et Recherche psychiques」(1913)이다. 그는 여기서 우리의 내면에 보존되어 있는 과거의 전부, 자아의 실재를 지각하기 위해서는 행위에서 우리의 관점을 돌리는 것만으로 족하지만 우리는 시각을 과거로 돌릴 수도 없고 또 돌려서도 안 됨을 강조하고 있다. 우리의 운명은 사는 것, 행동하는 것이며, 생과 행동은 앞을 내다보는 것이기 때문이다.[21]

러셀B. Russell은 그의 『서양철학사』에서 이러한 베르그손 철학의 특성을 잘 지적하고 있다. 그는 철학자를 철학하게끔 이끈 선재적인 욕구에 따라 철학을 감정의 철학, 이론적 철학, 실천적 철학으로 나누고, 베르그손의 생철학을 실용주의와 함께 현대의 대표적

---

20 *PM*, p. 206.
21 *ES*, p. 76.

인 실천철학으로 꼽고 있다. 이러한 그의 철학의 특성과 지금까지 살펴본 무관심의 개념 사이에는 여러 모순이 내재하고 있음을 알 수 있다. 이제 우리는 무관심에 대한 그의 정반대의 견해를 살펴보기로 한다.

III. 무관심이란 무엇인가 (2)

베르그손은 자아의 지속을 이루는 의식의 여러 상태를 질적 복수성$^{multiplicité\ qualitative}$이라고 정의하고, 수적 복수성$^{multiplicité\ numérique}$과 엄밀히 구별하고 있다. 수적 복수성은 동질적인 공간에서 성립하는 복수성으로서 공간의 여러 성격, 즉 동질성^{homogénéité}, 병렬성^{juxtaposition}, 가분성, 동시성^{simultanéité}, 상호 외재성$^{extériorité\ réciproque}$, 상호 불가침투성$^{impénétrablité\ réciproque}$을 지니고 있다. 그러나 의식 상태의 질적인 복수성은 수적인 복수성과는 반대로 이질성^{hétérogénéité}, 불가분성, 상호침투성, 상호내재성$^{interiorité\ réciproque}$을 특징으로 하고 있다. 그리고 이 두 종류의 복수성의 구별은, 베르그손 철학의 특유한 이분법에 의해 공간과 시간, 필연과 자유, 물질과 생명이라는 이원 구조로 발전한다. 그는 지속을 이렇게 표현한다.

우리는 구분이 없는 연속성을 상호 침투성, 연대성, 여러 요소들의 내적인 유기성으로 지각할 수 있을 것이다. 그리고 이러한 연속성을 구성하는 의식의 여러 요소는, 하나하나가 전체를 대표하는 것으로서 오직 추상적 사고에 의해서만 전체로부터 구별되고 분리될 수 있을 뿐이다.[22]

따라서 만일 무관심의 계기가 의식 상태의 질적인 복수성이 아닌, 수적인 복수성을 지각하게 한다면, 이때 우리는 지속하는 자아의 원상을 인식하는 것이 아니라 자아의 그림자^{ombre}만을 지각하게 되는 셈이다. 그런데 베르그손은 이 문제에 관해서 앞에서 살펴본 견해와는 정반대의 의견을 나중에 보여 주고 있다. 즉 무관심의 상태로서의 잠에서는 상호 유기적인 복수성을 직관하는 것이 아니라, 양화된 의식의 무수한 단편의 산재를 지각하게 된다는 것이다. 이 산재^{éparpillement}의 개념은 그의 두 번째 저술인 『물질과 기억』에서 이미 등장한다.

우리가 꿈의 생을 살기 위해 감각 운동적인 현재의 상태에서 빠져나올수록 우리는 원추도형의 AB에 산재하게 된다.[23] 이 말은 생에 대한 주의를 늦추면 정신이 이완되고, 지속의 단일성이 상실되는 것을 암시하고 있는데, 이에 대한 보다 명확한 의견은 『창조적 진화』에서 찾아볼 수 있다.

---

22 *DI*, p. 75.
23 *MM*, p. 181.

행동하는 대신 꿈을 꾸어 보자. 그러면 그와 동시에 우리의 자아는 분산한다. 이제까지 불가분적 추진력 속에서 우리 자신에게 응축되었던 과거가 수천의 기억으로 해체되어 그 각자는 서로서로 외재적인 것이 되어 버린다. 그들은 점점 더 응고^{se figer}되며, 그럴수록 상호 침투되기를 포기한다. 그리고 우리의 인격은 다시 공간의 방향으로 하강한다.[24]

베르그손이 내적 자아의 지속의 특성 중에서 무엇보다도 강조한 것은, 지속의 단일성과 창조이다. 그리고 이 단일성과 창조는 "자신에 대하여 자신의 인격을 격렬하게 수축시킴으로써 빠져나가려는 과거를 모아 담고 떨어져나가려는 과거를 밀집하여 현재의 일 점에 집중시키는" 의식 속에서 이루어진다.[25] 예를 들어 우리가 낭송하는 시를 듣는다고 하자. 이때 우리가 시에 정신을 집중하여 주의하면, 시의 불가분의 단일성과 율동성을 지각할 수 있다. 그러나 주의를 늦추어 시에 무관심할 때는, 이제까지 전체적인 의미 속에서 살아 있던 음들은 각기 그의 물질성을 띠고 나타난다. 문장은 어휘로, 어휘는 음절로 분해되어 이것들은 마치 공간에 위치한 점으로 표상될 뿐이다. 이와 마찬가지로, 우리의 자아를 구성하는 과거도 생에 대한 주의에 의해 현재의 의식에 유기화되어 있기 때문에 생에 무관심하게 잠자는 사람이나 명상가는 지속의 살아 있는 단일성을 지

---

24   *EC*, p. 226.
25   *EC*, p. 226.

각하는 것이 아니라, 지속 이전의 무수한 상태의 흐름만을 대하게 된다. 이처럼 생에 대한 무관심이나 정신의 이완에 의해서는 내적 지속을 인식할 수 없다는 베르그손의 입장은 자유에 대한 그의 독특한 이론에 의해서 간접적으로 선명하게 밝혀진다. 그는 자유로운 행위를 우리의 전인격에서 우러나온 행위로 정의한다. 그리고 이와 같은 자유의 순간에 우리는 자신을 표면 자아가 아닌 내적 자아의 순수 지속에 위치시킴으로써 자아의 전체를 소유하게 된다.[26]

이런 의미에서 자유는 자기의 전체에 의해 결정된다는 의미에서 최고의 필연성과 자기에 의한 자신의 결정이라는 점에서 최대의 자발성을 갖는다. 그리고 이 자유는 자유에 대한 가장 전통적이고 도덕적인 의견, 예컨대 플라톤이나 스피노자의 이론과 일치하는 점이 있다.

그러나 베르그손은 자유를 인식론적인 관점에서 파악한 기존의 견해에 반대해서 자유는 인식이나 분석의 대상이 아니라, 구체적 행위 대상으로서 우리는 자유를 오직 살^{ivre} 수 있을 뿐이라고 한다.[27] 이런 행위와 삶으로서의 자유는 우리가 어떤 위기나 중대한 결정에 임했을 때에만 가능하기 때문에 평소 대부분의 사람들은 자유를 행사하고 있지 못한 것이 된다. 그리고 자유는 내적 자아와의 일치의 정도에 따라서 등급이 있게 된다. 이러한 관점에서 자유는

---

26 *DI*, p. 126.
27 *DI*, p. 180.

생에 대한 의식의 최대한의 주의에 의해서 가능한 것이 된다. 그리고 이때 인격 전체가 자아의 단일성 속에서 현재의 행위에 유기적인 필연성을 가지고 침투하여 현시적^{contemporaine}으로 표출됨으로써 자아의 진상이 나타나는 것이다. 베르그손의 가장 탁월한 연구가인 장켈레비치는 베르그손의 자유의 개념은 결국 생에 대한 성실성^{sincérité}이며 물질을 지배하는 무관심과 무기력의 반대개념이라고 평가한다.[28]

물질의 세계는 수동성과 기계주의의 세계이다. 물질은 자기원인성이 없으므로 결과만을 소유하며 또 그 결과에 대해 무관심한 존재이다. 그러나 생명체에 있어서 자기나 미래의 결과에 대한 무관심은 자멸을 가져올 뿐이다. 따라서 베르그손은 자유의 등급을 후에 '지속의 긴장$^{tension\ de\ la\ durée}$'이라는 보다 근본적인 생명의 이론으로 발전시키고 있다.[29] 그에 의하면 지속에는 두 가지 상반되는 방향이 있다. 하나는 하강하는 방향이며 다른 하나는 상승하는 방향이다. 하강하는 지속은 의식 상태의 질을 점점 양화하면서 유기성이 이완, 감소되는 과정이다. 이러한 방향의 극한은 순수한 동질성, 순수한 반복이며 이것을 그는 물질성^{matérialité}이라고 정의한다.[30] 그러나 이와는 달리 점점 긴장하고 강렬해지는 상승하는 지속은 생명

---

28 Jankelevitch, *H. Bergson*, p. 79.
29 *MM*, pp. 227~235.
30 *PM*, p. 237.

의 약동^{élan vital}의 방향이다.

생명체는 한마디로 물질에 침투한 의식이다. 생명체는 자기 안에 상반되는 두 요소, 즉 물질성과 정신성을 지니고 있으며 생명의 원리는 필연과 수동성이 지배하는 물질의 운동을 제지하고, 자기 존재의 영속화를 꾀하는 긴장된 과정이다. 그리고 이러한 생의 긴장은 오직 실천적인 차원에서만 가능한 것이기 때문에 베르그손은 지속의 긴장은 정확히 행위의 힘, 자유롭고 창조적인 활동성에 의해 측정될 수 있다고 주장한다.[31] 이러한 이론에 의하면, 생에 대한 무관심의 세계는 지속의 긴장이 가장 완화된 상태이며 이때 우리는 거의 공간화되고 물질화된 지속의 가장 낮은 단계를 소유하고 또 지각하게 되는 것이다. 나아가서, 계속적인 생의 무관심은 이론적으로 지속 자체의 존재성을 파괴하는 요인이 되어 버린다.

지금까지의 고찰을 통해 우리는 무관심에 대한 베르그손의 상반되는 두 견해를 알 수 있다. 그 하나는 행위에서의 일탈이 지속의 음악적 연속성을 지각하게 한다는 입장과, 다른 하나는 지속의 여러 상태의 불연속적 병렬만을 대하게 된다는 입장이다. 그러면 이 모순을 어떻게 해결할 수 있는가? 이 문제는 베르그손의 이론에 내재하는 어려움이라고 할 수 있다. 지속에 대한 깊은 인식을 얻기 위해서 우리는 평소 행위에 집중한 의식의 긴장을 해소해야만 한다. 행위와 그 결과에 주의하는 의식은 자기 자신에 대한 의식^{conscience de}

---

31 *ES*, p. 17.

soi-même이 아니기 때문에, 자기 인식을 위해서는 다른 방법이 있을 수 없다.

그러나 한편 인식의 요인이 되는 이 정신의 이완détente은 인식의 파괴자가 되어 버린다. 이완된 정신은 지속의 단일성을 파악하지 못하기 때문이다. 그렇다면 이 두 극단 사이에는 어떤 화해 또는 중재가 불가능한가? 만일 내적 지속을 인식하기 위해서 정신은 긴장되어야 하고 다른 한편, 행위에 매여 있는 의식의 완고함과 협착을 피하기 위해 어떤 이완이 필요하다면, 동시에 긴장하고 이완된 의식을 생각할 수는 없는가? 이처럼 꿈의 상태에서처럼 현재의 생에서 등을 돌리고, 그러면서도 정신의 주의력을 견지하고 있는 의식은 베르그손의 인식론, 그의 직관의 이론에 의해 체계화된다.

IV. 무관심의 진정한 의미는 '주의의 전환'

베르그손의 인식론의 근본적인 특징은 그것이 생명의 이론과의 밀접한 연관을 통해서 다루어지고 있다는 점이다. 그는 『창조적 진화』에서 생명의 이론에 입각해서 지성의 발생과 본성을 논하면서 지성에 대한 전통적인 해석과는 정반대의 의견을 제시하고 있다. 종래의 철학자는 지성을 행위와 대립하는 명상, 진리 자체를 인식하는 능력으로 평가했다. 그러나 베르그손에 의하면, 지성은 오직 행위를 위한 인식 도구이며 지성의 본질적인 기능은 인공물, 특히 도구를 만드는 데 있다. 그는 지성에 대한 솔직한 실용주의적 입장에 위치하며 인간을 우선 공작인homo faber으로 파악한다. 따라서 지성의 표어는 "사는 것이 첫째요, 철학하는 것은 그다음이다primum vivere, deinde philosophari"가 된다.

지성은 모든 사물을 생에 대한 유용성과 사고의 편의성의 입장에서 파악하기 때문에 일반적으로 생각한다는 것과 행동한다는 것은 동일한 방향을 지향한다. 이러한 지성적 사고의 대표적 형식은 동질적 공간과 동질적 시간이며, 이것들은 동시에 행동의 구조이기도 하다.[32]

칸트는 동질적 공간과 시간을 감성적인 직관 형식이라고 했다. 그리고 칸트가 얘기한 대상을 인식하기 위한 전제로서의 이 직관 형식은 일종의 데우스 엑스 마키나deus ex machina의 방식으로 이미 만들어져 우리의 심성에 먼저부터 있는 것으로서 그 연원을 알 수가 없는 것이다. 그러나 베르그손에 의하면 동질적 공간과 시간은 지성의 인식 형식이며, 그것은 물질을 인식하고 이용하기 위해 인간의 진화와 함께 형성된 후천적 산물에 불과하다. 그러므로 지성은 물질성과 공간성과 짝을 이루고, 지성적 사고는 필연적으로 기하학주의를 지향한다. 지성은 모든 대상을 고정된 것, 불변하는 것으로 환원해서 사고하기 때문에 본질적으로 참다운 실재성인 생명과 운동과 시간 현상을 파악하지 못한다. 제논의 역설은, 바로 지성적 사

---

[32] *EC*, p. 157.

고가 운동과 시간을 공간 형식으로 환원해서 파악하려고 한 데서 발생하는 모순과 부조리의 전형을 보여 주고 있다. 지성은 한마디로, 사물 자체에 대한 이해관계를 떠난 인식connaissance désintéressée을 할 수 없다.[33] 따라서 베르그손에 있어서 실재 자체를 인식하는, 지성과는 다른 인식이 요청되며, 이것을 그는 직관intuition이라고 한다. 직관은 사물에 대한 사심이 없는 인식으로서 지성이 파악할 수 없는 것을 파악한다. 그는 직관을 공감sympathie, 전체적인 경험expérience intégral 또는 이해관계를 떠난 본능instinct désintéressé 등으로 정의한다.[34]

그가 삶의 이해관계를 초월한 인식으로서의 직관에 관하여 지속의 이론에 근거해서 가장 체계 있게 서술한 논문은 「형이상학 입문 Introduction à la métaphysique」(1903)이다. 지성적 사고는 고정된 개념을 통한 사고이며 이 개념은 실천적 문제와 행위의 도식 위에서 주조된다. "어떤 대상에 한 개념을 부여한다는 것은 대상이 우리를 위해서 할 수 있는 것이 무엇인가를 묻는 것이다."[35] 그러나 이러한 지성적 사고의 습관은 일상적인 생의 세계에서는 매우 자연스럽고 또 합법적이다. 행위의 세계 속에서는 사물 자체에 대한 인식이 문제가 아니라, 사물의 이용이 문제이기 때문이다. 문제는 이러한 지성의

---

33 이 경우 'désintéressée'의 의미는 '무관심한'보다는 '이해관계를 초월한'이 보다 원래 뜻에 가깝다.

34 직관에 대한 베르그손의 정의는 매우 다양하다. 여기 든 세 가지는 그중에서 제일 널리 알려진 개념들이다.

35 *PM*, p. 199.

'활동 방식modus operandi'을 철학하는 데philosopher까지 적용하는 데서 발생한다.

> 형이상학에 내재하는 여러 어려움, 형이상학이 제기하는 이율배반과 모순, 반대되는 여러 학파의 분리나 체계 사이의 화해할 수 없는 대립은, 대부분 우리가 사물에 대한 이해를 초월한 인식에, 실천적인 유용성을 목적으로 해서 일상적으로 사용해 왔던 방식을 적용하는 데 있다.[36]

따라서 실재를 인식하기 위해서는 상징과 서로 다른 관점에 의거해서 성립된 개념에서 대상으로 이행하는 지성적 방향과는 반대로, 대상 자체에서 개념으로 이행하는 직관이 필요하다. 베르그손은 칸트가 형이상학의 불가능성과 물 자체Ding an sich의 인식의 불가능을 주장한 것은 개념적 인식을 뛰어넘는, 감성적 직관보다 더 높은 직관이 존재함을 알지 못한 데서 비롯하며 실제로 우리는 지성과 역의 방향으로 사고할 수 있다고 말한다.[37] 그러나 직관적 인식은 정신의 비상한 노력을 요구하기 때문에 매우 고통스러운 작업이며, 우리가 직관적 인식을 할 수 있는 순간은 매우 드물고 또 짧다. 여기서 베르그손의 무관심의 개념은 직관의 이론에 있어서 명확한 형태로 나타난다. 무관심은, 한편으로는 행동을 위한 사고의 방향

---

[36] *PM*, p. 212.
[37] *PM*, p. 213.

을 바꾸고, 다른 한편으로는, 우리의 정신을 보다 긴장하게 하는 계기를 의미한다. 따라서 무관심은 바꾸어 표현하면 주의의 전화이며, 이것이 바로 철학의 소임인 것이다.

> 철학자는 그의 사고를 이완하도록 노력하는 자는 결코 아니다. 그는 그러나 실천적 목적에서 등을 돌림으로써 사고의 일상적인 진행을 정지시키는 사람이다. 그것은 정신을 꿈의 노출l'épanchement du rêve에 내맡기기 위해서가 아니라 일상적인 사고 작용을 역전시키기 위해서이다.[38]

베르그손이 이야기한 이 사고의 전화는 고대 철학에서도 동일한 의미 연관을 가지고 등장한다. 플라톤은 유명한 동굴의 비유를 통해 실재 세계를 보기 위해 동굴에 어른거리는 그림자에서 시선을 돌리는 것을 말하고 있으며, 베르그손이 깊이 영향받은 플로티누스Plotinus는 모든 행동과 제작은 사고를 약화시키므로, 진리의 발견은 정신의 전환ἐπιστροφή(epistrophē)을 요구한다고 주장한다. 그러나 이들과 베르그손의 이론 사이에는 근본적인 방향의 차이점이 있다. 플라톤이나 플로티누스에 있어서는 진리를 파악하기 위해서 우리가 살고 있는 변화무쌍한 현상계를 초월해서 다른 세계, 이데아의 세계로 가야 한다. 그들은 인식의 모순과 어려움은 현상계의 변화 자체에 내재하는 것이기 때문에, 이 변화의 세계, 즉 시간의 차원을 벗어

---

38 *PM*, p. 214.

나 불변의, 부동의 세계를 인식하고자 했다. 그러나 베르그손에 의하면, 참다운 실재를 인식하기 위해 운동과 시간의 세계를 벗어나 불변의 대상을 파악해야 한다는 이론은, 바로 행위를 위해 부동성과 불변성을 기초로 사고하는 지성적 사고의 범주를 형이상학에 적용한 잘못된 견해에 불과하다.[39] 따라서 베르그손의 직관은, 변화하는 시간 속에 위치하는 실재를 파악하는 것이다. 그의 철학은 '영원의 상 아래에서$^{sub\ specie\ aeternitatis}$'가 아니라 '지속의 상 아래에서$^{sub\ specie\ durationis}$' 성립한다. 그리고 직관적으로 사고한다는 것은 지속 안에서 사고한다는 것을 의미한다.

그가 이 '주의의 전환'에 관해서 매우 분명한 이론을 보여 준 것은 훨씬 뒤 옥스포드에서 강연한 「변화의 지각$^{la\ perception\ du\ changement}$」(1911)에서이다. 여기서 그는 이전의 무관심의 개념에 대한 상이한 진술을 종합해서 하등의 불투명성이 없는, 결정적인 의견을 제시하고 있다.

충분히 힘이 있으며^{puissant} 모든 실천적 관심에서 벗어난 '삶에 대한 주의'가 불가분적 현재 속에서 자아의 전 과거를 순간적이거나 동시적인 부분의 전체로서가 아니라 부단한 현재로서 포착할 것이다. 그것은 다시 말하거니와 우리가 불가분적으로 지각하는 멜로디이며 영원한 현재

---

39 *EC*, p. 302.

와 같은 것이다.[40]

    여기서 우리는 무관심이 잠이나 꿈의 상태로 이행하는 주의의 전화가 아니라 도리어 정신의 팽창^{dilatation}에 의해 분산하는 자아의 실체를 단일성 속에서 파악하는 계기가 됨을 알 수 있다. 따라서 그는 생애의 주의의 반대 개념으로 놓았던 무관심을 다시 본래적인 "삶에 대한 또 다른 몰두$^{\text{autre attachement à la vie}}$"[41]라고 표현하고 있는 것이다.

---

40   *PM*, p. 170.
41   *MM*, p. 189.

2
베르그손 철학으로 읽는
『잃어버린 시간을 찾아서』

    베르그손과 소설가 프루스트^{M. Proust}(1871~1922)의 관계에 대해서는 크게 세 가지 견해가 있다. 우선 프루스트가 베르그손 철학의 영향을 결정적으로 받았다는 긍정론과, 두 사람의 사상의 차이점을 강조하면서 이들이 서로 무관하다고 주장하는 부정론이 있다. 그리고 프루스트의 사상이 여러 면에서 베르그손 철학과 일치하지만, 그것은 프루스트가 베르그손으로부터 직접적인 영향을 받아서가 아니라, 다만 동일한 시대 정신의 독자적인 문학적 표현에 불과했다는 제3의 주장이 있다. 이러한 세 견해 중에서 연구가들의 대부분이 인정하고 있는 학설은 긍정론이다. 이 글에서는 베르그손과 프루스트의 작품을 분석하여 두 사람의 사상을 비교하고, 결론적으로 긍정론이 보다 타당한 견해임을 밝히려고 한다. 이 글의 분석대상으로 주로 사용된 텍스트는 프루스트의 소설『잃어버린 시간을 찾아서^{À la recherche du temps perdus}』(1913~1928)의 제1권인『스완네 집 쪽으로^{Du côté de chez Swann}』(1913)[42]이다.

---

42   소설『잃어버린 시간을 찾아서』는 모두 7권으로 되어 있으며 1권은 「콩브레」, 「스완

I. 베르그손과 문학

플라톤은 그의 대화편에서[43] 두 가지 부류의 철학자에 관해 얘기하고 있다. 한 부류는 뮤즈에 낯선^{étranger} 자들이다. 이들은 모든 것을 구별하는 데에만 힘씀으로써 우주에 내재해 있는 조화를 보지 못하고 때론 파괴한다. 그러나 다른 한 부류는 뮤즈의 가치를 인정할 줄 아는 자들이다. 이들은 전자와는 달리 현상계에 나타난 외적 사실에만 머무르지 않고, 음악을 이해하고 우주의 조화를 감지한다. 그들은 철학에 있어서 예술적 요소에 깊은 관심을 갖고 있으며, 전자보다 덜 합리적인 반면에 생의 비의에 보다 민감하다. 그리고 이러한 철학자들이야말로 진정한 철학자들이다.

이러한 플라톤의 구분을 염두에 둘 때 베르그손은 분명히 후자에 속한다. 베르그손의 철학은 예술적 영감에 가득 차 있으며, 그의 문장은 '산문으로 된 철학시$^{poésie\ philosophique\ à\ prose}$'[44]라고 불릴 만큼 아름답고 음악적이다. 이러한 베르그손이 예술에 관해서 체계적인 저술을 하지 않은 것은 이상할 정도이다. 그러나 그는 여러 저서에서 부분적으로 예술에 관한 뛰어난 통찰을 보여 주고 있으며, 그의 철

의 사랑」,「고장의 이름-이름」의 3부로 되어 있다.
43　[편집자 주] 플라톤은 『파이드로스』(248d~e)에서 영혼의 계층을 설명하며 이성적 탐구자인 철학자와 뮤즈의 영향을 받은 시인이나 예술가를 구분한다.
44　A. Lagarde & L. Michard, *Collection litteraire* (20e siecle), p. 79.

학이 어느 철학자의 경우보다도 예술과 문학에 깊은 영향을 주었다는 것은 잘 알려진 사실이다. 그가 현대 문학에 끼친 영향은 대단히 커서 20세기 초반기의 문학에 이른바 '문학적 베르그손주의^{bergsonisme} ^{littéraire}'를 탄생시켰다고까지 평가받고 있다.

그러면 베르그손 철학의 이러한 문학적 영향은 어떻게 가능했던가? 그의 철학이 당대의 문학으로부터 광범한 공감과 지지를 얻게 된 데에는 20세기가 갖는 특수한 사상적 분위기가 작용하고 있다. 주지하다시피 20세기 초반기는 전통적인 서구 사상의 지나친 합리주의·주지주의에 대한 점증해 온 불만이 폭발하여 철학과 예술의 전 영역에서 반지성주의·비합리주의가 팽배하던 시대였다. 미국의 철학교수 화이트$^{M.\ White}$는 『분석의 시대$^{The\ Age\ of\ Analysis}$』라는 저서에서 현대 철학의 모든 사조는 직, 간접적으로 헤겔 철학에 대한 항거에서 비롯한다고 말하고 있다. 헤겔 철학은 단적으로 인간 이성에 대한 낭만적인 신뢰가 최절정에 달하여 인간의 정신 이성이 거의 신과 같은 지위에까지 승격한 철학이었다. "이성적인 것은 현실적인 것이며, 현실적인 것은 이성적이다"라는 헤겔의 명언은 근세의 이성주의적 우주관을 극단적으로 대표하는 것이었다. 그러나 이처럼 가장 높이 올라간 이성의 권위는 그 순간 다시 몰락할 운명을 예비하고 있었으니, 래트너$^{J.\ Ratner}$의 말처럼 부당히도 우주를 삼켜 버려 소화 불량에 걸린 절대 관념론의 발작적인 토사가 현대 사상의 각 페이지를 물들이게 되었다.

따라서 현대철학은 그 다양한 조류에도 불구하고, 그들의 일반적인 경향은 한결같이 반지성적이고 비합리적이다. 이러한 특징은 키르케고르에서 하이데거에 이르는 실존철학, 쇼펜하우어, 니체, 딜타이를 중심으로 한 생철학 그리고 마르크스의 유물론을 살펴보면 금방 알 수 있다. 그러나 이성의 권위에 가장 치명적인 타격을 가한 사람은 심리학자 프로이트였다. 그는 무의식의 심층심리학을 창시함으로써 이제까지의 합리적인 인간 이해를 완전히 전복시켜 버렸다. 그리고 이러한 사상의 흐름은 자연과학의 영역에서도 때를 같이해 일어났다. 즉, 하이젠베르크W. Heisenberg의 불확실성 원리, 아인슈타인의 상대성 이론 그리고 프랑크M. Frank의 양자론은 지금까지 절대적 진리로서 받아들여진 뉴튼 물리학의 허구성을 보여줌으로써 자연과학적 인식의 상대성을 백일하에 노출시켰다. 브륀티에르 F. Brunetière가 『과학의 파산』(1895)을 선언한 것은 이러한 시대 조류를 가장 적절히 표현한 말이었다.

따라서 종래의 주지주의적 사상의 주류를 헤치고 보다 원초적인 구체성으로 뛰어들어 지성의 개념적 세례를 받기 이전의 보다 생생한 생과 실재를 파악하고자 하는 비합리주의적 문학운동이 활발히 전개되었다. 그러나 이제까지 그들이 안주했던 절대 군주 이성의 성곽을 허물고 뛰쳐나온 그들에게 주어진 것은 정신의 방황과 극심할 정도로 혼미한 사상의 무정부 상태였다.[45] 이러한 상황에서 새로

---

45 R.M. Albérès, 『20세기의 지적 모험』, 정명환 역, p. 224.

운 철학으로 과도기적 경향에 결정적인 방향을 제시한 철학자가 바로 베르그손이었다.

파스칼이 지적한 정신의 두 측면, 즉 기하학적 정신$^{esprit\ géometrique}$과 섬세의 정신$^{esprit\ de\ finesse}$을 조화롭게 소유한 프랑스의 천재는 종래의 주의주의적 철학의 조잡함을 가다듬어 가장 옳아 보이는 시간과 생명의 철학을 체계화했다. 즉, 그는 이성에 의해 추상화되어 핏기를 잃은 이제까지의 철학을 극복하여 새 시대의 요청에 맞는 독창적인 생철학을 내놓았다. 그리고 그는 지성과 직관, 공간과 시간, 물질과 생명이라는 독특한 이분법을 통해 지성의 본성과 한계를 선명히 밝힘으로써 반지성주의의 선봉장이 되었다.

베르그손 철학이 갖는 사상사적 업적은 과학주의와 실증주의에 대한 반격, 특히 당대의 지식인들에게 어쩔 수 없는 염세주의를 불러일으킨 지성적 우주관의 주류인 결정론과 기계론에 대한 통렬하면서도 성공적인 공격이었다. 따라서 그의 철학은 20세기 철학의 전개에 신선한 자극을 주었으며, 철학 이외의 분야에도 폭넓은 영향을 불러일으켰다. 그러나 논리의 정밀함과 아울러 정서의 신선함을 온전히 보존하고 아름다운 프랑스 산문의 전통에 빛을 더한 그의 사상 및 저작이 철학 이외의 분야에서 가장 환영을 받은 것은 문학에서였다. 과학주의를 신조로 하여 출발한 자연주의 문학에 오래전부터 깊은 회의를 나타냈던 문학인들은, 20세기의 문턱을 넘어서면서부터 지성에 대한 원한에 가득찬 반동을 불러일으켰기 때문이다.

이러한 문학인들이 반지성주의자 베르그손의 새로운 철학을 그들의 강력한 옹호자이자 이론의 대변가로 맞아들였음은 당연하다. 즉, 베르그손에 의해 능력 부족의 선고를 받은 지성이 끝내 우주의 실재를 인식하지 못하고 미개발 상태로 놓아둠으로써, 우주는 도리어 다채롭고 새로운 것으로 부각되기 시작했다. 그리고 생명과 동적인 실재를 절단하고, 응결하는 지성의 시야 밑에 우리가 알지 못했던 그윽한 생이 파도치고 있으며, 그 깊은 심연을 재어 볼 수 있는 것은 오직 직관과 신비주의뿐이라는 베르그손의 이론은 예술가들에게 더 없는 감성과 창조의 영감을 일깨워 주기에 족했다. 따라서 당시의 프랑스 정신계에는 그의 용어인 순수 지속$^{durée\ pure}$, 직관^{intuition}, 생명의 약동$^{élan\ vital}$ 등의 새로운 단어가 해일처럼 침투하고, 문단에서는 거의 혁명적으로 베르그손이 주장한 내적 자아$^{moi\ intérieure}$의 신천지를 탐험하려는 운동이 일어났다.

이러한 일련의 운동들은 프로이트의 심층심리학, 제임스$^{W.\ James}$의 의식의 흐름$^{stream\ of\ consciousness}$의 학설에 의해 더욱 고무되었다. 많은 불문학자들은 프루스트에서 뒤아멜$^{G.\ Duhamel}$에 이르는 이른바 의식의 내면을 문제삼은 소설가와 클로델$^{P.\ Claudel}$, 페기$^{C.\ Péguy}$, 쉬아레스$^{A.\ Suarès}$ 등의 직관파 문학인들, 그리고 일부 상징주의 시인들까지도 베르그손의 철학에 직간접적인 영향을 받았음을 인정하고 있다.[46] 그러나 베르그손 철학이 가장 직접적이고도 깊은 영향을 준 작가는

---

46 송면, 『프랑스 문학의 이해』, p. 262.

폐기와 프루스트였으며, 특히 베르그손의 독창적인 지속과 기억의 이론이 가장 풍성한 수확을 거둔 것은 프루스트의 소설이었다.[47] 프루스트의 많은 연구가들은 그의 소설이 베르그손 철학을 문학화한 것이라는 데 동의하고 있으며, 특히 프루스트의 가장 탁월한 연구가의 한 사람인 피에르 켕Pierre-Quint[48]은 프루스트가 완전히 베르그손의 심리학으로 살고, 느끼고, 체험한 것 같다고 말할 정도로 양자의 사상의 일치를 주장하고 있다. 이제 우리는 그들의 원전과 육성을 통해 사상의 일치점을 검토하기로 한다.

II. 지속의 문제

1. 베르그손의 이론

베르그손이 시간의 현상학이라고 정의될 수 있는 새로운 철학을 처음 발표한 것은 그의 학위 논문인 『의식에 직접 주어진 것에 관한 시론』에서였다. 그는 여기서 전통적인 자아 이해의 허구성을 낱낱이 밝히고 제목이 예시하듯이 우리의 의식에 가장 직접적으로 주어지는 실재로서의 내적 자아의 새로운 모습을 보여 주고 있다. 베르그손이 그의 철학의 원천으로 삼은 것은 이 내적 자아의 지속이

---

47 A. Lagarde & L. Michard, 앞의 책, p. 79.
48 Léon Pierre-Quint, *Marcel Proust, sa vie, son oeuvre*, p. 56.

며, 그의 철학은 지속의 직접적 이해, 즉 직관에서 출발한다. "우리가 분석에 의해서가 아니라 직관에 의해 내적으로 인식할 수 있는 최소한의 유일한 실재가 있다. 그것은 바로 시간을 통과하는 우리의 인격, 즉 지속하는 자아이다."[49] 그가 직관에 의해서만 파악할 수 있다고 본 내적 자아의 세계는 상식적인 견해나 종래의 철학적 해석과 크게 다르다.

우리는 흔히 '나'를 생각할 때, 마치 '나'라고 하는 고정불변의 기체가 있고 그 위에 고립되고 결정된 여러 의식 상태가 실에 염주알이 꿰어 있듯이 연결되어 있다고 생각하는 경향이 있다. 이러한 상식적 견해는 관념연합론자나 요소 심리학자의 이론과 일치한다. 그러나 베르그손은 우리의 모든 의식 상태를 이처럼 가분적이고, 상호 고립적인 원자적 상태로 환원해서 생각하고, 우리의 자아를 이러한 상태들의 총화로 보는 입장에 반대한다. 이러한 자아에 대한 해석은 결국 지성의 공간적 사고에 의한 왜곡에 불과한 것이기 때문이다. 그에 의하면 지속하는 자아는 의식의 구분된 요소나 불변의 상태들이 병렬적으로 이어져서 이루어지는 것이 아니다.

우리의 심리적 여러 요소는 음악에서 여러 음부가 결합하여 전혀 새로운 화음을 이루듯이 일체가 혼합되어 항상 새로운 질을 창조하는 내적인 유기성을 지니고 있다. "우리는 구분이 없는 연속성을 지각할 수 있을 것이다. 그것은 상호 침투성, 연대성, 여러 요소

---

49   *PM*, p. 182.

의 내적인 유기성이어서 그 요소의 각자는 전체를 대표하고 오직 추상적인 사고에 의해서만 구분되고 분리될 수 있을 뿐이다."[50] 따라서 지속하는 자아는 수학적이고 공간적인 성격, 즉 상호 외재성, 병렬성, 동질성, 가분성을 포함하지 않은 순수한 이질성으로서 순간순간 새롭게 변화한다. "의식 존재에 있어서 존재한다는 것은 변화한 다는 것이며, 변화한다는 것은 성숙한다는 것, 성숙한다는 것은 끊임없이 자신을 창조하는 것이다."[51] 이처럼 내적 자아가 순간마다 변하는 것은 기억에 의해 과거를 축적하기 때문이다. 따라서 자아의 내부에는 고정된 것, 부동적인 것은 하나도 존재하지 않으며 의식의 정적이고 고정된 심리 상태는 끊임없는 변화와 창조의 과정 속에서 흘러가는 지속의 정지된 단면, 더 정확히 말하자면 지성에 의한 인조물에 불과하다. 베르그손은 이 내적 지속을 무어라 정의할 수 없는 바닥도 없고 둑도 없는, 그러나 끊임없이 흐르는 강과도 같다고 말한다.

그러나 이처럼 모호하고 유동적이기 때문에 언어로 표현할 수 없으면서도, 자아의 참다운 실재를 이루는 내적 자아의 표면에는 또 다른 자아가 있다. 이 또 다른 자아는 베르그손이 표면 자아^{moi} ^{superficiel}라고 부른 것으로서 우리가 일상적으로 '나'라고 느끼고 믿는 자아이다. 내적 자아와는 달리, 고정적이고 결정적인 모습으로

---

50   *DI*, p. 75.
51   *EC*, p. 8.

써 자아의 상층 구조를 형성하는 표면 자아는 바꾸어 말하면 사회적 자아moi social이다. 이 표면 자아는 사회생활을 하는 데 편리할 뿐 아니라 필요불가결하다. 우리는 현실적인 실천적 생활의 세계에서 자기를 명확한 언어로 표현하고 주어진 상황에 적응하기 위해 자기를 한정하고 결정해서 행동해야 하기 때문이다. 그러나 이러한 표면 자아는 실은 내적 자아의 그림자에 불과한 것이며, 비개성적인impersonnel 자아이다. 하지만 대부분의 사람은 실천적인 중요성을 갖고 있는 이 외적 자아에 더 깊은 관심을 갖고 있으며, 나아가서 이것을 참된 자아로 착각하고 표층 밑에 감추어져 있는 개성적인 자아의 깊이를 보지 못한다.

> 자아를 둘로 구별하는 것은 대부분의 사람들의 관심사가 아니다. 그 이유는 우리의 외적인 삶, 즉 사회적인 생이 내적이고 개성적인 우리의 존재보다 더 중요한 실천적 의미를 갖고 있기 때문이다. 그래서 우리는 본능적으로 우리의 인상을 고정하고 그것을 언어로 표현하려고 노력하며, 그럼으로써 점점 근본적인 자아의 모습을 상실하게 된다.[52]

언어란 시간적인 것이 아니라 공간적인 것이다. 그것은 사물의 유동하는 측면을 무시하고 정지된 단면, 보편적인 속성만을 표상하고 있기 때문에 우리로 하여금 자아나 사물의 불변성을 믿도록 하

---

52   *DI*, p. 96.

며 가끔 경험된 사실의 진상을 속이기도 한다.

> 감각이나 맛은 우리가 그것에 이름을 부여하는 순간에 사물$^{\text{des choses}}$로 나타난다. 그러나 사실 우리의 내부에는 진행하는 과정들^{progrès}만이 있을 뿐이다. 이처럼 명확하고 고정적인 언어는 개성적인 의식의 섬세하고 덧없는 인상들을 짓밟고 덮어 버린다.[53]

그러므로 인생의 참된 모습과 근본적인 자아의 세계를 포착하기 위해서는 조야한 언어적 표현과 특히 지성 위주의 개념적 사고에서 해방되어야 한다. 왜냐하면 베르그손에 의하면 지성은 생과 행동을 위한 실천적인 인식 기능으로서 모든 것을 고정되고 불변하는 시점에서 바라보기 때문이다. 따라서 내적 자아의 인식은 실천적인 행동의 세계에 관심을 갖고 있는 사람이나 지성 위주의 사고를 하는 자에게는 평소 매우 어려운 작업이다. 베르그손은 지속하는 자아의 파악은 자기의 생에 행동적인 차원에서 무관심한 예술가나 명상가의 소관임을 밝히고 있다.

몽상가나 예술가 또는 명상가들은 모두 무관심하게 사물을 대하는 사람이다. 그들은 세계나 자기 자신에게 행동인의 좁은 시각을 적용하지 않고 사물과 그들의 영혼을 본래의 순수성 속에서 지각한다. 우리도 만일 이처럼 시인과 같이 무관심해진다면, 우리는 영혼

---

[53] *DI*, p. 98.

의 깊은 곳에서 때로는 즐겁고, 때로는 슬픈 음악처럼 언제나 새로운 내적 생의 끊임없는 멜로디를 들을 수 있을 것이다.[54]

베르그손의 이 무관심 désintéressement 의 개념은 프루스트의 소설을 해명하는 데 중요한 의미가 있다. 그러면 이러한 내적 자아가 갖는 시간성은 어떠한가? 베르그손은 시간을 수학적이고 자연과학적인 시간으로서의 동질적 시간 temps homogène 과 의식이 침투되어 있는 참다운 시간으로서의 순수 지속 durée pure 으로 나눈다. 수학적 시간은 마치 수가 추상의 극한에서 성립하는 순수량의 세계이듯이 추상적 사고에 의해 공간화된 시간이다. 이러한 공간화된 시간은 구체적인 시간 속에서 한 의식체가 축적한 고유한 내용을 모두 배제함으로써 성립하기 때문에 우리의 구체적 생의 체험과는 엄격한 의미에서 아무런 관계가 없는 것이다. 이러한 동질적 시간은, 좌표의 x, y 선이나 시곗바늘이 이동하는 공간의 간격에 의해 표상될 뿐이며 시간의 간격에서 존재하는 사건을 무시한다. 따라서 이러한 시간은 시간이 시간으로서의 본질적 의미를 상실한 시간으로서 다만 물질계의 현상을 계산하고 사회생활을 하는 데 의미가 있을 뿐이다.

천문학자가 그의 수식에 도입하고 시계가 동일한 부분으로 나누는 시간은 전혀 다른 시간이다. 그것은 결국 측정할 수 있는 양이며, 따라서 지

---

54 *RI*, p. 154.

속하지 않는다.[55]

이에 반해 우리가 실제로 느끼고 산 시간으로서의 구체적인 지속은 계산될 수도 예견될 수도 없다. 우리의 지속은 양화될 수 없는 고유한 질과 우리가 살아온 과거의 전체성에 의해 특정한 리듬을 지니고 있기 때문이다. 이러한 지속의 시간성은 우리의 내부에서 생성되고 소멸되는 것이기 때문에 상상하거나 사고할 수 없고 오직 구체적인 시간의 계기를 통과하면서 직접 느끼고 살아보아야 아는 것이다.

실재하는 지속과 공간화된 시간은 동일한 것이 아니다. 따라서 우리에게 엄밀히 말해 시간 일반temps en general은 존재하지 않고 다만 우리 각자의 지속만이 존재할 뿐이라고 할 수 있다.[56]

이러한 시간의 이론은 하이데거의 이론과도 일치하는 점이 있다. 그는 주저 『존재와 시간』에서 시간을 둘로 구분한다. 하나는 본질적인 시간 형성 가능성을 개시하는 내적 시간성으로서의 시간der Zeit als Innerzeitichkeit이며, 다른 하나는 현 존재의 시계 계산을 위한 일상적이고 평범한 시간 이해Das alltäglichvulgäre Zeitverstandnis이다. 물론 보다 주체

---

55   *DI*, p. 80.
56   *DS*, p. 57.

적이고 본질적인 것은 전자이다.

2. 프루스트의 이론

피콩^{Gaëtan Picon}이 "20세기 최대의 문학적 사건"이라고 평한 프루스트의 소설은 우선 그 형식에서 전통적인 소설의 통념에서 크게 벗어나 있다. 이 소설은 의식의 흐름을 주제로 한 소설이나 현대의 새로운 문학적 시도인 반소설^{anti-roman}의 경우에서처럼 일정한 플롯이 없이 진행된다. 언뜻 보기에는 신경질적으로 예민한 감성의 촉수와 면도날처럼 날카로운 통찰력을 지닌 한 소년의 과거 이야기와 부르주아 계급의 사교 생활을 배경으로 하여 그들의 풍속과 사랑, 심리의 미세함을 현미경을 통해 보듯 정밀하게 그린 것에 불과하다는 인상마저 준다. 엄격한 의미에서 소설의 주인공도 존재하지 않으며 아무런 극적인 행동이나 사건도 일어나지 않는 이 소설은 퍽 많은 내용을 지닌 정적인 인상의 무질서한 연쇄로 이루어진 감도 있다. 따라서 우리는 책의 어느 부분이나 펴서 읽어 볼 수 있으며, 소설의 어느 한 부분은 앞의 이야기에 의존해 있지 않는, 그 나름의 독자성과 완결성을 지니고 있다.

그러나 좀 더 주의 깊게 살펴보면, 이처럼 작품의 표면에 무수히 오락가락하는 삽화와 일화와 회상은 이 소설의 참된 주제를 드러내기 위한 2차적인 재료에 불과함을 발견하게 된다. 그것들은 작품의 두 주제, 즉 시간과 기억의 깊은 심연 위를 부표처럼 끝없이 떠다니는 것이다. 이 소설의 참된 주제와 의미를 이해하기 위해서는 작품의 전경을 이루는 많은 이야기의 배면에 존재하는 '나'의 정체를 파악해야 한다. 소설의 이야기꾼으로 등장하는 '나'는 소설의 어느 곳에서나 편재해 있으면서도 어느 부분에서도 그 정체를 드러내지 않는 특이한 존재이다. 이 '나'는 이름도 나이도 직업도 알 수 없는 존재로서 우리는 다만 '나'라는 눈을 통해 본 대상의 묘사를 통해서 '나'가 있는 공간이나 보내고 있는 시간을 짐작할 뿐이다. 작품 속에서 때론 구체적 사건의 주인공도 되었다가 때론 그것을 바라보는 관찰자나 단순히 꿈꾸는 사람으로 수없이 변신하는 '나'는 프루스트 자신이라고 생각될 수도 있다. 그러나 비인간적이고 무명의 '나'는 종래의 자서전적 소설의 주인공으로 등장하는 '나'보다 훨씬 미묘하고도 새로운 역할을 수행하고 있다.

이 '나'는 무엇인가? '나'는 알베레스^{Albérès}가 정확히 지적했듯이 우리가 행동과 사회생활을 통해서 나타내는 '나'와는 다른 또 하나의 '나', 즉 베르그손이 표면 자아 밑에 숨겨져 있다고 주장한 내적 자아이다.[57] 프루스트는 자기의 소설이 발자크$^{H. Balzac}$, 플로베르$^{G. Flaubert}$, 졸라$^{E. Zola}$ 등이 그린 외적이고 객관적인 경험으로서의 사회적인 삶$^{vie\ sociale}$을 다루고 있지 않다는 점을 여러 곳에서 말하고 있다. 그는 친구에게 보내는 편지에서 자기의 소설을 '무의식의 소설', '베르그손적 [철학] 소설$^{roman\ bergsonien}$'이라고 부르고 이렇게 쓰고 있다.

---

57 R.M. Albérès, *Histoire du roman moderne*, p. 83.

내 소설은 특유한 의미를 갖고 있다. 그것은 비유하자면 시간 위에 장치된 망원경과 같은 것이다. 망원경은 육안으로는 보이지 않는 별들을 보이게끔 하는데, 나는 시간 깊숙한 곳에 위치해 있어서 완전히 망각된 무의식적 현상을 나타내 보이도록 심혈을 기울였기 때문이다. … 이런 특수한 의미에서 나는 흔히 세상 사람이 얘기하듯이 베르그손과 만난 것이라고 할 수 있다. 베르그손 이외에 나에게 직접적인 암시를 제공한 사람이 이전에는 없었기 때문이다.[58]

프루스트는 기하학이 평면 기하학과 입체 기하학으로 나뉘듯이 심리학에도 두 종류가 있다고 말한다.

나의 소설은 평면적인 심리학이 아니라 시간 속에서의 심리학$^{\text{psychologie dans le temps}}$이다. 나는 시간의 불가분적 실체성을 드러내 보이도록 노력했으며 그러기 위해서 우리의 경험은 지속할 수 있어야 하는 것이다.[59]

프루스트는 베르그손과 마찬가지로 자아를 심층 자아와 표면 자아로 구분하고 있으며 그의 소설은 빵 껍데기처럼 서서히 굳어져 가는 표면 자아 밑에서 시시각각으로 변화하는 심층 자아의 세계이다. 그러므로 그의 심리학은 정적인 것이 아니라 진화하고 끊임없

---

58 Proust, *Lettres inédites*, p. 73.
59 Proust, *Contre Sainte-Beuve*, p. 557.

이 변하는 것이다. 그는 베르그손이 고전 철학자들이 내세우는 불변의 자아를 부정하듯이, 고정된 인격과 사물을 인정하지 않는다.

> 우리 둘레에 있는 사물의 부동성은 아마도 그 사물이 다른 어떤 것이 아니고 그 사물 자체라는 우리의 확신, 즉 그 사물에 대한 우리의 사고의 부동성에 말미암은 것이다.[60]

프루스트에 있어서는 한 인간의 결정적인 성격이나 변함없는 인상은 우리의 고정 관념이 만들어낸 허구에 불과하다.

> 우리의 사회적 인격이란 남들의 생각이 만들어낸 것이다. 그리고 '우리가 아는 사람을 본다'고 하는 단순한 행위마저 일부는 지적 행위이다. 우리는 우리가 보고 있는 인간의 외모에 그 인간에 대해서 우리가 갖고 있는 모든 관념을 채우고, 전체의 모습을 마음속으로 보았을 때 그 대부분 역시 이러한 관념으로 채워져 있다.[61]

그는 따라서 "사물을 외부로밖에 보지 않는, 다시 말해서 아무것도 보지 못하는 관찰자의 눈"[62]으로써가 아니라 끈질기고 면밀한

---

60 Proust, *Du côté de chez Swann*, p. 12. 이하에서 CS로 표기.
61 Proust, *CS*, p. 28.
62 Proust, *CS*, P. 461.

분석과 내성을 통해 표면적으로는 동일하고 항구적인 자아의 밑에서 시간에 의해 덧없이 풍화하는 심층 자아의 모습을 그리고 있으며, 이러한 태도는 베르그손의 다음과 같은 말을 연상시킨다.

> 만일 어느 독창적인 소설가가 인습적 자아의 장막을 찢고 피상적인 논리와 단순한 상태의 병렬 밑에 감추어져 있는 무수한 인상의 상호 침투성을 보여 준다면, 우리는 이 소설가야말로 우리 자신보다도 더 잘 우리를 안다고 칭찬할 만하다. 그런 때면 우리는 그 소설가에 고무되어 잠시나마 우리 자신과 대면하게 되는 것이다.[63]

프루스트는 자아의 본질과 사물의 보다 참다운 모습을 이해하기 위해서는 우리의 습관적 사고의 경향과 언어의 조잡함에서 벗어나야 한다는 점을 강조하고 있다. 이러한 의견은 이미 앞에서 살펴본 바와 같이 베르그손의 이론에 일치하는 것이다.

> 이름이란 변덕스런 도안가이다. 그것은 인간이나 고장의 실제와는 하나도 닮지 않은 스케치를 우리에게 주어서 상상한 대신에 눈에 보이는 세상을 보았을 때 우리는 흔히 일종의 망연자실함을 느끼게 된다.[64]

---

[63] *DI*, p. 100.
[64] Proust, *A l'ombre des jeunes filles en fleurs*, p. 76.

그러므로 고정 관념이나 이름, 언어의 습성에서 벗어나 현시적으로 느껴진 인상에 충실할 때 우리에게 나타나는 것은 사물의 이질성 시간의 흐름에 따라 모습을 바꾸는 너와 나의 면모이다.

또 지금 그에 대하여 생각하는 경우에도 다시는 옛 관념을 활용하지 않았기 때문에 그는 새로운 인물이 되고 말았다.[65]

우리가 안 지 오래된 곳들은 단지 공간의 세계에 속하는 것만은 아니다. 다만 우리가 편의상으로 공간의 세계에 배치할 뿐이다. 그런 곳들은 그 당시의 우리의 삶을 구성하던 연속적인 인상 가운데 있는 얇은 한 조각에 지나지 않는다.[66]

우리는 앞에서 내적 자아의 지속을 파악하는 계기는 주로 행동의 세계에서 벗어나 지성적 사고의 범주에서 해방되어 있을 때 가능하다는 베르그손의 이론을 얘기했다. 이런 관점에서 보면, 내적 자아를 소설화한 프루스트의 소설에 다른 소설에서 그 유례를 찾아보기 힘들 정도로 잠자리의 장면이 많이 등장하며, 사물을 바라보고 과거를 회상하는 '나'의 시점이 대개 잠자리에 들어 있는 사

---

[65] Proust, *CS*, p. 490.
[66] Proust, *CS*, p. 504.

람의 시점일 때가 많은 것은 매우 의미 있다.[67] 그리고 소설의 상당수에 달하는 이야기가 식사 장면과 산책, 미사 참석, 일요일의 친지 방문, 사교 클럽에서의 회합, 한담으로 엮어져 있다는 사실 역시 베르그손이 내세운 '행위에의 무관심'의 개념에 의해 설명될 수 있다. 즉 잠자리에 들어 있는 시간이나 식사 시간 또는 산책을 할 때는 우리가 해야 할 어떤 절박한 행동에 구속을 받지 않을 때이며, 따라서 실리적인 지성의 활동이 둔화되어 자아의 내면과 사물의 참된 인상을 바라볼 수 있는 순간인 것이다. 따라서 프루스트의 소설에서는 적극적 행동과 생산적인 사회활동은 내적 자아의 세계보다 훨씬 비실재적이며 의미 없는 것으로 보인다. 스페인의 철학자 오르테가 이 가세트$^{O. y\ Gasset}$가 프루스트의 소설에 나타난 '나'의 삶은 식물적 삶이며 그의 문학은 "나태의 쾌락의 문학적 개척"이라고 말한 것은 바로 이 점을 지시한 것이다.

한편 그의 소설에 묘사된 시간성은 베르그손의 순수 지속의 시간성이다.

우리의 삶의 나날은 단순한 양의 견지로 보아도 동일하지 않다. 하루하루를 통과하는 데 나같이 다소 신경질적인 성미들은 자동차처럼 여러 가지로 속력을 조절한다. 기어오르는 데 한없이 기복이 심한 곤란한 날들이 있고 콧노래를 부르며 전속력으로 내려갈 수 있는 평탄한 언덕 같

---

67 Proust, *CS*, 소설의 시작부터 등장, pp. 11, 16, 34, 56, 118, 220, 449.

은 날도 있다.[68]

한 시간이 단순히 한 시간만은 아니다. 그것은 온갖 향기와 음향과 다양한 정서와 기후가 깃들인 그릇이어서 사건의 달력은 이 내적 생명의 솟아오르는 감정과 일치하지 않는다.[69]

프루스트가 인상적으로 표현했듯이 그가 이해한 참다운 시간은 지속으로서의 시간이기 때문에, 그의 소설은 연대순의 사회적인 시간의 질서에 의해서가 아니라 의식과 기억의 독자적인 법칙에 따라 진행되고 있다. 그는 또한 날짜와 시간을 따지는 소설가처럼 바보스러운 자는 없다고 말한 적이 있으며, 실지로 그의 소설은 어느 곳에서나 정확한 연대와 날짜를 나타내지 않고 막연히 "어느 해 부활절 휴가에", "콩브레 뜰의 마로니에 그늘에서 보낸 일요일의 화창한 오후"라는 식으로 시간을 기술하고 있다. 이러한 관점에서 그의 소설에서의 시제가 대부분 반과거로 되어 있는 것도 유의할 필요가 있다. 불어에 있어서 반과거는 현재에 연속되어 있는 과거, 즉 완전히 현재는 아니면서도, 그렇다고 절대적으로 과거일 수 없는 시제로서 명확히 한계가 그어지지 않는 사건을 표상할 때 사용하는 시제이다. 단순과거가 과거의 어느 결정되고 순간적인 사건이나 동

---

68 Proust, *CS*, p. 462.
69 Proust, *Le temps retrouvé II*, p. 33.

작을 표현하는 정지된 시제라면 반과거는 진행하고 있는 습관적 사실 어떤 것의 지속성을 표현하는 시제라 할 수 있다. 프루스트는 플로베르의 문체에 관한 연구 논문에서 반과거가 한계가 없는^{indéfini}, 중간 톤의$^{\text{demi-teinte}}$ 시제로서 지속하는 과거 사실을 나타내는 데 적절한 시제라고 주장하고 있다.[70]

III. 기억의 문제

1. 베르그손의 이론

베르그손에 있어서 지속의 이론은 기억의 이론과 분리할 수 없는 관계에 있다. 의식 존재에 있어서 존재한다는 것은 지속한다는 것이며, 지속한다는 것은 기억한다는 것을 의미하기 때문이다. 기억이 수반되지 않은 의식은 있을 수 없으며, 동시에 기억이 현재의 의식에 침투하지 않은 연속이란 존재하지 않기 때문에 베르그손이 말한 내적 지속은 바꾸어 표현하면, 과거를 현재 속에 연장시키는 기억의 연속적인 삶이다. 베르그손은 『물질과 기억』에서 정신과 육체의 관계를 고찰하면서 기억을 둘로 나누고 있다.

하나는 습관 기억 또는 기계적 기억$^{\text{mémoire habitude ou mécanique}}$이며, 다른 하나는 자발적 기억 또는 순수 기억$^{\text{mémoire spontané ou pure}}$이다. 습관

---

70 Proust, *A Propos du 〈style〉 de Flaubert*, *NRF*, 1920년 1월호, pp. 72~79.

기억은 예를 들면, 우리가 어떤 시를 암송할 경우의 기억이다. 우리는 어떤 시를 몇 번이고 반복해서 읽어 그 시를 기계적으로 되풀이할 수 있는 어떤 습관 또는 기제를 획득했을 때 그 시를 기억했다고 말한다. 그러나 이때 우리는 그 시를 읽을 때 일어난 여러 특수한 사건들을 조금도 상기하지 않고도 그 시를 반복해서 되살릴 수 있다. 바꾸어 말하면 습관 기억은 과거의 특정한 시간 속에서의 우리의 의식 상태와 독특한 감정을 지니고 있지 않은 것이다. 그것은 다만 과거 속에서 우리의 관심에 의해 선택된 어떤 사실만을 추상하여 마치 축음기의 판처럼 과거와 동일한 시간과 질서 속에서 그것을 표상하는 것이다. 따라서 습관 기억은 과거 사건의 독특한 초점과 반복 불가능한 일회적인 성격에 대해서는 아무런 의식도 갖고 있지 않다. 이 기억은 대부분 실용적인 필요성에 의해 우리의 지성과 의지 작용에 의해 이루어지며 따라서 삶을 위해서 매우 유용하다.

  이와는 달리, 자발적 기억은 의도적이고 반복적인 습득에 의해 의식에 축적되는 것이 아니다. 이 기억은 즐거운 여행을 했을 때 일어났던 독특하고 일회적인 여러 인상들을 상기할 경우의 기억이다. 그러므로 자발적 기억은 습관적 성격을 조금도 지니고 있지 않으며, 우리의 모든 체험의 고유한 질을 순수한 상태로서 보존한다. 이 기억의 세계에서는 과거의 모든 것은 되풀이될 수 없는 결정된 지평 구조를 갖고 있으며 그 인상은 순간순간 새로워진다. 따라서 이 순수 기억이야말로 우리의 참된 과거사의 기록이며, 우리의 자아의 진실된 실재성을 구성하는 것이다.

심리학자들은 우리의 대부분의 기억은 우리의 삶의 세목에 근거하고 있다는 사실 그리고 이러한 기억의 본질은 그의 날짜를 갖고 있어서 결코 되풀이되지 않는다는 사실을 망각하고 있다. 사람들이 의지로 반복해서 습득하는 기억은 매우 드물고 또한 예외적인 것이다. 이와 반대로 기억에 의한 유니크한 인상과 사건의 기록은 지속의 모든 순간에서 이루어지고 있다. 그러나 습득에 의한 기억이 보다 유용하기 때문에 사람들은 이 기억에 보다 많은 관심을 집중한다. (…)
자발적 기억은 그 자체 완전하다^{parfait}. 시간은 이 기억의 성질을 바꾸지 않는 한 그것의 인상에 아무것도 부가할 수 없다. 그러나 이와 반대로 습득에 의한 기억은 우리가 학습을 더 잘 숙지하면 할수록 시간 밖으로 나올 것이다. 즉 그것은 점점 비인격적이고 우리의 과거의 생에서 이탈할 것이다.[71]

베르그손은 평소에는 습관 기억 때문에 거의 나타나지 못하는 무의식적 과거가 모두 우리의 내부에 보존되어 있으며, 어떤 순간에는 순수 기억의 작용에 의해 잃어버린 과거를 온전히 재구성할 수 있음을 주장한다.

---

71 *MM*, p. 88.

우리는 아무것도 망각하지 않는다. 우리의 의식이 눈뜬 이래로 우리가 느끼고 지각하고 욕구한 모든 것들이 존재하고 있어 이것이 우리의 전 인격을 형성하고 있는 것이다.[72]

그가 기억의 총량이 하나도 손상됨이 없이 의식의 심저에 남아 있으며 그것이 어떤 순간에 다시 살아난다고 주장하는 여러 근거 중의 하나는 삶의 어느 순간에 이루어지는 '기억의 이상 증진 현상' 이다.

설사 우리의 과거가 현재의 행위에의 필요성에 의해 억제되어서 모두 감추어져 있는 반면, 우리가 꿈의 삶 속에 다시 위치시키기 위해 유효한 행위에 무관심해지는 모든 경우에서 의식의 문턱을 넘어설 힘을 되찾을 것이다. (…) 이러한 사실은 어떤 꿈이나 몽유병의 상태에서 나타나는 기억의 증진에 관한 일상적인 관찰에서 알 수 있다.[73]

그러면 무의식적인 순수 기억이 일상적인 각성의 순간에는 떠오르지 않는 이유는 무엇인가? 베르그손은 실어증 환자에 대한 면밀한 실증적 연구를 통해서 뇌는 우리가 서류를 담는 캐비닛의 서랍처럼 우리의 기억을 보관하고 있지 않다는 사실을 입증하고 있다.

---

72   *ES*, p. 102.
73   *MM*, p. 138.

따라서 기억이 존재하는 것과 뇌가 존재하는 것은 서로 무관한 것이다. 뇌는 다만 일종의 신경근육적 연접기의 역할을 한다. 뇌는 운동 감각 기관의 제재 아래 우리의 현재 생에 불필요한 기억을 무의식 속으로 몰아넣고, 현재에 유용한 기억만을 선택해서 방출하는 차단기와 선별기의 역할을 할 뿐이다. 그러므로 정상적인 의식 상태에 있어서는 모든 기억은 현재의 상황과 행동에 밀접히 연관되어 있게 마련이다. 그러나 이처럼 평소에는 무의식의 침침한 지하실 속에서 갇혀 있는 순수 기억이 의식의 표층으로 부상할 때가 있다. 이때는 우리가 현재의 행위의 절박함에서 해방되어 자기의 생에 무관심해졌을 경우이다. 순수 기억은 이러한 순간에 흔히 어떤 물질적인 사건incident matériel에 촉발되어 떠오르게 된다.

그러나 어느 순간에 내가 현재의 상황이나 절박한 행위에서 무관심해졌다고 가정해 보자. 즉 내가 잠을 잔다고 해 보자. 그러면 이 움직이지 않던 기억들이 내가 장애물을 제거하고 이제까지 그들을 의식의 지하에 잠기게 했던 뚜껑문을 들어 올렸음을 느끼고 움직이기 시작한다. 그들은 일어서서 무의식의 어둠 속에서 거대한 죽음의 무도를 춘다. 그리고 모두 어울려서 이제 막 열린 출구를 향해 달려나온다.[74]

이런 순간이 오면 우리는 평소 까마득히 잊고 있던 과거 사실을

---

74   *ES*, p. 95.

회상하게 된다.

이때 우리가 없어졌다고 믿었던 기억이 놀라울 정도의 정확성을 가지고 다시 나타난다. 우리는 완전히 망각했던 어린 시절의 모든 디테일 속에서 다시 산다. 그리고 우리는 그 말을 배웠다고는 이미 생각하지 않는 언어로 말한다.[75]

그러나 이런 순간은 극히 짧다. 방심했던 우리의 의식이 다시 깨어나 순수 기억의 통로를 봉쇄하고 다시 유용한 기억만을 떠올리기 때문이다. 베르그손은 그가 원칙적으로 구별한 이 두 형태의 기억이 많은 경우 서로 혼합되어 명확히 구분하기가 힘들 때도 있음을 지적하면서도 이 두 가지 기억의 강도와 활동성에 따라 한 인간이 실천적인 삶에 적응하는 행동인이 되기도 하고, 사는 대신^{au lieu de vivre} 그 존재를 명상하는 예술가나 시인이 되기도 한다고 말한다. 프루스트는 이러한 관점에서 보면, 사는 대신 그의 내적 존재를 꿈꾸고 명상하는 예술가의 대표적 전형이라고 할 수 있다.

---

75 *MM*, pp. 171~172.

2. 프루스트의 이론

프루스트의 소설은 심층 자아의 바다에서 기억의 그물을 가지고 잃어버린 시간을 찾는 것에 비유할 수 있다. 그는 친구에게 보내는 서한에서 기억이 없으면 예술이 있을 수 없다고 말할 정도로 예술에 있어서 기억의 문제를 누구보다도 강조하고 있다. 그의 소설이 주는 신비한 매력은 지속의 이론보다 기억의 이론에 의해서이다. 그의 소설에 나타난 기억에 관해서 우선 특기할 사실은 그가 이전의 작가들처럼 기억을 단순히 과거를 되살리는 도구로 사용하고 있지 않다는 점이다. 프루스트가 문제삼은 기억은 기억하고 있는 사물이라기보다는 사물에 대한 기억 자체이다. 그는 놀라운 내성적 분석과 심리적 종합을 통해 기억 그 자체를 재생시키고 있는 것이다. 따라서 기억은 프루스트에 와서 처음으로 다른 사물을 설명하는 의미의 경지에서 벗어나, 그 자체가 묘사되고 해명되어지는 객체로서 전환한다.

그가 이처럼 새로운 각도에서 소설화한 기억은 근본적인 면에서 베르그손의 이론과 일치하고 있다. 그는 베르그손과 마찬가지로 기억을 지성적 기억mémoire intellectuelle과 무의식적 기억mémoire involontaire으로 나눈다. 지성적 기억은 베르그손에 있어서는 습관 기억이며 무의식적 기억은 순수 기억이다. 지성적 기억은 그에 의하면 과거의 잔해 사본만을 보통명사화해서 분리된 조각의 형태로 보존할 뿐이다. 그리고 이 기억은 생의 실천 법칙에 매여 있는 도구에 불과한 것이기 때문에 우리의 삶의 순수한 즐거움을 지니고 있지 않다. 그러나 무의식적 기억은 지성적 기억이 거들떠보지도 않는 사건을 고유명사의 형태로서 보존하기 때문에 이 기억이야말로 우리에게 시간에 대한 참된 인상을 주며 과거에 생명력을 불어넣는다.

> 사실을 말하자면, 콩브레에는 다른 것도, 다른 시간도 있었다고 나는 대답할 수 있었으리라. 하지만 그런 것은 단지 의지에 의한 기억, 지성적 기억에 의해서 회상되는 것이며, 그 기억이 주는 과거에 대한 정보는 참된 과거의 무엇 하나 간직하고 있지 않기 때문에 그것에 의해 콩브레의 그 밖의 것을 생각하고 싶은 마음은 결코 갖지 않았으리라.[76]

따라서 그의 소설에서 과거의 어떤 존재를 가장 훌륭히 되찾게 해 주는 것은 언제나 무의식적 기억이다. 그러나 이 기억은 우리의 의식이 작성되어 있을 때, 즉 습관 기억의 백일하에서는 자취를 감추거나 퇴색해 버린다. 이런 무의식적 기억이 되살아나는 순간은 베르그손이 얘기한 무관심한 순간이다. 프루스트는 이 순간을 "방심 상태", "나태", 또는 "정신이 자기 앞에 빈 곳을 만들었을 때"라고 묘사하고 있다. "그때마다 온갖 어려운 소임, 중대한 일로부터 우리의 마음을 돌리게 하는 나태가 고개를 쳐들고."[77] 여기서 우리는 지속의 이론에서 분석한 잠의 의미가 기억의 문제에서도 중요한

---

[76] Proust, *CS*, p. 214.

[77] Proust, *CS*, p. 60.

역할을 함을 알 수 있다. 잠이야말로 현실적인 관심에서 벗어나는 것을 뜻하며, 잠 못 이루는 밤은 무의식적 기억이 되살아나는 무대이기 때문이다.

> 때로는 이브가 아담의 한쪽 갈빗대로부터 태어나듯이, 한 여인이 내가 잠자는 동안에 바르지 못한 자세를 취한 넓적다리에서 태어나기도 한다.[78]

잠의 현상과 함께 소설에서 자주 등장하는 꿈도 의식의 무관심한 상태에서 일어나는 대표적 현상이다. 이 점에 있어서 프루스트는 프로이트의 도식과 일치한다. 프로이트는 무의식의 세계에서는 꿈의 빛이 방문하며, 꿈에 나타나는 것은 평소 우리가 주의하지 않은 것들이 대부분이라고 말하고 있다. 그러나 정신이 이완된 상태, 지성적 기억이 민첩하게 작용하지 않는 나태의 순간은 프루스트에 있어서 무의식적 기억이 나타날 수 있는 하나의 조건 형성에 불과하다. 이런 순간에 무의식적 기억이 살아나기 위해서는 우연한 어떤 현실적인 감각이 작용해야 한다.

> 나는 켈트인의 신앙을 매우 옳다고 생각한다. 켈트인의 신앙에 의하면 우리가 죽어 이별한 이들의 혼이 어느 하등 동물 짐승이나 식물이나 무

---

78   Proust, *CS*, p. 11.

생물 안에 사로잡혀 있어 우리가 우연히 그 나무의 곁을 지나거나 혼이 갇히어 있는 것을 손에 넣거나 하는 날에는 많은 사람들에겐 일어나지 않지만 하여간 그런 날이 오면 여윈 이들의 혼은 소스라쳐서 우릴 부른다. 그리고 우리가 그 목소리를 알아듣자마자 살이 곧 풀린다. 그래서 우리에 의해 해방된 혼은 죽음을 정복하고 우리와 더불어 산다. 우리의 과거도 이와 마찬가지다. 과거의 상기는 억지로 그것을 구하려 해도 헛수고요 지성의 온갖 노력도 소용없다.

과거는 지성의 영역 바깥, 그 힘이 미치지 못하는 어떤 물질적인 대상 (온 물질적인 대상이 우리에게 주는 감각) 안에 숨어 있다. 이러한 대상에 우리가 죽기 전에 만나거나 만나지 못하거나 하는 것은 전혀 우연에 달려 있다.[79]

프루스트에 의하면 현재의 감각의 지각은 모두 과거의 무의식적 기억, 특히 감성적 기억에 연결되어 있으며, 이 무의식적 기억을 떠올리는 감각은 평소에는 별 의미가 없는 아주 하잘것없는 것들에 불과하다. 이러한 예의 대표적인 경우는 마들렌 과자의 미각이 일으키는 콩브레의 기억, 스완이 뱅퇴유의 소나타의 소악절을 듣고 옛 애인을 회상하는 경우, 그리고 「되찾은 시간」에서 울퉁불퉁한 포석이 주는 발의 감각으로 인한 옛 발베크의 회상 등이 있다.

그렇다. 자아의 밑바닥에 그와 같이 파닥거리는 것, 그것은 그 (마들렌

---

[79] Proust, *CS*, p. 57.

과자의) 미각에 이어 있으며, 미각의 뒤를 이어 자아의 끝까지 올라오려는 인상, 시각의 추억임에 틀림없다.[80]

그러나 프루스트가 무의식적 기억을 떠올리는 여러 감각 중에서 제일 관심을 보인 것은 후각과 미각이다. 소설 속의 화자인 '나'는 콩브레의 과거를 회상하면서 고모의 방 냄새에 관해 무려 두 페이지에 걸쳐 자세하게 묘사하고 있으며, 어린 시절 엄마의 '굿 나잇' 키스를 받고 2층 잠자리에 올라갈 때 계단에서 나던 니스 냄새가 그의 감수성을 가장 자극했음을 말하고 있다. 그리고 후각과 미각이 갖는 강력하고도 영속적인 기억의 보존력을 이렇게 표현하고 있다.

사람들이 죽고 사물들이 망가져 과거의 살아남은 것이 아무것도 남지 않은 때에도 더 가냘프고 그 만큼 보다 생명력 있고, 비물질적이고, 끈질기고, 충실한 냄새와 맛만은 영혼처럼 더욱 오래 모든 것의 폐허 위에 남아 있어 환기하고, 기대하며, 바라면서, 그 거의 눈에 띄지 않는 물방울들 위에 기억의 거창한 건물을 끄떡없이 지탱하는 것이다.[81]

왜 우리의 오감 중에서 후각과 미각이 더 영속적이고, 무의식적

---

80 Proust, *CS*, p. 58.
81 Proust, *CS*, p. 61.

인 기억을 잘 일깨우는가? 프루스트는 『스완의 집 쪽으로』를 해설한 짧은 글에서 지성적 기억을 눈의 기억이라고 부르고, 눈의 기억은 흡사 솜씨 없는 화가처럼 우리의 과거를 조잡한 색채로 채색할 뿐이라고 술회하고 있다. 앙드레 모로아^{A. Maurois}는 이 점에 관해서 미각과 후각이 시각이나 청각보다 덜 지성적이며 바로 그 이유 때문에 우리의 상상력에 더 활기를 불어넣어 준다고 설명하고 있다.[82] 소설 속의 주인공들은 모두 다 후각과 미각에 매우 민감하며 그것들에 의해 떠오르는 엄청난 기억의 재생력^{terrible puissance recréatrice de la mémoire}에 경탄하고 있다.[83] 프루스트는 이렇게 감각에 의해 촉발된 무의식적 기억이 되살아나 갑자기 명료한 의식의 표층에 생생한 과거사가 거대한 폭포수를 이루는 순간을 "특권적 순간^{un instant privilégié}"이라고 일컫는다. 그리고 이때 기억의 창조적 힘은 우리를 잃어버린 과거와 대면케 하고, 일종의 황홀한 열광 상태에서 절대적인 행복감을 맛보게 한다.

> 의식의 손바닥에 짓눌려 있던 온갖 추억이 눈 떠 훼치며 날아 올라 현재의 불행에 대한 연민의 정도 없이 잊어버린 행복의 후렴을 열광적으로 불러 주었다.[84]

---

82 A. Maurois, *A la recherche de M. Proust*, p. 187.

83 Proust, *CS*, p. 433.

84 Proust, *CS*, p. 407.

이런 기적의 순간이 오면 우리는 시간 속에서 덧없이 변모 유전하는 자신의 모습과는 달리, 시간을 초월해서 일관해 있는 나의 항구성과 동일성에 대한 확신을 갖게 된다. 그리고 프루스트가 이해하는 예술가의 역할은 시간을 초월해 존재하는 이런 순간을 되찾고, 그 순간이 갖는 비시간적 본질을 예술의 차원에서 영원의 양상으로 표상하는 것이다. 이런 특권적 순간의 가장 유명한 예는 '마들렌 사건'이다. 어느 겨울날 '나'는 집에 돌아와 어머니가 주는 차에 마들렌 과자를 적셔 마신다. 그리고 그것을 무심히 입에 대었을 때 평소에는 느끼지 못했던 새로운 경험에 부딪치고 경악한다.

> 그런데 과자 부스러기가 섞여 있는 한 모금의 차가 입천장에 닿자마자 나는 소스라쳤다. 뭐라고 형용하기 어려운 감미로운 쾌감이 어디선지 모르게 외따로 솟아나 나를 휩쓸었다 … 나는 나 자신을 범용한, 우연한, 그리고 죽음을 면치 못하는 존재로 느끼는 것을 그만두었다.[85]

결국 프루스트는 이 놀라운 체험을 추구해서 그 원인이 자신의 내부에 있으며 과자의 미각은 단지 그것을 일깨운 것에 불과하다는 것을 깨닫는다. 이 과자는 그의 의식적인 정신과는 독립적으로 존재해 있는, 어린 시절 콩브레에서 고모가 주던 마들렌의 동일한 미각 체험을 일깨우고 이를 계기로 어린 시절 콩브레에서 보냈던 모

---

85 Proust, *CS*, p. 58.

든 장면과 사건이 알라딘의 마술램프에서처럼 신비롭게 피어오르는 것이다.

IV. 프루스트, 소설적 심리학의 베르그손

프루스트는 그의 소설에서 시간의 흐름 속에서 변모하는 내적 자아와 세계의 인상을 자연과학자와 같은 엄밀성을 가지고 그리고 있다. 따라서 그에게 있어서 시간은 문자 그대로 잃어버린 시간이다. 그러나 그는 시간 속에서 존재의 전적인 변모, 사멸을 믿지 않는 이상주의적 생각을 또 한편 갖고 있으며, 이런 프루스트의 이상주의적 측면을 일부 비평가는 심리학의 영역에 도입된 플라톤주의라고도 표현한다.[86] 일체를 변화시키는 시간과, 그러면서도 그 시간 속에서 항구적이고 영원한 것을 찾으려는 이러한 프루스트의 입장에는 분명히 일종의 이율배반이 존재한다.

그러나 이 이율배반을 해소해 주는 것이 바로 무의식적 기억이다. 우리는 무의식적 기억에 의해 어떤 특정한 순간에 잃어버린 듯하나 실은 우리 내부에 아직도 존재하는 시간을 발견하기 때문이다. 그리고 이런 기억을 환기시켜 지금까지 죽어 있는 과거의 실재 세계와 만나게 해 주는 것은 현실에 있어서의 우연한 감각이다. 이

---

86 A. Maurois, 앞의 책, p. 235.

러한 감각은 우리의 자아 속에 시간과 독립해 있는 기억을 일깨우며, 이 기억은 시간의 폭력에서 우리를 해방하여 구원하는 것이다. 이러한 프루스트의 사상은 지금까지의 고찰을 통해서 베르그손의 지속과 기억의 이론과 많은 점에서 일치하고 있음을 확인할 수 있다. 따라서 수데P. Souday가 프루스트를 가리켜 "소설적 심리학의 베르그손Bergson de la psychologie romanesque"이라고 한 것은 타당한 지적이었다.

  그러나 베르그손 철학과 프루스트의 소설에 나타난 사상에는 근본적인 차이점이 있다. 베르그손의 생철학은 러셀B. Russell이 그의 『서양철학사』에서 정확히 지적했듯이 넓은 의미에서 행동을 위한 실천적 철학이다. 생명체에 있어서 산다는 것은 본질적으로 현재나 미래에 행할 행위에 관계해 있다. 베르그손의 지속은 따라서 미래 지향적이며 그는 지속에 강도intensité의 개념을 도입해 삶의 긴장과 창조를 역설하고 있다. 이러한 그의 철학의 기본적 성격은 자유에 대한 독창적인 이론, 그리고 『도덕과 종교의 두 원천』에 잘 나타나 있다. 그러나 프루스트의 소설 속의 '나'는 물에 비친 자기의 모습을 졸음 상태에서 물끄러미 바라보는 목동의 태도이다. 그는 오직 지나간 과거에만 눈을 돌리고 거기서만 진정한 실재를 찾고 있다. 그는 『즐거움과 나날Les plaisirs et les jours』(1896)이라는 수상집에서 "삶은 사는 것보다는 꿈꾸는 것이 더 가치 있다"고 말하고 있는데, 이러한 태도가 그의 소설을 지배하고 있는 것이다. 거기서는 아무런 생명의 약동과 행위의 성실성과 미래에의 적극적인 기대를 찾아볼 수 없다. 이러한 프루스트의 입장은 기억의 이론에서도 아주 선명히 드러나 있다. '나'는 무의식적 기억에 의한 과거의 감미로운 인상을 되찾기 위해 의식적으로 삶에 무관심해지고 잠자리를 즐겨 찾는다는 인상을 주고 있다. 이러한 점에서 가톨릭 작가인 모리악 F. Mauriac 은 프루스트의 소설에서 '신의 가공할 만한 부재'를 발견하고 있으며 헉슬리 A. Huxley 는 그의 소설이 '감미로운 무도덕 상태'에 의해 지배당하고 있다고 지적하고 있다. 따라서 일부 비평가들의 베르그손과 프루스트의 관계를 부정하려는 입장도 어느 정도 경청할 만한 근거가 있다. 그러나 이러한 차이점에 의해 양자의 사상의 공통점과 베르그손이 프루스트에게 미친 영향이 결코 부정될 수 없으리라는 것 또한 사실이다.

3
프랑스 유심론과 습관의 문제

 습관이 과연 철학의 문제가 될 수 있는가 하고 반문하는 사람이 있을 법하다. 존재, 이성 또는 본질과 같은 철학적 개념에 익숙한 사람은 이 대수롭지 않은 심리적 사실이 갖는 철학적 의미를 쉽게 이해하지 못할지도 모른다. 그러나 철학사를 조금만 꼼꼼히 살펴보면, 아리스토텔레스가 습관과 덕德의 관계를 논한 이후로 흄^{Hume}에 이르러 습관이 인과율의 성립 근거로 제시되기까지, 그것은 인식론, 형이상학, 윤리 등에서 중요한 철학적 주제였음을 알 수 있다.

 습관의 문제는 발$^{J.\ Wahl}$[87]이 정확히 지적하듯 특히 프랑스 철학에서 주목의 대상이었다. 데카르트, 루소, 파스칼, 비랑$^{Maine\ de\ Biran}$, 라베송^{Ravaisson}, 부트루^{Boutroux}, 베르그손 그리고 현대의 리쾨르^{Ricoeur}에 이르기까지 습관은 여러 차원에서 다각도로 검토되고 있다. 예컨대 파스칼은 습관에서 상상력과 함께 가장 커다란 오류의 원리를 찾는다.[88] 순수한 감정을 이성보다 높이 평가한 루소 역시 습관을 부정

---

87 *Tableau de la philosophie française*, Gallimard, 1962, p. 70.
88 이환, 『파스칼 연구』, 민음사, 1980, pp. 118~25.

적으로 보았다. 습관은 감정의 신선한 유출을 방해하기 때문이다. 그는 『에밀Emile』에서 "어린이에게는 오직 하나의 습관만을 갖도록 해야 한다. 습관을 갖지 않는 습관을"이라고 선언한다.[89] 그러나 누구보다도, 이들의 철학은 습관론에 근거해 있다고 해도 과언이 아닐 정도로, 비랑, 라베송, 베르그손 철학에서 결정적 의의를 갖는다.

멘 드 비랑

프랑스 유심론의 창시자인 비랑은 습관의 문제를 철학의 중심 과제로 제시한 철학자였다. 물론 습관은 그의 당대의 소위 관념 학파idéologues의 주된 관심사였다. 이들이 의미하는 관념학은 오늘날의 이데올로기와는 물론 다르다. 그것은 관념과 그것들의 언어적 표현, 그리고 추론에 있어서의 결합을 연구하는 학문이었다. 이들이 습관에 관심을 집중한 것은, 말할 것도 없이, 관념, 회상, 감각, 판단, 나아가서 신체적 운동에 미치는 습관의 영향을 인식했기 때문이다. 당대의 습관에 관한 대표적 이론가는 비랑에 직접적 영향을 준 카바네Cabanais와 드 트라시De Tracy이다. 카바네는 감각에 미치는 습관의 영향의 원인을 순전히 생리학적 사실에서 찾는 데 반해, 드 트라시는 습관을 오직 판단에만 직접 관여하는 것으로 보려고 한다.

---

89 *Emile ou de l'éducation*, Garnier, 1965, p. 42.

이들의 이론을 보완하여, 독창적인 습관론을 제시한 비랑의 주저 『사고력에 미치는 습관의 영향*Influence de l'habitude sur la faculté de penser*』은 이제는 고전적인 구분이 된 수동적 습관habitudes passives과 능동적 습관habitudes actives의 구분을 제시한다.

> 우리의 모든 능력이나 작용은 느끼는 그리고 움직이는 능력의 변양들에 불과하다. 그리고 그것들은 각자가 습관의 두 영향에 참여한다. 그 하나는 감각이나 감정에 있어서처럼 변질하거나 쇠퇴하는 경우이고, 다른 하나는 운동에 있어서처럼 정확해지고, 빨라지고, 용이해지는 경우이다.[90]

감각에 미치는 습관의 효과는 두 가지이다. 그 하나는 감각력의 점진적 약화이며, 다른 하나는 감각이 약해질수록 그것은 우리에게 더욱더 필요한 것이 된다. 우리는 이것을 아주 일상적인 사실로서 알 수 있다. 향기는 처음에는 코를 찌르지만, 오래 맡고 있으면 감각은 무디어 결국엔 거의 사라진다. 비랑은 이러한 습관의 작용을, 인상들의 기계적 결과에서가 아니라 일종의 생명적 기능, 무의식인 목적성으로 설명한다.[91]

---

90 Maine de Biran, *Influence de l'habitude sur la faculté de penser*, Introduction, notes et appendices par P. Tisserand, PUF, 1954, pp. 197~198.

91 같은 책, p. 57.

모든 생명체에는 자기 보존의 원리, 즉 내적, 외적 원인에 의해 끊임없이 위협당하고 있는 생리적 균형을 유지하려는 노력이 있다. 우리가 느끼는 감각은 한 기관의 주조^{ton}가 올라가서 전체적 생의 기본 리듬에서 벗어날 때 일어나는 것이다. 그런데 이렇게 감각이 일어나는 순간에, 생명의 원리는 존재의 보존이 이 변화에 위협이라도 당하듯이, 다시 기본적 균형 상태를 유지하기 위해 자극된 기관의 주조를 낮추거나, 또는 전체의 주조를 연속적으로 올려 새로운 감각이 존재의 제일적^{uniforme} 감성에 용해되도록 하는 것이다.

운동과 지각에 대한 습관의 결과는 감각과는 반대로 나타난다. 습관적 운동이나 지각은 보다 용이하고 섬세하며 정확해진다. 따라서 운동에 대한 노력의 느낌도 감소되어, 운동에 대한 의식은 그것이 야기한 결과에 의해서만 가능해지는 경향이 있다. 이 사실은 어떻게 설명할 수 있는가? 이것을 해명하는 데 있어서 비랑은 어떻게 심장이나 내장의 운동이 노력 없이 이루어지는가를 묻는다.[92] 그 이유는 바로 그것들이 어느 정도 기관 전체로부터 독립되어 고유의 감수성과 운동성을 보유하고 있기 때문이 아닌가?

다른 한편 뇌가 없거나, 생명이 완전히 일자를 구현하고 있지 못한$^{moins\ une}$ 하등 동물에 있어서 각 기관은 각각 독립된 운동의 몫을 지니고 있는 듯이 보인다.[93] 따라서 동일한 운동의 반복된 연습은,

---

92 같은 책, p. 67.
93 같은 책, p. 68.

해당되는 기관을 인위적으로 독립된 힘의 중심으로 변화시켜 보다 자율적이게 한다. 습관적 운동에 있어서의 노력의 감소와 감수성의 하강은 이러한 사실에서 비롯하는 것이다. 라베송도 이러한 견해에 동조한다. 이렇게 연속성과 반복은 감수성을 낮추고 가동력^{motilité}을 고양한다. 그러나 이것은 유일하고 동일한 원인에 의해 동일한 방식으로 적용되는 것이다. 그 원인은 의지나 인격 그리고 의식의 영역 밖에, 또는 그 밑으로 신체 조직의 수동성 속에 침투해 자리잡는 무의식적 자발성의 발달인 것이다.[94]

그러나 습관은 감각이나 지각 또는 신체적 운동에만 국한된 현상이 아니다. 그것은 모든 심리적 사실, 상상력, 기억, 추론 등에도 작용한다. 이 중에서도 특히 습관은 상상력에 작용해 인과율의 관념을 형성한다는 점에서 우리의 주의를 끈다. 철학사에서 비랑은 인과의 이념을 원초적 사실$^{le\ fait\ primitif}$로서의 자아의 노력에서 발견한 것으로 알려져 있다. 데카르트와 마찬가지로 의심할 수 없는 가장 근원적인 것의 탐구로부터 철학을 착수한 그는 데카르트의 "코기토, 에르고 숨" 대신에 "나는 의지한다. 고로 나는 존재한다$^{volo,\ ergo\ sum}$"를 대치한다. 우리가 그것을 통해 자신의 존재를 확인하는 일차적 사실은 사유 속에서가 아니라 의지, 보다 정확히 말해 신체적 저항에 관계되어 있는 노력 속에서 나타난다. 그리고 자기 인식의 근거인 노력은 또한 인과율을 지각하는 원천이 된다. "원인, 즉 신체

---

[94] F. Ravaisson, *De l'habitude*, Vrin, 1981, p. 19.

를 움직이는 데 적용된 힘은 우리가 의지라고 부르는 활동적 힘이다. 자아는 완전히 이 힘과 일치한다."[95] 결국 노력에 대한 의식을 통해 확보된 자아는 데카르트적인 실체가 아니라 원인으로 나타나며 이 원인은 화이트헤드Whitehead가 시각적 직접성visual immediacy으로 파악된 물리적 인과성과 구분되는 인과적 효능causal efficacy이다. 그러나 그의 습관론에서는 인과율의 근거가 상상력의 습관으로 제시된다. "습관은 연속적인 것들의 질서 속에서 원인들을 우리에게 일으키게 한다. 그리고 우리가 원인과 결과라고 부르는 선후 관계의 기초는 동일한 질서 속에서 연속적인 인상들을 회상하는 습관에 예속된 사고 질서의 결정 속에 있다."[96] 이 점에 있어서 비랑은 철학적 방법과 철학 체계에 있어서 상호 양극에 위치하면서도 흄에 동조한다.

라베송

현대 프랑스의 유심론 철학 전통에 있어서 가장 고유한 위치를 차지하고 있는 라베송은 습관의 원리를 통해 소위 유심론적 실재론réalisme spiritualiste을 세운다. 비랑과 라베송 그리고 베르그손의 형이

---

95 Maine de Biran, *Essai sur les fondements de la psychologie*, p. 26, R. Lacroze, *Maine de Biran*, p. 102에서 재인용.

96 Maine de Biran, *Influence de l'habitude sur la faculté de penser*, p. 86.

상학적 원리의 공통점은 세계의 최후의 설명 근거를 심리 사실에서 찾을 수 있다는 것이다. 비랑은 이미 위에서 보았듯이, 내성적 방법을 통해 가장 확실한 형이상학적 기점을 자아의 노력에서 찾았다. 이 노력은 초기관적 힘$^{\text{force hyperorganique}}$으로서 자유로운 활동성이며, 이것은 결국 세계와 신의 본질로 확대된다. 그런데 라베송은 습관을 통해 동일한 원리에 이른다. 우주의 근본 원리는 자발성이며 물질은 자발성의 쇠퇴 과정의 극한인 것이다. 따라서 습관은 그에 있어서, 리쾨르식으로 말하자면, 의지와 신체, 실존적 가능성$^{\text{possibilité existentielle}}$과 자연적 실재성$^{\text{réalité naturelle}}$, 자유와 필연이라는 두 극단이 연결되는 교차점이 된다.[97] 이러한 근본 이념을 라베송은 다음과 같이 천명한다. "행위와 정열 사이에 위치하는 작용으로서의 습관은 의지와 자연 사이의 공통적 경계, 또는 중간항이다. 습관은 따라서 의지의 본능에 대한 미분법, 차라리 역학적 유율법$^{\text{fluxion dynamique}}$이다. 자연은 습관의 쇠퇴하는 운동의 한계이다. 결국 습관은 무한히 수렴하는 과정을 통해 자연과 의지 사이에 존재하는 관계의 근사법을 이해하는 유일하게 실재하는 방법으로 생각될 수 있다."[98]

습관에 대한 이론은 전통적으로 두 가지로 나뉜다. 그 하나는 습관을 자연 전체에 존재하는 현상으로 파악하는 입장이며, 다른 하나는 습관을 생명과 정신의 고유한 기능으로 파악하는 관점이다.

---

97 P. Ricoeur, *Le volontaire et l'involontaire*, Aubier, 1963, p. 280.
98 *De l'habitude*, pp. 22~23.

습관을 자연 일반에 적용하는 사람들의 이론 근거는 습관의 근본 원리인 타성^{inertie}에 있다. 데카르트, 콩트, 유물론자들은 습관을 물리적이고 기계적인 현상으로 이해한다. 즉 그 자체에 있어서 타성적이어서 다른 힘이 작용하지 않는 한, 시작된 운동이나 정지를 유지하는 물질을 습관적 세계로 본다. 제임스에 의해 습관에 관해 이제까지 가장 철학적인 논문을 쓴 사람으로 평가되고 있는 뒤몽^{Dumont}은 말한다. "누구나 알고 있듯이 옷은 몇 번 입고 나면 새것이었을 때보다 더 잘 몸에 맞는다. 천에 변화가 인 것이다. 그리고 이 변화는 응집^{cohésion}의 습관이다. 자물쇠는 사용할수록 잘 작동한다. 이 저항의 소멸이 바로 습관이다."[99] 결국 이들에 있어서 습관은 완전히 수동적인 현상으로 그것은 타성, 인과율과 삼위일체를 이룬다. 인과율은 자기 원인성이 없는 한 존재가 자기 밖의 영향에 대해 회피할 수 없는 영향을 받을 때 성립하는 것이기 때문이다.

이와는 달리, 습관을 생명 현상으로 보는 이론은 유물론자들의 견해가 단순히 어떤 상태에 머무는 것, 즉 타성과, 유동하는 현재의 변화에서 독립해 이미 주어진 행위를 되풀이하려는 불변의 경향 — 이것이 습관인 바 — 을 혼동하고 있다고 주장한다. 이러한 견해는 습관을 제2의 본성이라고 부른 아리스토텔레스에서부터 출발한다. 그는 "자연적인 사물은 습관의 결과로 다른 것이 될 수는 없다. 예컨대 돌은 천 번을 공중에 던진다 해도 위로 올라가는 습관을 지

---

[99] L. Dumont, "De l'habitude", *Rev. Phil.* t.1, 1876, p. 323.

니지 못한다"[100]고 말한다. 이러한 그의 예에는 분명한 잘못이 있다. 우리도 하늘에 아무리 던져져도 상승하는 습관이 붙진 않기 때문이다. 그러나 아리스토텔레스의 견해는 그 예의 부적절함에도 불구하고 습관의 형성 가능성을 통해 자연물과 생명체를 구분한 데 철학적 의의가 있다. 그리고 이러한 그의 입론은 이후 유심론 철학의 전통에서 연면히 이어져 내려온다.

라베송은 습관을 본래적으로 획득된 습관habitude acquise과 임의로 붙여진 습관habitude contractée으로 나눈다.[101] 그리고 그의 분석은 특히 후자의 기원과 의미를 밝히는 데 집중된다. 붙여진 습관이 생기기 위해서는 최초의 원인성, 즉 운동이 있어야 하며 이 운동이 시간 속에서 보존되어야 한다. 그리고 이러한 힘은 오직 생명의 자발성 속에서 발견된다. "물리학의 대상이 되는 물질에 있어서 고유한 의미에서의 습관이 존재할 수 없다. 사실 물질에 있어서는 힘의 행위로의 직접적 이행passage immédiat이 있으며, 이 행위 이외에 그것과 구분되어 존속하는 힘이 존재하지 않는다."[102] 라베송은 이처럼 밖으로부터 주어지는 운동과 이에 대한 반작용이 완전히 동일한 물질을 전적으로 외적인 존재existence tout extérieure[103]라고 부른다. 이러한 존재는 자기

---

100 Aristotle, *Ethique à Nicomaque*, trad. de Barthélemy-Saint-Hilaire. t.1, p. 66.
101 *De l'habitude*, p. 1.
102 같은 책, p. 3.
103 같은 책, p. 4.

밖에서 주어지는 운동이나 에너지의 단순한 매체에 불과하다. 그런데 시간 속에서 모든 것은 변하므로, 순간순간 변하는 힘에 순수히 노출되어 있는 물질에 있어서 과거적 상태나 운동의 연속적 보존은 불가능한 것이 된다. 결국 물질은 과거의 능동적, 자발적 보존으로서의 습관을 형성하지 못한다. 이러한 사실은 습관의 형성과 반복의 관계를 보아도 분명해진다.

습관의 가장 현저한 특성은 그 발생과 작용에 있어서 반복이다. 그러나 습관의 반복성은 엄밀히 말해 실재적이라기보다는 추상적이다. 습관의 각각의 운동은 그 반복에 의해 어떤 경향성을 공고히 하기 때문에 앞의 운동과는 구분되는 차이를 보여 주기 때문이다. 만일 습관이 순수한 반복이라면, 어떻게 점진적으로 형성되는 습관이 이루어지는가? 습관의 단순한 반복 아래에는 내적인 과정이 있으며 이것의 본질은 축적적 힘이다. 이러한 힘을 지닌 존재는 오직 생명이다. 그리고 이 힘에 의해 생명은 하나의 단위를 구성하며, 이 개체성이 생명과 물질을 가르는 최대의 특징인 것이다. 외부의 에너지의 단순한 매체에 불과한 물질은 존재이기는 하나, 하나의 존재$^{un\ être}$를 구현하지 못하기 때문이다. 결국 습관은 라베송에 의하면 개체 존재가 가능한 근거에서, 즉 생명이 생명일 수 있는 근거에서 성립하는 것이다.

생명의 많은 현상은 습관으로 설명된다. 식물의 풍토 순화, 동물의 본능 그리고 인간의 정신적 여러 작용이 모두 습관의 산물이다. 그러나 습관은 모든 생명 현상에서 동일한 질과 양을 가지고 나타나지 않는다. 식물에 있어서는 습관이 자리 잡기가 힘든 반면, 인간은 무한한 습관의 잠재력을 가진 존재다. 이것은 무엇을 의미하는가? 일단 형성된 습관은 필연성, 자동성을 띤다. 라베송은 이것을 "습관은 감수성^{receptivité}을 감소시키고 자발성을 고양한다"104고 정의한다. 아리스토텔레스가 습관을 제2의 본성이라고 한 의미도 바로 이것이다. 따라서 새로운 습관을 붙이는 능력이 부족한 존재는 그만큼 더 필연성에 지배된다. 그리고 새로운 습관을 무한히 형성할 수 있는 것은 이 필연성으로부터의 해방, 즉 자유를 의미한다. 자유와 선택. 창조는 주어진 습관을 끊임없이 무화無化시키는 능력 이외의 것이 아니며 이것은 베르그손이 말했듯이 "무한히 옛 습관에 새로운 습관을 대치시키는"105 힘을 의미한다. 그리고 인간의 탁월성은 바로 여기에서 유래한다. 새로운 습관의 형성은 새로운 시작을 부여하는 최초의 힘을 가정하며, 이 힘이 거의 영*의 상태에 있는 존재가 다름 아닌 물질이다. 따라서 모든 존재는 습관을 형성하는 자발성의 능력에 따라 그 등급이 정해질 수 있다. 라베송은 존재의 모든 계열은 유일하고 동일한 원리, 즉 자발성의 연속적 과정으로 파악한다. "이러한 과정의 저급한 극한은 필연성, 숙명이며, 그 고급의 극한은 지성의 자유이다."106

---

104 같은 책, p. 17.
105 *EC*, p. 265.
106 Ravaisson, *De l'habitude*, p. 29.

라베송의 철학은, 베르틀로Berthelot가 정확히 지적했듯이, 베르그손의 형이상학에 결정적 영향을 주었다. 생명과 물질을 상승과 하강, 긴장과 이완의 상반된 두 운동 방향으로 파악하고, 그 근원으로서 우주적 자발성으로서의 생명의 약동을 놓는 베르그손의 형이상학은 라베송의 주장을 생물학적 연구를 통해 완성한 것으로 평가될 수 있다. 베르그손은 라베송과 마찬가지로 형이상학의 출발점을 심리학에서 구한다. 『창조적 진화』에서 우주론을 '뒤엎어 놓은 심리학psychologie retournée'107으로 정의한 바 있는 그는 다음과 같이 말한다. "습관은 기계론이 그 자체로서 자족적se suffit이지 못하다는 진리의 생생한 증거를 준다. 그것은 말하자면 정신적 활동성의 화석화된 잔재에 불과하다."108 라베송과 베르그손의 형이상학은 저급한 질서는 고급한 질서에 의해서만이 설명될 수 있다는 공통된 관점을 지니고 있다. 부트루가 말했듯이 물질을 지배하는 "필연성은 획득된 힘force acquise이지 최초의 원인cause première은 아닌 것이다."109 따라서 물질은 그 자체에서 존재 근거와 인식 근거를 갖고 있지 않다. 마치 그림자가 빛에 의해서만이 설명될 수 있듯이 그것은 자발성에 근거해서만이 설명될 수 있는 것이다. 그리고 생명의 원리는 결코

---

107 *EC*, p. 209.
108 *PM*, p. 137.
109 Boutroux, *Journal des Debats* (10, Fev. 1910), J. Chevalier, *Histoire de la pensée* IV, p. 467에서 재인용.

물질로부터 도출될 수 없다.

베르그손의 철학은 실체의 일원론$^{monisme\ de\ substance}$, 경향의 이원론 $^{dualisme\ de\ tendance}$으로 정의될 수 있다. 우주의 근거는 창조적 활동성이며, 물질은 이 활동성이 감소하는 운동이고, 생명은 증가하는, 또는 유지하는 운동이기 때문이다. 그러나 이러한 우주론에는 한 가지 근본적인 난점이 내포된 듯하다. 그것은 우주의 생성의 근거가 창조적 힘이라면, 그것이 순수한 상태로서 남아 있지 않고 왜 하강하는 운동을 통해 물질을 이루었는가 하는 것이다. 순수한 활동성 자체에는 아무런 하강의 인자가 들어 있지 않다. 습관은 현상적으로 물질의 운동 방향을 설명해 주기는 하나 그 최초의 근거에 대해서는 입을 다물고 있는 듯하다.

베르그손

습관의 문제는 베르그손 철학에서도 중대한 의미를 갖는다. 그것은 그의 자유론, 기억의 이론, 형이상학, 그리고 도덕이론 등 거의 모든 분야에 등장한다. 습관의 형이상학적 의의는 이미 라베송의 경우에서 살펴보았으므로, 우리는 습관을 크게 자유론, 기억의 이론, 그리고 도덕 이론으로 나누어 고찰한다.

자유론

베르그손은 그의 첫 저서인 『시론』에서 자유를 여러 차원에서 분석하고 있다. 예컨대 지속의 이념에 입각한 존재론적 측면, 의지 결정론과 의지 비결정론 사이의 전통적 이론에 대한 비판, 그리고 자유의 등급의 이론 등이 그것이다. 우리는 이러한 베르그손의 자유론 중에서 습관과 관련된 측면, 즉 자유의 등급의 부분만을 다룬다. 언뜻 보기엔 그의 자유론은 습관의 문제와 전혀 무관한 듯 보인다. 베르그손이 자유를 본격적으로 검토하고 있는 『시론』의 3부에서 습관의 단어는 단 한 번 등장한다. 그러나 습관이 등장하는 구절은 베르그손의 자유론의 본질을 요약한 부분으로 매우 중요하다. 또한 그는 여러 곳에서 자유의 반대개념으로서 자동주의를 놓는다. 그런데 자동주의는 습관적 행위의 본성인 것이다.

베르그손은 자유스러운 행위는 "영혼 전체에서"[110] 우러나온 행위라고 정의한다. 그의 철학에 있어서 영혼 전체란 심층 자아$^{moi\ profond}$와 동일시되며, 그것은 또한 우리를 순수 지속$^{durée\ pure}$ 에 위치시키는 것이다. 따라서 자유스럽지 못한 행위는 우리의 전 인격에서 유래하지 않은 행위이며, 이것을 베르그손은 표층 자아$^{moi\ superficiel}$에 근거한 행위라 고 한다. 여기서 의미하는 표층 자아는 우리의 전 인격의 단일성에 용해되지 못한 자아의 부분을 뜻하며, 이런 관점에

---

[110] *DI*, p. 125.

서 그것은 기생적 자아$^{moi\ parasite}$ 111라고도 불리운다. 따라서 기생적 자아의 기원과 작용이 무엇인가 하는 것은 베르그손의 자유를 이해하는 데 아주 중요한 것이 된다.

자아의 살아 있는 단일성$^{unité\ vivante}$을 파괴하는 표층 자아의 구성 인자의 가장 대표적인 것은 습관이다. 습관의 자아에 대한 존재론적 의미는 한마디로 타자화他者化와 비인격성^{impersonnalité}의 원리이다. 리쾨르가 분명히 말했듯이, 습관적 행위는 그 시초에 있어서 이미 "초발적 소외 $^{aliénation\ naissante}$"112이다. 습관은 불변적인 과거 상태나 행위의 도식을 답습하려는 본성에 의해, 시간 속에서 끊임없이 새로운 단위를 구현하며 부단히 변전하는 환경에 적응하려는 인격으로부터 독립하는 인자이며, 습관의 타성적 힘은 무의식적 필연성을 가지고 자발적 의지를 구속한다. 습관의 필연성, 수동성 그리고 무의식은 결국 자유의 본질적 규정인 자율성, 활동성, 의식에 대립한다. 습관적 행위는 우리의 지성이나 의지의 적극적 개입을 배제하면서 자동적으로 수행되기 때문에, 습관에 얽매인 자아는 기계주의로 전락하며 사물화事物化된다. 이런 상태가 다름 아닌 하이데거의 '비본래적 자아'의 차원이다.

자유는 우리의 의식에 끊임없이 침투해 들어오는 습관의 힘을 극복하는 데서 성립하며 자유의 내감도 바로 이러한 의지의 능동

---

111 같은 책, p. 125.

112 Ricoeur, *Le volontaire et l'involontaire*, p. 280.

성에서 얻어진다. 밀^{Mill}이 "우리가 원할 경우, 우리의 고유의 성격을 바꿀 수 있는 힘에 대한 느낌이 바로 우리가 의식하는 심적인 자유의 느낌이다. 사람은 그의 습관들이 자기를 지배하지 않고 자기가 그것들을 지배한다고 느낄 때 정신적으로 자유를 느낀다"[113]라고 말한 것이나, 베르그손과 아주 흡사한 자유론을 주장하는 제임스가 "습관을 극복할 수 있는 노력을 매일의 훈련을 통해 살아 있게 유지하는 것"[114]을 행동의 격률로 내세운 것은 모두 습관적 행위의 위험을 경고한 것이다. 결국 베르그손의 자유론에 있어서 자아는 비랑의 표현을 빌자면, 의기양양하게 개선하는 자아$^{moi\ triomphant}$가 아니라 싸우는 자아$^{moi\ militant}$이다. 자아는 정신과 의지의 자발성을 끊임없이 위협하는 물질적 운동성, 즉 습관을 극복하는 노력, 긴장^{tension}으로 나타난다.

기억의 이론

서양철학사에 있어서 베르그손은 플라톤 이래 기억의 문제에 가장 중요한 의미를 부여한 철학자였다. 베르그손의 지속하는 자아는 시간 속에서 끊임없이 변화하고 생성하는 자아이다. 그러나 이러한 생성은 헤라클레이토스의 덧없는 만물 유전$^{panta\ rhei}$의 견해와는 분

---

[113] J.S. Mill, *Logique* I, chap. III. 8.3. Lalande, *Vocabulaire technique et critique de la philosophie*, p. 560에서 재인용.

[114] *Principles of psychology* VI, 1908, p. 126.

명히 구분된다. 지속의 질적 변화와 창조를 가능케 하는 근거는 바로 과거의 보존, 즉 기억에 있기 때문이다. 사실 지속은 두 가지 상반된 의미를 지니고 있다. 한편으로는 흐르는 것, 순수 변화를 의미하며, 다른 한편으로는 이 흐름을 지배하는 항존성의 인자를 내포하고 있다.

물질세계에 있어서 시간은 부단한 소멸이며 부재^{不在}이다. 그러나 생명, 의식은 과거를 자기 내부에 보존함으로써 물질적 시간성을 극복하는 힘으로 나타난다. 그리고 이 힘은 생물학적, 심리학적 의미에서 기억이 아닐 수 없다. 따라서 베르그손의 두번째 저서인 『물질과 기억』의 제목이 예시하듯이 베르그손의 존재론에 있어서 기억의 유무는 의식과 무의식, 생명과 물질을 구분하는 기준이 된다. 물질을 "순간적 정신$^{mens\ momentanea}$"이라고 정의한 라이프니츠에 뒤이어 베르그손은 물질을 "현재, 즉 끊임없이 다시 시작하는 현재에 존재하는 것, 이것이 물질의 근본 법칙이며, 그리고 여기서 필연성이 성립한다"[115]고 말한다. 이런 의미에서, 의식을 시간적인 것으로, 물질을 공간적인 것으로 보는 일반적인 도식은 라벨^{Lavelle}이 지적했듯이[116] 그 뜻이 분명히 한정되어야 한다. 영원의 감각적 이미지로서의 공간은 '모든 것이 한꺼번에 주어진' 차원, 즉 동시성^{simultanéité}과 공존 ^{coexistence}의 표상이며, 시간은 모든 것이 동시에 주어지

---

[115] *MM*, p. 236.
[116] L. Lavelle, *Psychologie et spiritualité*, Albin Michel, 1967, p. 75.

지 않은 차원, 즉 비공존과 연속의 세계 이다. 따라서 인과율에 지배되는 물질세계는 공간적이며, 질적인 변화와 창조의 계기인 의식은 시간적이라고 할 수 있다. 그러나 다른 한편 의식은 기억에 의한 과거의 보존, 즉 과거와 현재의 동시성의 차원이며, 물질이야말로 비공존의 세계라고 할 수 있다. 이런 관점에서 『물질과 기억』에서 진정 한 동시성은 기억에서 성립하는 것으로 나타난다. 그리고 이것을 의미하는 것이 유명한 원추도형의 표상이다.

『물질과 기억』의 주된 목적은 의식의 본질이 기억이며, 이 기억의 존재는 신체적 질서$^{ordre\ corporel}$와는 무관한 독자적 실재성을 지니고 있음을 밝히는 데 있다. 이러한 작업에 있어서 두 가지 모두 과거의 보존 능력인, 습관과 기억의 관계를 밝히는 일은 특별한 의미를 지닌다. 전통적으로 기억과 습관과의 관계에 관한 두 가지 상반된 이론이 있다. 그 하나는 기억이 습관과 분명히 유사성을 지니고 있으나, 그 본성에 있어서 습관과 엄밀히 구분된다는 이론이다. 기억은 정신의 세계에 속하는 데 반해 습관은 언제나 신체적이고 생리적인 사실일 뿐이라는 관점이다. 다른 하나는 기억을 습관의 독특한 경우에 불과한 것으로 보는 견해이다. 기억^{souvenir}은 과거에 각인된 신경 요소$^{élément\ nerveux}$의 진동이 충분히 강도 있고 지속적일 때 일어나는 현상에 불과하다. 그것은 본질적으로 유기적 조직의 구성, 결국 습관처럼 주어진 변이를 다른 것의 방해가 없는 한 보존하는 물질의 타성에 근거해 있는 것이다. 따라서 기억은 뇌조직에 주어진 상태의 습관에 불과한 것이 되어 버린다. 이러한 입장은 베르그손이 비판하고 있는 당시의 소위 과학적 심신평행론parallélisme scientifique과, 한 걸음 더 나아가 의식 현상을 뇌수의 쓸모없는 2차적 현상으로 보는 의식 부대 현상론épiphénoménisme이다. 베르그손은 우리의 기억을 습관-기억souvenir-habitude 117과 이미지-기억image-souvenir으로 구분한다. 이러한 예증으로서 우리가 어떤 책의 내용을 반복해 읽어 암기할 경우를 생각해 보자. 이 경우 우리는 분명히 구분되는 두 가지 기억 현상을 볼 수가 있다. 그 하나는 반복된 강독을 통해 내가 내용을 기억한다고 말할 때의 기억이다. 이 기억은 습관처럼 동일한 노력의 반복에 의해 이루어지며, 신체적 습성처럼 주어진 충동에 의하여 기계적으로 촉발되는 일정한 메카니즘을 형성한다. 이와는 달리 되풀이해 읽을 때의 각각의 개별적 강독 자체에 대한 기억 작용이 있다. 이 기억은 아무런 노력 없이 저절로 이루어지는 것으로 습관의 어떠한 성격도 지니고 있지 않다. 그것은 삶에 있어서 다른 것과 절대적으로 구분되는 고유한 질을 가지고 있으며, 따라서 반복될 수도 없는 것이다. 이러한 두 기억 사이에는 단순한 정도의 차이가 아니라 본성상의 차이가 있다.

베르그손에 의하면, 의식의 실체를 구성하는 기억은 표상적 기억이며, 뇌수에 보관되는 기억은 습관적 기억뿐이다. 습관적 기억은 마치 운동의 연습이 신체의 일정한 조직에 배열되듯이, 뇌수라는 폐쇄적 기제 속에 축적된다. 그리고 이 기억은 표상représentation이라기

---

117 *MM*, p. 83.

보다는 행위에 가깝다.[118] 이것은 과거의 어떤 시점에 위치한 어떤 일정한 내용이나 사태를 회상시키지 않기 때문이다. 그것은 알키에^{Alquié}가 탁월히 요약했듯이 습관과 마찬가지로 비인지$^{non\text{-}reconnaissance}$, 비소재$^{non\text{-}localisation}$를 특성으로 지니고 있다.[119] 그리고 이것이 기억이란 이름으로 불릴 수 있는 이유는, 그것은 과거의 표상을 보존해서가 아니라 과거의 표상으로부터 유용한 결과를 현재에까지 연장시켜 주기 때문이다. 그렇다면 의식의 본령을 이루는 순수 기억은 어디에 보존되는가?

베르그손은 이 물음 자체가 넌센스에 불과하다고 말한다. 왜냐하면 이것은 정신의 존재성과 물질의 존재성을 혼동한 오류에서 나오기 때문이다. 물질적 질서는 존재하기 위해 일정한 공간을 필요로 하나 정신의 존재는 공간적으로 어디에도 있지 않은 것을 특성으로 하기 때문이다. 바로 이런 이유로 영혼은 물질이 소멸한 후, 즉 죽음 후에도 존재할 수 있을 가능성이 있으며 베르그손은 이것을 실어증에 대한 실증적 연구를 통해 가정한다.

도덕 이론

철학에 있어서 습관은 무엇보다도 윤리학에서 중요한 의미를 갖는다. 그것은 도덕을 형성하는 가장 기본적인 경험적 요소로 생각

---

[118] 같은 책, p. 89.
[119] Alquié, *Le désir d'éternité*, PUF, 1963, p. 24.

되기 때문이다. 베르그손의 도덕 이론은, 널리 알려져 있듯이, 억압으로서의 도덕morale-opression인 닫힌 도덕morale close과 동경으로서의 도덕morale-aspiration인 열린 도덕morale ouverte으로 나뉘어진다. 그리고 습관은 닫힌 도덕의 성립 근거이다. 즉 우리가 일상적으로 이해하고 행하는 도덕은 사회적 습관의 산물인 것이다.

칸트가 정확히 이해했듯이 도덕은 의무obligation의 세계이다. 따라서 도덕적 의무의 기원과 기능이 무엇인가를 밝히는 것이 윤리학의 기본 과제이다. 이 문제를 해결하는 베르그손의 관점은 사회생활로 진화해 온 두 방향, 즉 인간과 사회적 동물을 대비시킨다. "인간의 사회가 지성적이지 않고 본능적이었다면 의무는 어떠한 형태로 나타났을 것인가?"[120] 하는 질문은 의무의 본질을 해명해 주는 근본적인 질문 방식이 된다. 동물의 사회에 있어서 우리의 의무에 해당하는 것은 본능적 행위 법칙의 필연성이다. 개미는 본능에 의해 자동적으로 전체의 이익과 보존을 위해 이기심에 빠지지 않고 자기의 소임을 다한다. 지성적인 인간에 있어서 본능적인 행위의 자동성과 필연성에 맞먹는 기능은 습관이다. 습관의 형성에는 지성과 의지 등이 작용하나, 일단 형성된 후에는 본능적 행위의 필연성을 띠고 우리의 의지를 구속하는 힘을 갖게 되기 때문이다. 인간은 사회적 본능이 없는 대신 '습관을 붙이는 습관'habitude de contracter les habitudes'[121]을

---

120 *MR*, p. 23.
121 같은 책, p. 21.

지니고 있으며, 이것에 의해 형성된 사회적 습관은 의무의 형태를 띠게 한다. 우리는 이런 습관 또는 저런 습관을 가질 수는 있으나, 모든 습관에서 벗어날 수는 없다. 그리고 사회적 관습이 한결같이 도덕적 내용의 외연과 일치하지는 않으나 모든 도덕은 실제에 있어서 집단적 습관의 특성을 보인다. 베르그손은 따라서 "의무의 필연성에 대한 관계는 습관의 자연에 대한 관계와 같다"[122]고 언명한다.

의무가 사회적 습관의 산물이며, 사회적 동물의 본능적 행위를 지향한다는 근본이념에서 다음과 같은 세 가지 특성이 나온다. 우선 도덕은 지성 이하의infra-intellectuel 질서라는 점이다. 지성의 본질은 자유스러운 반성이나, 습관적 도덕은 그 형성과 실제적 작용에 있어서 지성적 반성을 거부한다. 둘째로 모든 습관은 개체적이고 구체적이다. 그리고 습관의 특질은 본능처럼 '미리 형성된 무엇을 할 것인가에 대한 인식'[123]이다. 따라서 도덕적 행위는 칸트가 주장하듯이 어떤 보다 높은 일반 법칙에서부터 연역적 추론을 통해 알려지는 것이 아니다. 마지막으로 습관은 본질적으로 과거 지향적이며 변화를 싫어한다. 도덕은 따라서 본성적으로 수구적인 모습을 띤다.

물론 의무의 준수가 습관적 행위처럼 자동적으로 이루어지지 않는 경우가 있다. 많은 경우 도덕적 행위는 이기심의 극복 등, 자신

---

[122] 같은 책, p. 7.
[123] Ricoeur, *Le volontaire et l'involontaire*, p. 267.

의 자연적 경향성을 극복하는 데서 성립한다. 바로 이 점에서 사회적 습관으로서의 의무가 개인적인 습관과 다른 점이다. 개인적 습관은 이미 살펴보았듯이 내적인 자발성의 발산으로서, 우리는 습관적 행위를 하는 데 있어서 아무런 억압감이나 자제감을 느끼지 않는다. 그러나 베르그손에 의하면 의무가 부여하는 듯한 이 외적인 힘의 느낌은 도덕의 본질이 아니고, 2차적인 사실에 불과하다. 대부분의 경우에 있어서 우리는 의무를 무반성적으로, 아무런 내적인 긴장tension intérieure을 느끼지 않고 수행한다. 그리고 사회는 뒤르켐이 지적했듯이 교육 등의 제 기능과 제도를 통해 의무를 무조건적으로 행하게끔 훈련시키는dressage 것이다. 칸트류의 윤리학은 이 예외적인 경우를 의무의 독립된 실체로서 착각한 심리학적 오류를 범하고 있다. 베르그손은 이러한 오류를 류머티즘에 걸려 보행이 어려운 경우를 예로서 설명한다. 류머티즘에 걸린 사람은 보행이 마치 류머티즘의 극복인 듯이 생각하기 쉬우나, 일상적인 상태의 보행이 그런 것은 물론 아니다. 그리고 의무의 수행이 우리의 자연적 경향과 대치될 때 우리를 의무로 이끄는 매개자는 지성이다. 그러나 의무의 수행이 지성을 매개로 한다는 사실로부터 의무가 지성 자체의 산물이라는 결론은 나오지 않는 것이다.[124]

---

[124] 같은 책, p. 15.

4
낙관론, 비관론, 그리고 신

프랑스 유심론 전통의 3B

현대 프랑스 철학은 크게 베르그손의 생철학 시대, 사르트르의 실존주의 시대, 그리고 그 이후 등 3기로 나누어 볼 수 있다. 1900년대를 전후한 제1기에는 베르그손 이외에 우리에게는 잘 알려져 있지 않으나 현대 프랑스 철학에 중요한 위치를 차지하는 관념론자 브렁슈빅Brunschvicg, 『표상의 근원적 제 요인론』의 저자 아믈렝Hamelin, 기독교 철학자 블롱델Blondel이 있다. 특히 이 중에서 베르그손과 블롱델은 멘 드 비랑Maine de Biran과 함께, 독일 철학의 헤겔, 후설, 하이데거의 3H에 대비해, 프랑스 유심론 전통의 3B로 통한다. 2차 대전을 전후한 2기에는 사르트르 이외에 마르셀의 유신론적 실존주의, 메를로-퐁티Merleau-Ponty의 현상학, 리쾨르Ricoeur의 의지의 철학, 무니에Mounier의 인격주의, 라벨Lavelle의 존재론, 그리고 바슐라르Bachelard의 상상력의 인식론 등이 있다. 1950년대 이후의 3기에는 무엇보다도 발생학적 인식론의 피아제Piaget, 구조주의의 레비-스트로스Lévi-Strauss, 기독교적 진화론의 테야르 드 샤르댕Teilhard de Chardin이 있으며, 이 밖에 푸코^{Foucault}, 라캉^{Lacan}, 데리다^{Derrida}, 알튀세르^{Althusser} 등이 인류학, 언어학 그리고 마르크스 철학 등에서 새로운 모색의 경지를 개척하고 있다.

이 글에서는 이 3기에서 각각 한 사람씩 뽑아, 베르그손, 사르트르, 그리고 테야르 드 샤르댕만을 고찰한다. 베르그손과 사르트르를 현대 프랑스 철학의 쌍벽으로 꼽는 데 반대할 사람은 없으리라. 한데 테야르는 어떤가? 어떤 사람은 그를 철학자의 축에 끼우지 않을 뿐 아니라 그의 이론은 과학과 종교의 두 측면에서 혹독한 비난도 받고 있는 것도 사실이다. 그러나 그의 사상은 시가 아니라 과학이며 또한 엄밀한 과학적 방법론에 근거한 철학적 내용이 있음을 부인할 수 없다. 우리가 이들 세 철학자를 한 데 묶어 다루는 이유는 그들의 사색이 인간 존재에 집중되어 있다는 사실에 근거하고 있다. 인간은 누구인가? 그는 어디서 와서 어디로 가는가? 우주에서의 인간의 위치와 의의는 무엇인가? 우리는 이들의 철학을 고찰, 비교함으로써 현대 프랑스 철학이 제기한 적어도 하나의 문제와 그 해결의 한 흐름을 추적해 볼 수 있을 것이다.

베르그손

철학자는 문제를 해결하는 그의 사변의 세계에서는 자유스러우나, 문제를 문제로서 의식하는 데는 그렇게 자유스럽지 못하다. 철학자는 그의 시대가 봉착한 문제를 '주어진 소여^{所與}'로서 받아들일 수밖에 없기 때문이다. 20세기 초반은 철학적 인간학의 창시자인 셸러^{Scheler}가 정확히 지적했듯이 인간이 인간에 대해 가장 문젯거리로 등장한 시대였다. 과학적 인식의 발달과 함께 인간과 우주에 대한 고전적 해석은 무너지고 새로운 학설이 등장했다. 그러나 과학적인 이론의 타당성은 확실한 것인가? 브륀티에르^{Bruntière}가 말한 '과학의 파산'의 조짐이 바로 과학의 내부에서 싹트고 있었다. 기술 문명은 인류를 정말 유토피아에로 인도하는 선^{善}을 지니고 있는가? 또한 2차 대전은 이성에 대한 맹목적 확신과 문명에 대한 낭만적 긍지에 결정적 타격을 가했다. 문명의 탈을 쓴 야만인, 이것이 폐허의 거울에 비친 서구인의 참모습이었다. 과연 인간의 도덕성과 정신성은 문명과 함께 성숙했는가? 역사의 방향은 무엇이며, 인류에게 미래는 보장되어 있는가? 바야흐로 서구는 숱한 사상적, 시대적 난제를 위기의식 속에서 안은 채, 바로 그들이 쌓아 올린 문명의 중압에 짓눌리어 신음하고 있었다. 베르그손은 누구보다도 이 시대의 가쁜 숨결을 같이 청진하고 인간과 우주에 대한 새로운 비전을 제시한다.

20세기 초반은 과학주의와 실증주의의 유물론이 지배하고 있었다. 당대의 기계주의와 유물론에 근원적이고 가장 성공적인 비판을 한 베르그손이 그의 모든 저서에서 놀라운 일관성을 가지고 이룩한 작업은 단 한 가지로 요약된다. 정신과 정신적 질서의 복권. 그는 『의식에 직접 주어지는 것들에 관한 시론』에서 지속하는 자아의 자유를 『물질과 기억』에서 뇌와 독립해 존재하는 기억의 실재성과 영혼불멸의 가능성을, 『창조적 진화』에서 우주에 충만해 있는 생명과 그 창조를, 그리고 『도덕과 종교의 두 원천』에서 최후로 신을 되찾는다. 그리고 이러한 그의 작업은 다른 하나의 결론으로 수렴된다. 즉 인간과 우주, 삶에 대한 존재론적 긍정이다. 당대의 과학주의는 멀지 않아 우주의 모든 사태와 운행을 불변의 법칙 속에서 파악할 수 있으리라는 인식론적 낙관주의에 빠져 있었다.

그러나 과학주의가 그러한 긍지 속에서 하나하나 밝혀낸 인간과 세계는 우리에게 살 맛을 잃게 하는 무의미와 폐허였다. 실증주의 심리학에 의하면 인간은 그의 고유한 정신성과 가치를 박탈당하고 물질처럼 필연의 법칙에 의해 지배되는 꼭두각시로 변한다. 과학적 심신 평행론과 의식 부대 현상론에 의하면 우리는 한번 죽으면 아무것도 남지 않는 허무 그 자체다. 자연과학적 세계관에 있어서 우주는 그 자체의 실재성을 갖지 않은 원자들의 무의미한 이합집산에 불과하며, 그 속에서 사는 인간에게도 특별한 삶의 목적이나 가치는 주어지지 않는다. 도덕의 절대성을 찾는 마음은 인생이 허무하지 않음을 찾는 마음과 통한다. 그런데 뒤르켐류의 사회학에 의하면 도덕적 의무는 결국 일정한 사회의 집단적 표상이며, 사회적 교육이 우리에게 심어 준 것 이상의 것이 아니다. 이러한 과학주의의 생과 우주에 대한 비관론에 대해 베르그손은 그의 지속의 이론, 생명의 약동의 진화론, 사랑의 신의 이념을 통해 인간과 우주에 확고한 가치와 의미를 부여한다. 이것이 그의 철학이 당대의 지식인으로부터 열광적인 지지를 얻게 된 근본 이유이다.

베르그손 철학이 지니는 가장 중대한 철학사적 의의는 그의 역동적 형이상학에 있다. 형이상학은 세계의 존재와 설명의 원리로서 자족적이고 완전한 존재를 찾는다. 서양 형이상학의 원조인 플라톤은 이러한 존재를 본질이라고 한다. 본질주의 입장에서 보면 시간적 세계는 존재론적으로 불완전한 세계이다. 경험계의 모든 사물은 타자와 끊임없는 관계 맺음과 영향 속에서 본질의 순수성을 온전히 구현하고 있지 못하기 때문이다. 사물의 본질이 절대적인 자기 동일성을 이루기 위해서는 타자와의 가능한 모든 관계 맺음에서 독립해 존재해야 한다. 그리고 이러한 상태에서의 본질계에서는 변화와 운동이 일어나지 않으며, 따라서 시간이 성립하지 않는다. 그리고 본질은 자기 내부에서나 밖에서 그의 존재를 파괴할 아무런 요인도 갖고 있지 않으므로 영원히 존재한다. 모든 사물의 본질이 상호 간섭 없이 공존하는 영원의 차원이 이데아이다. '시간은 영원의 모상'이라는 플라톤의 존재론은 서양철학사에 생성보다는 존재에, 시간보다는 영원에, 운동성보다는 부동성에 보다 높은 존재의 우위를 두는 정적 형이상학의 문을 열었다.

그러나 베르그손에 의하면 이러한 본질주의로는 설명되지 않는 현상이 있다. 바로 생명이다. 생명의 운동은 타자와의 관계 맺음에서 타자화하지 않고 일자화著化하며 무규정성으로 하강하지 않고 자기규정으로 상승한다. 따라서 사실이 지시하듯이, 관계 맺음과 운동 속에서 존재가 형성되고, '다多'가 성립하며 새로운 존재가 탄생하는 생명의 운동은 관계 속에서 일자$^{-\frac{2}{3}}$가 타자화^{他者化}한다는 본질주의의 합리성에 역행하는 비합리적 세계이다.

생명의 본질은 자발성이다. 자발성은 자기가 존재하기 위해 타자를 필요로 하지 않는 자족적인 존재라는 점에서 본질과 같으나, 타자와의 관계 맺음에서 능동적으로 자기 동일성을 확보한다는 점에서 본질보다 존재론적으로 우위이다. 이러한 자족적인 존재는 자신의 존재를 연속화하기 위해 시간을 탄생시키며, 따라서 시간성은 본질주의의 견해처럼 불완전한 것이 아니라 완전하고 절대적이다. 자족적인 시간성의 세계는 그 존재 근거로 다른 것에 의존해 있지 않다. 시간성 밖의 불변의 원리와 초월적 존재를 부인하며 역설적으로 존재와 부동성 속에서 생성과 운동의 결핍을 본다. 그리고 본질보다 자발성이 선행하는 기능 일변도의 역동적인 형이상학 속에서 끊임없이 자기 동일성을 지니는 것은 순수한 자발성 자신이며, 만유가 시공 속에서 연속된 운동을 하는 한, 이러한 자발성은 단 하나이다.

태초에 우주적 생명의 추진력이 있었다. 이 추진력은 물질의 저항을 뚫고 무수한 생명체로 진화한다. 베르그손은 다윈류의 진화이론을 거부한다. 다윈의 적자생존과 자연도태설은 엄밀히 말해 이미 존재하지 않는 생물이 왜 존재하지 않는가 하는 것만을 설명할 수 있을 뿐, 새로운 종의 탄생은 이해하지 못한다. 나아가서 이 우주에 최초로 생명이 자리잡은 시점의 어디에 자연도태의 계기가 있었겠는가? 사실 하등동물은 그것이 생존하는 한 고등동물과 마찬가지로 물질과 환경에 성공적으로 적응하고 있는 것이다. 아니 셀러가 말했듯이, 원초적인 생명력의 입장에서 보면, 하등동물이 고등동물보다 훨씬 우월하다. 왜 생명은 최초의 성공적 적응에 안주하지 않고 많은 위험 부담을 안으며 보다 복잡하게 진화해 왔는가? 쇼펜하우어의 '생에 대한 맹목적 의지'는 틀렸다. 생명은 이 적의에 가득 찬 세계에서 살아남겠다고 몸부림치는 가엾은 존재는 아니다. 생명의 진화는 물질의 필연성을 보다 완전히 극복하고 자신의 자유와 창조성을 실현하는 데 있는 것이다.

생명의 약동, 이러한 생명의 진화는 인간에 있어서 가장 성공적인 형태로 이루어졌다. 베르그손은 기계론 못지않게 목적론을 배격한다. 자발성은 활동성^{activité}이며 진정한 자발성은 끊임없이 새롭고 창조적인 활동을 재개하는 데서 성립하기 때문에, 언젠가 스스로의 활동성이 소진될 어떤 정적인 사태를 지향하진 않기 때문이다. 그러나 "우주에 보다 많은 양의 비결정성과 자유를 심는 것을 소임으로 하는 진화의 원리에서 보면, 인간은 지구 위에 있는 전체적인 생명 구조의 존재 근거"라고 해도 크게 틀리지는 않는다.

『창조적 진화』에서 우주를 '지속의 상^{相} 아래에서$^{sub\ specie\ durationis}$' 조망하는 베르그손은 인간과 우주에 대해 '위대한 긍정'을 한다. 이런 의미에서 그의 철학은 서양철학사에 있어서 낙관론을 표방하는 거의 유일한 시간성의 철학이다. 헤라클레이토스의 '만물 유전'에서 실존주의에 이르기까지 시간성의 철학은 비관주의로 일관해 왔다. 그러나 베르그손에 있어서 시간은 소멸과 부재의 차원이 아니라 생성과 충만, 그리고 창조의 차원이다. 이러한 그의 존재론은 『도덕과 종교의 두 원천』에서 '생명의 약동'이 '사랑의 약동$^{élan\ d'amour}$'으로 발전함으로써 그 마지막 향기로운 꽃을 피운다.

베르그손의 '닫힌 도덕'. '열린 도덕', 그리고 '정적 종교', '동적 종교'의 이념은 역사철학, 나아가서 인간의 구원의 이론이다. 이러한 인간 구원의 이론은 실증주의자 콩트의 '사회 정태학', '사회 동태학'의 이념에서 이미 다루어진 문제이다. 콩트는 "사랑을 원리로, 질서를 기초로, 진보를 목표로" 하는 사회 진화의 '인류 종교$^{religion\ de\ l'humanité}$'의 이념을 제시한다. 그러나 어디에서 인류에 대한 박애의 존재론적 가능성을 찾을 것인가? 실증주의에 있어서 사랑은 문자 그대로 '무로부터의 창조' 이데올로기에 불과하다.

베르그손은 기독교 신비 체험가들의 경우를 엄정한 방법론적 숙고를 거쳐 객관적 사실로 인정하고 기독교의 창조신을 인정한다. "신비주의자들은 신이 우리를 사랑하기 위해 우리가 그를 필요로 하듯이 똑같이 우리를 필요로 한다는 사실을 하나같이 보여 준다. … 창조는 신이 창조자들을 창조하고 자기의 주위에 사랑을 받을 만한 존재들을 둘러싸는 작업이다." 사랑이 신의 창조의 원리라면 인류에 대한 사랑은 우주의 생성의 원리에 합일하는, 진리를 실현하는 행위이다. 키르케고르의 '신 앞에 선 단독자'의 이념은 틀렸다. 신은 명상의 대상이 아니라 행위의 대상이며, 그 행위는 인류 전체에의 사랑을 통해서만 완성된다. 신 앞에 선 인류, 그 집단적 구원, 이것이 베르그손 철학의 결론이다.

베르그손 철학은 인간과 인간, 인간과 우주, 인간과 신을 잇는 연속성의 철학이다. 이 우주는 절대적인 세계이며 그 속에서의 인간의 삶은 의미 있고 환희에 가득 찬 것이 된다. 베르그손의 가장 훌륭한 연구가인 장켈레비치Jankélévitch는 그의 철학의 의의를 다음과 같은 시적인 표현으로 집약한다. "이 아침의 환희, 이 저녁의 평화la joie de ce matin et la paix de ce soir."

사르트르

베르그손 철학은 유물론의 어둠 속에서 쏘아 올린 정신의 화려한 불꽃놀이였다. 그의 철학은 W. 제임스, 화이트헤드, 산타야나Santayana 등의 철학자에게, 그리고 예술 분야에서는 프루스트Proust, 페기Péguy, 드뷔시Debussy 그리고 초현실주의자들에게 결정적인 영향을 끼친다. 그리고 설사 그의 철학에 직접적 영향을 받지는 않았다 하더라도 현대 프랑스 철학은 베르그손의 존재를 의식하지 않을 수 없었다. 메를로-퐁티의 지각론, 마르셀의 구체철학, 피아제의 발생학적 인식론을 베르그손 없이 어떻게 온전히 이해할 수 있겠는가? 그러나 그의 사상의 빛은 그 확산적이고 지속적인 영향에도 불구하고 너무나도 빨리 어둠 속으로 사라졌다. 그 이유는 어디에 있었던가?

우리는 여기서 다만 2차 대전 후의 시대 상황이 그의 티 없는 낙관론을 받아들이기에는 너무나도 절박하고 고통스러웠다는 점만을 지적하기로 하자. 이 암울한 시대 정신을 대변하는 사르트르의 실존주의는 베르그손 철학에 대한 부당한 적대감에도 불구하고 몇 가지 근본적 입장에서 베르그손과 일치한다. 우선 형이상학적 독단이다. 개념적 추상, 자연과학적 설명을 배격하고 의식에 구체적으로 드러나는 것을 탐구하는 그의 현상학적 방법론은 베르그손의 탐구와 유사하다. 후설은 자신이 어느 날 베르그손의 직접성의 이념을 듣고 "우리야말로 베르그손주의자다"라고 말한 적이 있지 않았던가? 비록 이론적 귀결은 판이하더라도 베르그손의 방법론은 넓은 의미에서 현상학이다.

또한 사르트르의 시간성, 주체성, 자유의 이념 역시 베르그손과 통한다. 너무도 유명한 "실존이 본질에 앞선다"는 그의 존재론적 명제는 베르그손과 함께 본질주의를 배격하는 시간성의 철학이다. 사르트르는 구체적 상황에서 실존하는 자아의 주체성에서 출발하며, 그 근원적 자유를 인정한다. 주체성과 자유는 상호 교환 가능한 개념이다. 자유스럽지 못한 주체성은 이미 주체성이 아니며, 자유는 자유를 행사하는 인과적으로 독립된 개체를 전제하기 때문이다. 자유의 존재론적 의미는 개체 존재의 가능 근거라는 점이며, 이런 의미에서 보편적 인과율에 예속되어 있는 물질은 엄밀한 의미에서 개체를 구현하지 못하는 존재이다.

사르트르는 자유를 "자기 자신을 초월할 수 있는 능력"이라고 정의한다. 자기 자신을 초월한다는 것은 일차적으로 자기의 과거를 초월한다는 뜻이다. 과거는 주어진 것, 결정된 것이며, 이런 의미에서 자유는 본질에 대립된다. 불변하며 항상 자기 동일성을 유지하는 본질은 과거에 관계하는 존재이기 때문이다. 본질은 과거적이다.

헤겔이 본질의 독일어 'Wesen'을 'Sein' 동사의 과거분사형인 'gewesen'에 연결시키는 이유가 여기에 있다. 인과율의 세계는 과거에 철저히 매여 있는 세계이며, 따라서 과거 지향적 운동 속에서 성립하는 물질은 본질화할 수 있다. 그러나 의식은 "과거와 거리를 취하면서 그것을 부정하는 힘"으로 미래 지향적 운동을 하며, 바로 그런 이유로 인간 존재는 본질 규정이 불가능한 것이다. 이러한 사르트르의 즉자être en soi와 대자être pour soi의 구별은 베르그손의 물질과 의식, 양과 질의 구분에서 멀리 벗어나 있지 않다. 그러나 사르트르는 베르그손과 유사한 기본적 출발점에서 정반대의 결론을 이끌어 낸다. 창조와 은총의 천사주의, 그리고 이에 대립하는 무의미와 부조리의 악마주의.

사르트르 철학의 첫 번째 좌절은 인간 존재의 우연성, 무상성, 부조리에서 시작한다. 나는 아무런 존재의 근거나 의미 없이 그냥 있는 존재일 뿐이다. 그는 존재에 대한 이 불합리성을 'de trop(불필요한, 여분의)'이라고 표현한다. 그리고 나의 존재의 무의미성과 함께 우주 전체의 모든 의미는 사라진다. 구토, 이것이 존재의 무의미성에 대한 그의 소설의 한 주인공이 갖는 느낌이다.

그의 두 번째 좌절은 대자 존재의 본질인 의식에 있다. 의식은 인간 존재를 무생물이나 동물과 구분하고 우리를 자유롭게 하는 요인이다. 그러나 이 의식은 그에 의하면 무^{無}와 비^{非}와 동의어가 된다. 의식적 존재는 존재의 충만성을 맛보지 못하고 영원한 결핍 존재로서 머물기 때문이다. 나는 의식을 가지고 있는 한, 한순간도 있는 그대로의 존재로서 존재하지 않는다. 실존은 '있을 존재', '있기를 원하는 존재', '그러나 아직 그렇게 있지 못하는 존재'로서만 있다. 의식의 지향성, 탈자성^{脫自性}에 매달려 있는 사르트르는 결국 의식의 실체성을 부인한다. 그는 유물론자가 되기를 거부하나 동시에 전통적인 유심론적 실재론에도 소속하지 않는다.

그렇다면 실존하는 것은 무엇인가? 이 기괴한 이론이 실존주의로 명명되는 것은 역설적이다. 무니에가 말했듯이 차라리 비실존주의^{inexistentialisme}라고 부르는 것이 더 타당하지 않을까? 인간 존재는 존재의 충만성, 즉 즉자태를 추구하나 의식의 지향성으로 인해 그 노력은 번번이 실패할 수밖에 없다. 인간은 결국 '헛된 정열'에 불과하며 삶에 대한 본질적 의식은 헤겔식의 '불행한 의식'$^{das\ unglückliche\ Bewußtsein}$이다. 그러나 헤겔에 있어서 '불행한 의식'은 정신의 변증법적 자기 전개 과정에 있어서의 한 단계에 불과하나, 사르트르에 있어서 그것은 영원한 것이며 치유될 수 없는 것이다.

사르트르의 세 번째 좌절은 사회 속에서 이루어진다. 고전 철학에서 거의 제기된 적이 없는 타인의 문제는 그의 철학의 중심 테마 중의 하나이다. 그는 자기의 실존주의가 결코 유아론^{唯我論}적 결론에 도달하지 않으며, 오히려 타인의 존재를 통해 내가 나일 수 있음을 논증하려고 노력한다. 그러나 그의 기본 입장의 논리적 귀결에 의하여 나와 타인 사이에는 철저한 존재론적 분리와 소외가 작용한다. 타인은 나의 절망적 상태를 해결하는 데 아무런 의미도 도움도 주지 못한다. 오히려 타인과 함께 이루어지는 삶은 갈등과 긴장으로 채워지게 마련이다. "타인은 지옥이다." 많은 사람이 오해하고 있는 것과는 달리 사르트르의 고독한 실존과 사회적 인간 사이에는 모순이 없다. 그는 언뜻 모순되어 보이는 개인과 사회의 관계를 해명하기 위해 희소성^{rareté}의 개념을 도입한다. 삶의 여건은 모든 개개인의 욕구를 만족시킬 만큼 충족하지가 않다. 이와 같은 희소성은 개인 간의 치열한 경쟁을 유발하고 그럴 때마다 타인은 항상 위협으로 나타난다. 이러한 타인과의 갈등을 가장 합리적으로 해결할 필요성에 의해 사회 질서는 형성된다. 이러한 넓은 의미에서의 실용주의적 사회관에서 본질적으로 인간은 인간에 대해 신神이 아니라$^{Homo\ Homini\ Deus}$, 늑대이다$^{Homo\ Homini\ Lupus}$. 너와 나의 만남을 통한 삶의 확신이나 존재의 고양은 있을 수 없다.

수평적, 수직적 차원에서 현존재^{Dasein}를 극복할 수 있는 아무런 존재론적 가능성이 박탈된 사르트르의 인간관은 베르그손의 그것과 좋은 대조를 이룬다. 후자에 있어서 의식은 충만되어 있으며 차라리 끊임없이 과거가 소진되는 물질이 결핍이며 무이다. 인간과 자연 사이에는 보들레르적 교감이 있으며, 사랑을 통한 '정신적 공동체'로서의 사회는 존재의 환희를 가능케 한다.

물론 베르그손 철학에도 부정적인 계기는 있다. 예컨대 지성적 존재에게는 죽음과 삶에 대한 불행한 의식이 생긴다. 그러나 정적인 종교는 그의 우화적 기능$^{fonction\ fabulatrice}$을 통해 이 불행한 의식을 감싸주고, 삶에 대한 의욕과 희망을 심어 준다. 그러나 사르트르에 있어서 의식 존재는 결핍이며, 자유는 저주이며, 인간과 자연 사이에는 어떤 일체감도 있을 수 없다. 자연은 우리에게 최소한 적대적이지는 않을지 모르나 분명히 나와는 무관한 존재로 무의미하게 있다. 우주는 이미 인간이 삶을 아기자기하게 꾸밀 수 있는 친근한 공간이 아니다. 미지의 시공적 무한성 앞에서 인간은 한없는 고독과 현기증과 실향감만을 느낀다. 바로 이런 상황에서 카뮈가 자살을 "철학적으로 유일하게 진지한 문제"로 제기한 이유가 있다. 만일 삶이 아무런 의미와 목적도 갖고 있지 않다면, 나의 자유가 나를 불행하게 하고 상처를 입힌다면 그리고 사회적·종교적 참여도 나를 이 실존적 모순성에서 구해주지 못한다면, 도대체 왜 나는 고통스런 삶을 불필요하게 연장해야 하는가?

 베르그손과 사르트르의 이러한 근본적인 대립의 근거는 무엇인가? 베르그손에 있어서 의식은 실체이며 순수한 시간성을 극복하는 능력이다. 과거는 기억에 의해 보존되므로 시간의 제 계기는 단속적이 아니라 연속적이며, 이 지속의 연속성을 통해서 생성과 창조가 가능하다. 그러나 사르트르는 베르그손의 지속을 부인한다. 그의 의식에 있어서 과거는 과거인 한 이미 지나가 버린 것이며 따라서 사르트르의 자유는 아무런 존재론적 발판이 없는, 무로부터 출발해서 무로 귀환하는 단속성이다. 베르그손은 인간을 언제나 그것을 초월하는 고차적 질서 위에서 고찰한다. 의식의 지속은 우주적 지속에, 인간의 삶은 전체적 생명의 창조적 활동성에 근거해서 이해되고, 우주에는 최후로 신의 창조 속에서 그 궁극적 의미가 부여된다.

그러나 사르트르에 있어서 최초로 주어진 것은 고립된 실존뿐이다. 존재론적으로 최초로 주어진 것은 언제나 우연적인 것이다. 사르트르는 "신은 이성도 원인도 필연성도 없이 존재한다"고 말하지 않았던가? 그런데 신이 없는 그의 세계에 있어서는 원인도 근거도 없이 주어지는 최초의 것이 실존이 되어 버린다. 그리고 이 근거에서부터 논리적으로 인간과 우주는 아무런 의미도 갖지 못하는 것이다. 인간은 『구토』의 어느 구절에서처럼 "이성 없이 태어나서 허약성을 지속하다가 우연에 의해 죽는다." 사르트르의 철학에서 파스칼이 말한바 "신 없는 인간의 비참은 절정에 달한다."

테야르 드 샤르댕

모노^{Monod}는 그의 명저 『우연과 필연』에서 철학은 인간 존재의 우연성과 고독을 부인하려는 이성의 비극적 노력이라고 규정한 바 있다. 인간 존재의 우연성과 고독은 인간과 우주 사이에 존재론적 분리가 개재될 때, 즉 일체감이 상실될 때 필연적으로 도출된다. 따라서 서양철학사의 거의 대부분은 인간과 우주, 인간과 신 사이에 연대를 놓으려는 다양한 시도에 불과하다. 이러한 시도에 가장 성공적인 현대철학의 대표는 두말할 것도 없이 베르그손의 범생명주의이다. 그러나 사르트르의 무신론적 실존주의에서 인간과 우주 사이의 전적인 연대는 무자비하게 끊긴다. 그의 철학에서 인간은 정처 없이 떠도는 방랑인$^{\text{Homo Viator}}$이다. 따라서 실존주의에 의해 단절된 인간과 인간, 인간과 우주 사이를 다시 잇는 철학적 과제가 절박하게 요청되었다. 테야르는 현대인의 실존 불안을 누구보다도 예리하게 간파하고 그 극복을 시도한 철학자이다.

테야르는 "존재하는 것은 결합하는 것이다"라고 천명한다. 이 얼마나 반사르트르적인 주장인가? 그러나 그 결합의 근거는 무엇인가? 형이상학의 가장 고전적 전통은 단일성^{unité}에의 탐구이다. 이성은 일자^{一者}로 향하는 노력이며 이 일자를 통해 우주를 정리한다. 그러나 이러한 이성의 노력 앞에 다자$^{多者\ \text{le multiple}}$는 난제^{aporie}인 동시에 스캔들이다. 만일 일자가 존재하고 그 자체에 있어서 자족적이라면 왜 현상의 다양성은 존재하는가? 일자^{一者}와 다자^{多者} 사이의 관계는 무엇인가? 서양의 형이상학은 이 문제를 해결하려고 노력했으나 일자와 다자 사이의 존재론적인 조화를 이룩한 철학은 드물다. 예컨대 스피노자의 범신론과 헤겔 철학은 개체를 전체에 소멸시킨 철학이며 흄의 경험론과 사르트르의 무신론은 일자를 개체 앞에서 희생시킨다. 일자와 다자, 무한과 유한, 초월과 내재성 사이에 개입하는 모든 논리적 모순을 극복하는 본질적으로 비합리적인 형이상학적 체계가 하나 있다. 기독교. 기독교의 창조설에 있어서 다자는 다자의 근거와 고유성을 상실하지 않고 절대적 일자에로 통일된다. 테야르의 사상의 의미는 본질적으로 믿음의 대상인 기독교 사상의 진리를 자연과학적 사실에 입각해서 해명하려는 새로운 시도에 있다.

다윈 이래 진화론은 부인할 수 없는 '과학적 사실'로 등장한다. 그러나 진화의 요인과 법칙에 관해서는 아직도 해결이 안 된 문제이다. 다윈의 적자생존설, 라마르크의 용불용설用不用說, 와이겐의 정향진화설, 그리고 드브리스의 돌연변이설 등은 모두 치명적인 약점을 지니고 있다. 그리고 진화에 대한 생물학적 사실에 직면한 일부 신학자들은 '신의 특별한 개입'이라는 개념으로 진화설과 창조설의 틈을 메우려고 한다. 테야르는 인류가 신을 향하여 진화한다고 주장함으로써 보다 정공법적으로 과학과 종교의 종합을 시도한다. 이러한 그의 작업은 먼저 고생물학적 관찰의 결과로서 우주의 수렴하는 진화 과정을 확인하고, 이어 계시의 자료를 기초로 진화가 수렴하는 우주의 중심을 그리스도에서 찾는 기독교 호교론을 제창한 후, 마지막으로 인간의 노력에 초자연적 가치를 부여하는 인간 구원의 미래학을 제시한다.

테야르의 진화론은 우주를 정적인 실체로 보지 않고 동적으로 진화하는 전체성으로 파악한다. 우주는 복잡화와 의식화의 운동을 통해 일정한 목표로 향하는 상향 운동 속에 있다. 따라서 그에 있어서 물질도 타성과 필연의 세계가 아니라 라이프니츠적인 정신적 힘으로 나타난다. 이 힘은 교차적이고 재조직적인 물질로 자체를 집중시켜 나가며 이러한 집중화와 수렴화의 일정한 임계점에서 생명은 탄생했다. 따라서 물질은 정신의 모태이며, 진화는 이미 물질의 내면성 속에서부터 기원한 것이다. 생명의 진화의 목표는 사고의 출현에 있다. 그리고 이것은 약 백만 년 전의 인간 출현으로 성취된다. 인간의 출현은 동물의 어떤 종류처럼 진화의 도중에서 우연히 도출된 것이 아니라, 모든 생명, 나아가서 우주 전체의 총체적 노력의 결과이다. 그리고 인간과 함께 진화는 결정적으로 새로운 차원에 접어든다. 자율 진화, 즉 이전까지의 '미는^{push} 진화'에서 반성을 통해 스스로의 방향을 설정하는 '당기는^{pull} 진화'로 그 양상이 바뀌게 된 것이다.

인간이 지향하는 진화의 목표는 물질성을 완전히 극복한 순수 의식의 세계 인류의 인격이 일심화된 초인간의 세계로서의 오메가 점$^{le\ point\ Oméga}$ 이다. 이러한 오메가 점의 설정은 테야르에 있어서 형이상학적 가정이 아니다. 그것은 이제까지의 진화의 방향과 의미에 외삽법^{extrapolation}을 적용해 얻은 합리적인 추론이다. 그런데 테야르는 과학자로서 그가 밝힌 진화의 진상이 기독교의 본질인 보편주의, 인격주의, 미래주의와 놀랄 만한 유사성을 가지고 있음을 발견한다. 그리고 그리스도는 신인^{神人}으로서 인류가 완전한 인격화를 지향하는 목표로서의 실제적인 의미를 부여받는다. 예수는 이런 의미에서 인류 진화의 종점인 동시에 인류를 이끄는 생명적인 제일 원동자로서 등장한다. 결국 테야르의 오메가 점은 그리스도 탄생에서 종결된다. 이러한 그의 진화론은 신과 인간, 역사와 구원에 새로운 해석을 부여한다. 신은 한 번의 창조로 완성된 우주의 외부에 존재하는 초월적 존재가 아니 목적인으로서 작용하는 '제일 원인'이며 신의 의미는 '오실 자$^{\text{he coming being}}$'로서의 장래성에 있다.

그의 진화 이론은 철학적 구조로 볼 때 역사를 정신의 자기 발전 과정으로 파악하는 헤겔의 목적론적 세계관을 연상하게 한다. 그러나 테야르는 우주의 과정을 순수한 논리적 변증법의 차원에서 해명하는 헤겔 철학과 진화에 대한 과학적 인식에서 출발하는 자기의 입장을 분명히 구분한다. 생물학적 진화론에 관한 한 그의 사상은 그가 깊이 영향받았다고 고백한 바 있는 베르그손 철학에 훨씬 더 접근한다. 그러나 이들 사이에는 화해할 수 없는 간격이 있다. 베르그손에 있어서 물질은 타성과 '긴장의 이완'으로서 아무런 자기 운동적 요소를 갖고 있지 않다.

그러나 테야르에 있어서는 물질 자체가 역동적인 힘이다. 물론 테야르는 과학자로서 베르그손처럼 물질을 지배하는 열역학 제2법칙의 의미를 충분히 깨닫고 있었다. 그래서 그는 물질의 엔트로피에 해당하는 것으로서 접선적^{接線的} 에너지$^{\text{énergie tangentielle}}$를 내세운다. 그러나 물질에는 이와 다른 방사적^{放射的} 에너지$^{\text{énergie radiale}}$의 여분이 있으며 이것이 생명의 근원이다. 베르그손에 있어서 진화의 근본 법칙은 분산^{divergence}인 데 반해, 테야르의 목적론적 진화는 수렴^{convergence}에서 성립한다. 또한 후자에 있어서 인간의 출현은 필연적이나 전 자에 있어서는 가능적이었다.

그러나 이들 사이의 가장 근본적인 차이점은 미래와 인류의 문명의 이론에서 나타난다. 이들 양자는 기독교를 그들의 철학 체계에 수납하고 인간 구원의 가능성을 그리스도에서 찾은 점에서 같다. 그들은 인간 개조와 사회 개혁의 결정적 요인으로서 베르그손이 말하는 소위 '영혼의 추가supplément de l'âme'를 그리스도의 사람에서 발견한다. 그러나 베르그손에 있어서 인류의 미래는 본질적으로 불투명하다. 그리고 이러한 그의 견해는 시간성의 극한을 달리는 그의 근본적 관점에 일치한다. 베르그손은 역사에 대한 천진한 낙관주의를 경고하고, 인류의 미래는 오직 전 인류의 자각과 공통적인 노력의 결과에 의해 달려 있음을 역설한다.

그러나 테야르에 의하면 우주 발생은 인간 없이는 전혀 무의미하며 또 진화의 목표로서의 오메가 점이 주어져 있는 한, 인간이 그 목적을 달성하지 못한다는 것은 절대로 가정될 수 없는 모순이다. 이것은 영혼 불멸에 대한 칸트적 발상을 연상시킨다. "인간은 직면해야 할 생물학적 딜레마에도 불구하고 더 높은 상승을 위한 정당한 길과 출구를 찾으려는 탐색의 전진에 있어서 실패할 수 없다. 그러므로 발전을 위협하는 모든 변동에도 불구하고 인간화의 궁극적인 승리에 대한 기대로 거는 것은 하나의 사색이 아니라 합리적 계산이다."

수록된 글의 문헌 정보

1부

1. 「베르그손의 자유론」, 『철학연구』, 철학연구회, vol. 17, 1981, pp. 31~48.
2. 「베르그송과 비합리주의」, 『철학』, 한국철학회, vol. 15, 1982, pp. 131~153.
3. 「베르그손에 있어서 닫힌 사회와 열린 사회―지성과 도덕적 실천의 문제를 중심으로」, 『사회와 인식』, 민음사, 1984, pp. 161~209.

2부

1. *Désintéressement et attention à la vie dans la philosophie de Bergson*, thèse, Université Paul Valéry, Mai 1980, pp. 6, 58~122.

3부

1. 「Bergson에 있어서 무관심의 개념에 관한 고찰」, 『철학연구』, 철학연구회, vol. 9, pp. 113-128.
2. 「베르그송과 프루스트」, 『육사논문집』, vol. 12, 1974, pp. 19~42.
3. 「현대 프랑스 철학에서의 습관에 관한 고찰」, 『인문과학』, 성균관대학교 인문과학연구소, vol. 11. No 1, 1982, pp. 67~81.
4. 「낙관론과 비관론, 그리고 신」, 『월간조선』, 1982. 10.

초판 서문

이 책을 내면서

 이 책은 고 김진성 교수의 유고집이다. 김진성 교수는 1984년 10월 서른일곱의 나이로 세상을 떠났다. 이 책에는 그가 대학원을 졸업한 후 1974년부터 작고하기 전까지 발표한 10편의 글이 수록되어 있다. 여기에 실린 글 이외에 그는 1980년 박홍규 교수 회갑 기념 논문집 『문제를 찾아서』에 「베르그송에 있어서의 자유의 문제」를 발표했는데, 이 글은 후에 고인이 수정 · 보완하여 1982년 철학연구회의 발표회에서 「베르그송의 자유론」이란 제목으로 발표했고, 같은 해 『철학연구』에 게재되었다. 이 책에는 개고된 글이 수록되었다. 한글로 발표된 글 외에 그는 1984년 프랑스의 몽펠리에 대학에 "Désintéressement et attention à la vie dans la philosophie de Bergson"이란 논문을 박사학위 논문으로 제출했고, 1983년 베르그송의 『웃음: 희극의 의미에 관한 시론』을 번역했다. 370여 면에 달하는 방대한 그의 학위 논문의 일부라도 번역하여 실어 보자는 계획이 있었으나 여의치 못하여 다음 기회로 미루어졌다. 1980년 고인이 학위를 마치고 연구차 본Bonn 대학에 체재 중 동 대학의 한스 바그너Hans Wagner 교수에게 제출했다고 전해진 "Bergson et Husserl"이라는 논문은 바그너 교수에게 서신 문의한 결과 현재 남아 있지 않다는 회답을 받았다. 따라서 이 책에는 앞서 언급된 개고된 한 편의 논문을 제외하고 고인이 대학원 졸업 후 생전에 한글로 발표한 글이 모두 실려 있는 셈이다.

김진성 교수는 1947년 6월 15일 충남 아산에서 출생 했다. 고향에서 국민학교를 마치고 용산 중고등학교를 거쳐 1966년부터 1972년까지 서울대학교 문리과대학과 동 대학원에서 수학했다. 석사학위를 받은 후 3년간 육군사관학교 교관으로 철학을 가르쳤고, 1975년 도불하여 남불 몽펠리에의 폴 발레리 대학 박사 과정에 입학, 1980년 3월 베르그송에 관한 연구로 박사학위를 취득했다. 같은 해 3월부터 8월까지 독일 학술 교류처 후원으로 본 대학에서 연구했다. 1981년 성균관대학교 문과대학 철학과 교수로 부임, 프랑스 철학을 가르쳤고, 서울대학교와 고려대학교 대학원에서도 강의했다. 1984년 10월 27일 그는 심장마비로 타계했다.

서른일곱의 젊은 나이에 찾아온 그의 죽음이 갑작스러운 일이었던 만큼 그를 아끼던 주위 사람들의 충격과 슬픔도 컸다. 아산군 선영 영인호가 바라보이는 양지바른 언덕에 고인을 장례지내고 내려오면서 그의 동학·친지들 사이에 그가 생전에 발표했던 글들을 모아 책으로 만들어 보자는 이야기가 나왔고, 이 뜻은 서울대학교 철학과 이명현 교수님의 주선과 문학과지성사 김병익 사장님의 호의로 큰 어려움 없이 이루어질 수 있었다.

편집은 근년순에 따라 먼저 베르그송에 관한 논문, 그리고 프랑스 철학 일반에 관한 논문을 실었고 뒤에 일반 잡지에 발표되었던 글을 실었다.

이 책에 모인 논문이 보여 주듯이 고인의 연구는 작고하기 전까지 주로 베르그송 철학의 연구에 집중되어 있다. 베르그송 철학의 인식론, 형이상학, 논리학, 사회철학의 제 측면들에 대한 연구를 일단락하고 고인의 연구가 프랑스 철학의 보다 넓은 지평에로 확대되려고 할 즈음 그는 세상을 떠났다. 작고하기 얼마 전 그는 몇몇 자리에서 데카르트, 콩트로부터 정신주의, 물질주의의 프랑스 철학 전통을 그 뿌리로부터 보다 본격적으로 연구하고자 하는 퍽 구체적인 계획들을 이야기했었고, 이를 위해 1984년 겨울 방학을 이용, 자료 수집을 위한 몇 달간의 프랑스 여행을 생각하고 있었다. 그의 죽음과 함께 이 작업은 언제 이루어질지 모르는 한국 철학계의 과제로 남겨지게 되었다.

프랑스 철학이 고대와 중세의 2000여 년에 걸친 서구 철학 전통을 가장 충실하게 이어받고 있으며 또한 데카르트와 콩트에서 시작되는 프랑스 근세 철학의 전통이 서구 철학 일반의 기초가 되고 있다는 사실은 한국에 썩 잘 알려져 있지는 않다. 제 실증과학의 업적을 보다 적극적으로 수용하면서도 실증과학들의 한계를 넘어서 보다 근원적이고 전체적인 조망 아래 세계의 모습을 체계화시키려는 노력에서, 그리고 각 시대와 사회의 문제에 보다 직접적으로 대결하고 발언해 왔던 지적 전통에서 프랑스 철학은 독일 철학이나 영미 철학이 보여 줄 수 없는 고유한 면모를 지니고 있다. 사실 '철학함'의 이 같은 또 다른 모습은 오늘날 한국의 철학계와 한국의 지적인 상황에 의미 있는 하나의 모델로서 제시될 수 있으리라 생각된다. 여기에 수록된 고 김진성 교수의 글들은 이 같은 프랑스 철학의 면모를 그의 수려하고 명석한 필치를 통해 독자들에게 보여 줄 수 있으리라 생각된다.

1985년 9월
김남두

지은이 김진성

서울대 철학과와 동 대학원을 졸업하고 프랑스 몽펠리에 제3대학(폴 발레리)에서 베르그손에 관한 연구로 철학박사 학위를 받았다. 성균관대학교 철학과 교수로 재직 중에 젊은 나이에 세상을 떴다. 고려대학교 대학원 철학과와 서울대학교 철학과에서도 강의하였다. 생전에 발표한 논문과 글을 모은 유고집으로 『베르그송 연구』가 있으며 번역서로 베르그손의 『웃음』이 있다.

엮은이 / 옮긴이 류지석

성균관대학교 철학과와 동 대학원을 졸업하고 프랑스 릴 제3대학(샤를 드골)에서 베르그손에 관한 연구로 철학박사 학위를 받았다. 성균관대학교 인문과학연구소 연구원과 부산대학교 HK교수를 역임하였다. 현재 '(사)문화공간 봄' 대표를 맡고 있다.